U0730646

共享经济丛书

共同利益论
——基于国际经济视角

池勇海 著

SHARED
ECONOMY SERIES

复旦大学 出版社

目　　录

第一章

引 言

第一节 选 题 来 源

利益是人类活动的根本动因和最终目标,对利益的研究成为剖析社会现象尤其是经济现象、探索社会和经济发展内在规律的重要途径。经济学是研究生产、交换、分配和消费过程中利益问题的一门学科,它的核心是经济利益。而利益是人们能满足自身需要的物质财富和精神财富之和,以及其他需要的满足。它往往指经济利益,即人们在生产、流通、分配、消费过程中的利益。马克思说过"人们奋斗所争取的一切,都同他们的利益有关",司马迁也有名句"天下熙熙,皆为利来;天下攘攘,皆为利往"。这都说明追逐利益是人类的基本动机。时代是变化的,而利益是永恒的。自 20 世纪 80 年代后半期以来,伴随着跨国公司对外直接投资的热潮,经济全球化已成为当今世界经济发展最显著的特征,市场、信息、人才、规则等因素都超越了单独国家或地区的界限,世界不同国家或地区都不同程度地以不同方式参与经济全球化,一国的国家利益是否增长、增长的快慢及增长的路径都与全球化的经济息息相关。此时,各国的利益紧密相连,不但在各个领域为利益互相竞争博弈,而且为了利益共赢还存在着广泛的合作,以谋取共同利益。我国是一个发展中国家,其内外利益关系会体现出发展中国家与发达国家之间的利益关系或者发展中国家与发展中国家之间的利益关系。由于当今世界秩序是由发达国家主导,因此,本书着重考察我国与发达国家之间的共同利益及其变动。以中美经济政治关系为例,由于中美两家都是大国,中国的发展离不开美国,美国的经济、社会稳定以及反恐等重大外交政策也越来越离不开中国,因此合作日益成为两国领导人的共识。在经济全球化的时代背景下,中美合作并不是一句空洞的口号。经贸问题虽然是近年来中美关系当中最为突出的问题,但实际上却是一个"共赢的游戏"。在经济全球化的浪潮下,中美经贸关系的本质是全球化分工结构中形成的相互依赖关系,中美的产业与贸易结构存在巨大的互补性,双方在互通有无的经贸往来中都得到了巨大的利益。基于上述原因,本书拟将共同利益分为五个方面展开:国际贸易的共同利益、国际资本流动的共同利益、国际人力资本流动的共同利益、国际技术转移的共同利益和国际政治的共同利益。

第二节　基本研究思路

本书基本研究思路图如下:首先是引言,其次是共同利益的理论基础,再次是共同利益的文献综述,然后从国际贸易、国际资本流动、国际技术转移、人力资本国际流动和国际社会五个方面对共同利益展开论述,最后是实现共同利益的对策建议(见图 1-1)。

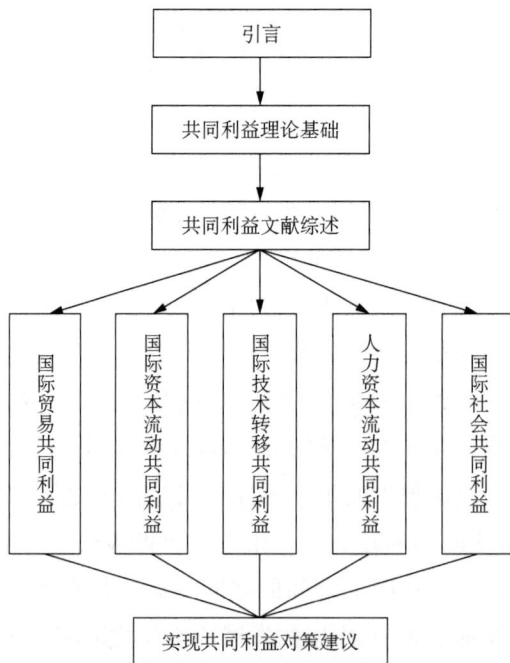

```
            ┌──────────┐
            │   引言    │
            └──────────┘
                 │
            ┌──────────────┐
            │ 共同利益理论基础 │
            └──────────────┘
                 │
            ┌──────────────┐
            │ 共同利益文献综述 │
            └──────────────┘
      ┌────┬────┬────┬────┬────┐
   ┌────┐┌────┐┌────┐┌────┐┌────┐
   │国际││国际││国际││人力││国际│
   │贸易││资本││技术││资本││社会│
   │共同││流动││转移││流动││共同│
   │利益││共同││共同││共同││利益│
   │    ││利益││利益││利益││    │
   └────┘└────┘└────┘└────┘└────┘
      └────┴────┴────┴────┴────┘
            ┌──────────────┐
            │ 实现共同利益对策建议 │
            └──────────────┘
```

图 1-1　本书基本研究思路

第三节 主 要 内 容

本书共包括 9 章内容。

第 1 章是引言,包括 4 节。主要介绍本书的选题来源、基本研究思路、主要内容,以及创新与不足之处。

第 2 章是共同利益的理论基础,包括 3 节。第 1 节是利益的本质和构成。本书认为,利益是人们能满足自身需要的物质财富与精神财富之和,以及其他需要的满足;然后再从利益的主体、客体和中介分析利益的构成。第 2 节是共同利益的含义及特点。本书认为共同利益是指至少两人以上,或者是团体、社会的绝大多数人所共同享有的利益。共同利益具有普遍性、共享性、异质性、独立性、历史性等特点,而且它们之间也不是孤立存在的,而是相互联系、相互影响的,并且随着时代的发展,呈现出丰富的时代内涵和内容。第 3 节,共同利益的理论渊源。本节从马克思主义哲学和经济学的角度来探寻共同利益的理论渊源及社会属性。

第 3 章是共同利益论的文献综述,包括 4 节。第 1 节是马克思主义者关于利益的论述。分别叙述了马克思、恩格斯、列宁、斯大林以及中国共产党人关于利益的论述。第 2 节是马克思主义者关于共同利益的论述。主要介绍了马克思、恩格斯以及列宁对共同利益的论述。第 3 节,中国共产党人关于共同富裕的论述。由于共同富裕是国内各族人民的共同利益,因此本节着重介绍了毛泽东、邓小平以及第三代领导集体的共同富裕思想。第 4 节,国际经济关系中共同利益研究综述。在这节中,从国际贸易、国际资本流动、国际技术扩散以及国际人力资本流动等方面所导致的共同利益变化的研究做了梳理和综述。

第 4 章是国际贸易的共同利益分析,包括 3 节。第 1 节是国际贸易理论中的利益分析,主要从李嘉图的比较优势理论和马克思国际价值理论来分析利益的变动。第 2 节,国际贸易中的国家利益。强调国家是国际贸易的"影子主体",有自己独立的利益目标,并从李斯特的国家利益理论来分析国际贸易的共同利益。第 3 节,中国与发达国家的贸易共同利益。发达国家是以美国为例,分析了中美经贸关系发展现状,认为尽管中美之间存在着一些矛盾,但还有相互需求、相互合作的必要,因为中国与美国存在着经济、政治、文化等诸多方面的共同利益。

第 5 章是国际资本流动的共同利益分析,包括 4 节。第 1 节,国际资本流动理论的利益分析。本节以第二次世界大战结束和 20 世纪七八十年代这两个时间点来划分三个阶段,从理论上分析三阶段内的关于国际资本流动利益及其分配的观点。第 2 节,对外直接投资的共同利益分析。首先从国际直接投资与利益分享的关系来研究共同利益,然后分析了中国对外直接投资的共同利益。第 3 节,金融危机下的国家利益与各国共同利益。全球金融危机应促使各国处理好货币政策协调与国家利益的关系,共同承担风险,稳定国际金融秩序,以实现各国的共同利益。第 4 节,国际资本流动与人类共同利益。此节首先阐述了人类共同利益原则,然后以人类共同利益原则评析了两项重要的国际投资协定。

第 6 章是国际技术转移的共同利益分析,包括 4 节。第 1 节,国际技术转移理论的利益分析。由国际技术转移的理论来分析共同利益的变化。第 2 节,FDI 的技术转移利益分析。此节主要分析了 FDI 的技术转移对东道国的利益影响。第 3 节,发展中国家参与国际技术转移的利益分析。本节在介绍了开放经济条件下国际技术转移的发展趋势后,就国际技术转移对发展中国家的利益影响进行了分析。第 4 节,中国与发达国家技术转移共同利益的实现。首先分析了我国技术转移的现状,其次以美国为代表,论述了中美技术贸易的共同利益。

第 7 章是国际人力资本流动的共同利益分析,包括 3 节。第 1 节,国际人力资本流动理论的利益分析。主要从服务贸易的角度来探讨国际人力资本流动带来的共同利益变化。第 2 节,国际人力资本流动实践的利益分析。根据国际人力资本流动的具体情况来分析其对共同利益的影响。第 3 节,中国与发达国家人力资本流动共同利益的实现。首先分析了我国人力资本国际流动的新特征,其次阐述其对创新体系的利益影响,并试着提出了引导我国人力资本流动的机制设计。

第 8 章是国际社会的共同利益分析,包括 3 节。第 1 节,国际社会的共同利益与国家利益。本书认为,共同利益是国家利益的外溢,国家利益仍然是国际社会最重要的主体力量,即使共同利益与国家利益存在着对立,共同利益依旧很好地融合了国际社会。第 2 节,国际共同利益与国际合作。冷战结束后,世界各主要国家在外交实践中都作出了重要的政策调整,密切进行国际合作,其基本目标是为了实现各自的国家利益,同时也带来了共同利益。第 3 节,人类共同利益与中国和平发展。目前,在全人类共同利益面临挑战的情况下,为实现全人类共同利益急需要中国的和平发展。

第9章是实现共同利益的对策建议,包括3节。这是本书最后一章,主要总结前几章的内容,并提出自己的建议。第1节,国际贸易政策的共同利益原则,探讨了国际贸易政策所维护的共同利益和共同利益原则的实现机制。第2节,经济全球化的共同利益与对策。首先对利益分配进行了制度主义解释,其次根据经济全球化及其国际利益关系态势,提出了中国参与经济全球化、应对全球人才跨国流动、参与国际技术转移问题的一些策略。第3节,国际经济秩序与实现共同利益。如今越来越多的国家强烈要求改革现行国际机构和规则,逐步建立公正合理的国际政治经济新秩序,使经济全球化有利于各国的经济社会发展,以实现各国的共同利益。

第四节　创新与不足

一、本书的创新

第一,从内外利益关系的视角,系统深入地探讨了我国与发达国家之间共同利益所在,以及共同利益的变动。本书尚属较早尝试。

第二,虽然学术界已有"共同利益"的概念,但本书首先明确界定了我国与发达国家之间的"共同利益"的含义及其层次,并指出在当今世界政治经济形势下这种"共同利益"实际上是发达国家与发展中国家之间的正和博弈的利益关系。

第三,在讨论我国与发达国家利益博弈关系时,引入了发达国家对我国博弈策略的反应,强调我国的博弈收益不但取决于自己的博弈策略,而且还取决于发达国家的策略反应,这弥补了从自身的视角进行研究的不足。而且本书更进一步地提出,在自身利益最大化的博弈往往还得不到理想的收益时,不如双方合作以获取共同利益。

第四,把我国的对外利益关系,放在我国与发达国家的共同利益的视角来考察,既有利于我国对外利益的实现,又有利于世界的繁荣与稳定,以实现利益的长期共赢。

二、本书的缺憾和不足

从客观上来看,由于从国际经济视角研究共同利益是一个崭新的课题,探索毕竟只是迈出了第一步,因而研究问题的深度和广度均是有限的;同时,也受个人理论知识限制,看问题往往难以抓住事物的本质,对问题的研究则浮于表面的较多。从主观上来说,自己努力不够,缺乏钻研和拼搏精神,有时碰到难题容易产生绕过去的想法,势必影响到研究的质量。另外,由于可供参阅有关的文献较少,在构建共同利益理论框架这一极富挑战性的研究中,借鉴的一些经典的观点和论据,难免有生搬硬套之嫌,研究产生的结论也有不完美和值得商榷的地方。因此,在研究写作的过程中还有不少问题尚待解决:共同利益理论的展开不够,关于共同利益的数量分析、制度安排可作进一步的展开;对国际经济共同利益实践的分析评价还可进一步深入等。这有待我不断学习和思考,在现有基础上,进一步丰富和完善共同利益理论。

第二章

——共同利益的理论基础——

第一节　利益的本质及构成

一、利益的本质

利益是我们日常用语中使用频率颇高的一个词,但要问起什么是利益,理论界有各种解释,难以形成统一的答案,归纳一下主要有以下四种说法。

(1)利益"好处"说。这种观点很清楚,把利益定义为"好处"。翻开《辞海》就显而易见,它把利益解释为好处,如集体利益、个人利益[1]。从词源学和中国古代文化来查证,"利"在甲骨文中表示使用农具从事农业生产以及采集自然界果实或收割成熟的庄稼的意思。后来,"利"又逐步演变为祭祀占卜意义上的"吉利",即特定的活动能达到预期的目的和获得预期的效果,后又进一步引申出"好处"之意,与"害"相对。例如,《左传·襄公二十七年》记载:鲁襄公二十七年,宋国再次约晋国和楚国"弭兵"赴宋国参加"弭兵",与会的楚人暗中携带兵甲,图谋取代晋国的盟主地位。伯州犁认为这是"不信",请求"释甲"。子木拒之,他认为:"晋、楚无信久矣,事利而已。苟得志焉,焉用有信?"这里的"利"显然是指对楚国自身争夺盟主有好处,"利"就是"好处",与有害相对。又如《后汉书·郭太传》中云:"甑以破矣,视之何益?""益"显然也是指"好处"[2]。利益的"好处"说仅是对利益的表现形式的笼统的描述,利益等于好处,好处等于利益,如此循环反复,不能触及利益本质更深的一

---

[1] 《辞海》,上海辞书出版社 2009 年版,第 1361 页。

[2] 张玉莹:《利益论——关于利益冲突与协调问题的研究》,武汉大学出版社 2001 年版,第 40 页。

个层面,难以解释到底什么是利益。

(2) 利益"需要"说。与利益的"好处"说不同,许多学者和思想家从需要的角度来探求利益的本质,认为利益的本质就是人们的需要,需要是利益的前提和基础。只要认清了需要的本质,利益的本质也可得以认识,所以研究利益必须从研究需要入手。马克思在《〈黑格尔法哲学批判〉导言》中指出:"在这里,实际生活缺乏精神内容,精神生活也同实践缺乏联系,市民社会任何一个阶级,如果不是它的直接地位、物质需要、自己的锁链强迫它,它一直也不会感到普遍解放的需要和自己实现普遍解放的能力。"①这是马克思在分析当时德国的状况时写下的,马克思提出了物质需要的概念。马克思在《1844 年经济学哲学手稿》中对需要问题做了比较详细的论述,提出了社会的需要、肉体的需要、工人的需要、文明的需要、粗陋的需要、人的需要、利己的需要、交往的需要、自然的需要等概念。在马克思的《政治经济学批判大纲》中提出了必要需要的概念,并把必要需要和必要劳动联系起来,同时阐明了社会需要的基本含义。他指出,在商品生产的社会里,人们并不是为了自己本身的直接需要而生产,而是互相为对方而生产的。马克思主义需要理论的三个重要观点是:人的需要是人的本质;人的需要是社会需要,需要产生社会关系;生产决定需要,需要推动生产②。奥塔·锡克也认为,利益是人们满足一定的客观产生的需要的集中的持续较长的目的;或者这种满足是不充分的,以致对其满足的要求不断使人谋虑;或者这种满足(由于所引起的情绪和感情)引起人的特别注意和不断重复的,有时是更加强烈的要求③。

(3) 利益"社会关系"说。《中国大百科全书·哲学卷》认为,利益是"人们通过社会关系表现出来的不同需要"④。在这里,利益必须通过社会关系才能得以表现。《马克思主义哲学全书》认为,利益是"社会化的需要,人们通过一定的社会关系表现出来的需要。利益在本质上属于社会关系范畴。社会主体维持自身的生存和发展,只有通过对社会劳动产品的占有和享受才能实现,社会主体与社会劳动产品的这种对立统一关系就是利益。"⑤马克思主义的这一观点提示了利益属于社会

① 《马克思恩格斯全集》第 1 卷,人民出版社 1960 年版,第 466 页。
② 王伟光:《利益论》,人民出版社 2001 年版。
③ 奥塔·锡克:《经济—利益—政治》,中国大百科全书出版社 1987 年版,第 263 页。
④ 《中国大百科全书·哲学卷》,中国大百科全书出版社 1982 年版,第 483 页。
⑤ 《马克思主义哲学全书》,中国人民大学出版社 1996 年版,第 376 页。

关系范畴这一本质。人与动物的最大区别在于人的需要具有社会性。当然人与动物的需要也有相同的一面即自然属性,如呼吸大自然的空气,沐浴着阳光,摄取大自然现存的用来维持生命的各种资源。但是可以看到,随着社会的发展,需要的自然属性在需要中所占的比例越来越小,而社会属性所占的比例越来越大。自然属性需要,如对"天然"的物品(天然的食物、天然的原材料等)的需求,由于这些物品的稀缺也越显强烈,这也恰好说明人的需要正趋于几乎完全意义上的社会属性。最简单的例子是人们对水的需要,直接从自然界获得吸入人体的这种方式已越来越少见,水早已变成社会的产品为大众所接受。人的需要的满足只有通过人的社会劳动,通过对社会劳动产品的占有和享受才能实现。利益是社会关系的体现,人们之间的利益关系主要就是生产力基础上和社会生产关系下的社会产品的分配关系以及意识形态方面的分配关系等。

(4) 利益"能力"说。利益的能力说认为,利益能否实现还依赖人的能力,能力使利益具有可能性。"权力最基本的定义是人类对物和对人的支配力。利益进一步的定义还应该有权力的内涵。于是利益应进一步定义为人类在拥有的一定的对物和人支配权基础上对自然与社会依赖关系的实现。权力是利益的第二要素。"[①]这里的权力是指人们对物和对人的支配力,它是能力的一种形式或主要形式。在一定的社会生产关系下,个人的能力大小,直接关系到他可能实现的利益大小。对于一个社会整体来说,这种支配力大多与生产力有关,在某种条件下几乎就等于生产力,生产力水平的大小直接决定着社会整体利益水平。

综合以上各种利益观点,对利益本质的认识大致有了一个轮廓。利益的本质可以从需要、社会关系、能力三个主要方面表现出来。

第一,需要是形成利益的必要性基础。没有需要,就没有利益。一定的需要才能激发对一定利益的追求,需要是利益的必要性基础,物质的自然生理需要是形成利益,尤其是物质利益的自然基础。人的需要体现了人对物质生活条件和精神生活条件的客观依赖关系,表现为人对物质需要对象、精神需要对象的自觉指向和欲望追求,反映了作为需要主体的人对作为需要客体的社会生活条件的感性欲求。需要的内容是客观的,需要的形成是主观的。人的需要是人们进行历史活动的内在动因,是社会生产发展的原始推动力。利益的必要性源于需要,需要是利益的最

---

① 余政:《综合经济利益论》,复旦大学出版社 1999 年版,第 29 页。

原始、最根本的基础。

第二,社会关系是形成利益的可能性和社会基础。一方面,人的社会属性不仅使人的需要具有社会性,也使利益的形成必然与一定的社会关系相联系。人的利益只有在社会中才有可能实现。任何物品只有当它与一定的社会主体联系起来时,它才可能是一种利益,否则,只能是利益的潜在对象。利益是人的利益,而人不是孤立的人,是社会中的人,利益离不开社会,利益在本质上就是一个社会关系范畴,利益本身反映了人与人之间的社会关系,反映了需要与需要对象之间的对立统一关系。如果说,人的内在的生理上的需要是利益形成的必要性基础的话,那么,只有在社会中,利益形成才具有可能性和现实性。同时,各种各样利益的形成也都是以相对应的社会条件为基础的,在不同的社会条件下,人们的需要并不相同,需要的对象也并不一样,需要与需要对象之间的各种关系也就不同,最后人们实现的利益也不同。另一方面,利益必须依靠整个社会分工协作、共同生产才能实现。即便是在同一社会条件下,由于人们在分工协作和社会关系中所处的地位不同,他们实际获得的利益水平至少在数量上是存在差异的,更何况在不同的社会条件下,不管他们在社会关系中处于何种地位,这两种地位本身处于不同的社会条件,因此与他们所对应的利益显然有性质上的差异,正如马克思所指出的:"私人利益……它的内容以及实现的形式和手段则是由不以任何人为转移的社会条件决定的。"①

第三,能力是使利益成为可能性的重要条件。在一定的社会关系下即使有了需要,利益还是无法实现的,它还需要另外一个重要的因素即能力。想获得利益的人应具备获取利益的基本能力,这是实现利益的最低要求,离开了这一要素,利益还是只能成为欲望或需要。在一定的社会关系中,能力主要表现为对物和人的支配权,可以分别称为自然能力和社会能力。自然能力主要是指人在自然界的地位,人对自然资源开发、利用的资源和能力等。社会能力是指人在政治、文化等社会生活中的能力。自然能力和社会能力与自然需要和社会需要相适应,是实现自然利益与社会利益的基本条件。从个人的角度看,个人的社会能力,主要是由社会活动的基本规则即法律所决定和赋予的,有基本的生存能力和发展能力。从广义的角度来说,这些能力受制于一定的社会关系,社会关系的性质决定了这些能力的性质。因此,如果单纯从自然能力来说,能力也就是人们征服自然,获取自然利益的

---

① 《马克思恩格斯全集》第46卷(上册),人民出版社1979年版,第103页。

能力。由于自然资源越来越稀少,加之自然环境越来越复杂,获取自然利益的难度越来越大,因此,对能力的要求也越来越高,随着社会的不断发展,能力的总体水平也不断提高。在其他因素相当的条件下,人们能力的大小差异,必然导致利益的差异。

综上所述,可以给利益下这么一个定义:利益是人们能满足自身需要的物质财富和精神财富之和,以及其他需要的满足①。这个定义体现了需要、社会、能力三个因素。需要表现为"满足自身需要";社会表现为"社会物质财富和社会精神财富";能力体现在"能"字上,获得的利益不一定与需要获得的利益相一致,最终所获得的利益是指根据能力、实际真正获得的利益。

二、利益的构成

前面对利益的本质做了探讨,但就利益本身或就利益概念层面来说,利益也有自身的构成要素。对利益构成进行分析,有助于我们进一步认清利益的本质,把握利益现象的内在规律。"利益作为一个社会关系范畴,是由主体、客体及中介三个要素构成的。"②这三个要素处于利益的不同地位,发挥着各自不同的作用。

首先是利益主体。利益主体就是利益的拥有者。作为需要主体与需要对象之间存在的一种矛盾关系,任何利益都是一定的需要主体与需要对象之间的对立统一关系。因此,利益是相对于一定的利益主体而言的,不属于任何主体或者没有主体的利益是不存在的。在这里,利益主体是社会化了的需要主体,在许多情况下,它们是直接统一的。在现实社会中,利益主体就是现实社会中的人,是处于一定的组织结构之中的人,处于一定的群体之中的人,他既可以是个人,也可以是某种群体或者组织。人类社会中的群体是多种多样的,主要包括家庭、集体、民族、国家等。在阶级社会中,阶级是最为重要的群体组织形式,也是主要的利益主体之一。当下,随着全球化时代的到来和全球性问题的凸显,整个人类社会已经成了现实的利益主体。当然,在所有的利益主体中,个人是最基本的利益主体。群体是由个体组成的,是个体的有机组合;个体是群体的基础,离开了个体的群体是不存在的。但是,这绝不意味着个体是唯一的利益主体,也不意味着强调个体作为利益主体的

---

① 洪远朋:《经济利益关系通论》,复旦大学出版社 1999 年版,第 2 页。
② 张玉莹:《利益论——关于利益冲突与协调问题的研究》,武汉大学出版社 2001 年版。

现实性就可以取消或者消解人类社会中的其他利益主体的现实存在。在社会分工日益复杂，社会化、全球化进程日益加快的今天，群体甚至整个人类作为利益主体的地位已经变得越来越重要了。

其次是利益客体。利益绝不仅仅是主体的一种自我感觉，而是依附于一定的客观对象之上的。离开了一定的客观对象，利益就不存在了。利益客体就是利益的载体或者承担者，是人的需要所指的对象。我们的日常生活中，常常把利益混同于利益的载体，等同于某种具体的外在于人的东西，其实就是把利益等同于利益的客体或者利益的对象了。从可能性上讲，凡是能够满足人们需要的东西都是利益的对象或者利益的客体。它既包括自然物品，也包括人类社会的劳动产品；既包括人类已经认识和已经通过社会劳动转化为社会产品的对象，也包括人类尚未认识、尚未接触到的对象。当然，就其现实性而言，许多对象只不过是利益的潜在对象，而不是现实对象，随着人类认识能力和实践能力的提高，这些潜在的利益对象才会转化为现实的利益对象。也就是说，在现实社会生活中，所有的认识和实践的可能对象，只有经过人类的把握、打上了人类的印记之后，才是现实的利益客体或者利益对象。

最后是利益中介。利益中介是把利益主体与利益客体联系起来的中介要素，它就是人的活动。从理论上讲，所有的认识和实践的对象都是可能的利益客体，但是，就其现实性而言，并不是所有的对象都是现实的利益客体。对象之所以能够成为利益的现实客体，其基本原因就在于对象与人的需要之间只有通过人的活动才能形成矛盾关系。具体而言，一方面，人的活动使人的需要与需要满足的过程从动物式的直接统一走向了分离，形成了矛盾关系。对于其他生物而言，它们可以直接从自然界中获取能力来维持自己的生存和发展，它们的需要，如果有的话，是和它们需要的满足过程直接统一的。对于人而言，需要与需要的满足过程的直接统一性则被打破了，在需要和需要的满足之间出现了一个中介环节——生产。正如列宁所言："世界不会满足人，人决心以自己的行动来改变世界。"[1]另一方面，人只有通过积极的活动才能满足自身的需要。马克思指出，人们"是积极地活动，通过活动来取得一定的外界物，从而满足自己的需要"[2]。

---

[1] 《列宁全集》第 38 卷，人民出版社 1963 年版，第 229 页。
[2] 《马克思恩格斯全集》第 19 卷，人民出版社 1963 年版，第 405 页。

正是人的积极活动沟通了客体对象与主体需要之间的关系,正是人的活动才使可能的对象转化为现实的对象。如果没有主体活动的参与,任何对象都不可能与人的需要发生关系,都不可能成为利益的现实客体,人类的利益也不会存在。因此,人类的社会活动不仅是克服需要与需要的满足之间矛盾的手段,而且,也是这种矛盾得以存在的中介环节。总而言之,人类的实践活动就是利益关系得以成立和凸显的中介环节。

第二节　共同利益的含义及特点

一、共同利益的含义

利益是对主体与客体关系的一种价值判断,利益表现为某个特定的(精神或者物质)客体对主体具有意义,并且被主体自己或者其他评价者直接认为、合理地假设或者承认对有关主体的存在有价值(有用、必要、值得追求)①。由于人们的需要产生了利益,利益是需要和实现需要的手段的统一,它反映着人与人之间的社会关系,所以,人类社会就有了经济利益、政治利益、文化利益、个人利益、群体利益、民族利益、阶级利益、阶层利益、国家利益等形形色色的利益。利益是一种受到主体与客体、自然与社会、生产力与生产关系等多方面因素影响和制约的社会现象,从而决定了利益具有多种矛盾规定性和复杂的特性。不同的利益主体之间又发生了不同的利益关系。利益的自我性决定了任何结成利益关系的利益主体之间必然存在差异性和矛盾性,而利益的社会性又决定了利益关系中的不同利益之间又有共同之处,利益关系由此具有了共同性的一面。共同利益的内涵也相当丰富和不确定,主要有以下五种观点。

（1）Neumann 将利益分为主观的共同和客观的共同,主观的共同是基于文化关系之下,一个不确定的多数所涉及的利益;客观的共同是基于国家、社会所需要的重要目的及目标,即国家目的(任务)②。

（2）边沁认为,共同利益绝不是独立于个人利益的特殊利益,"共同体是个虚

---

① ［德］汉斯・J. 沃尔夫,奥托・巴霍夫,罗尔夫・施托贝尔:《行政法》,商务印书馆 2002 年版,第 324 页。
② 陈新民:《德国公法学基础理论》,山东人民出版社 2001 年版,第 185 页。

构体,由那些被认为可以说构成其成员的个人组成。那么,共同体的利益是什么呢?是组成共同体的若干成员的利益的总和;不理解什么是个人利益,谈共同体的利益便毫无意义"①。

(3)阿尔弗莱德·弗得罗斯则认为,共同利益既不是个人所欲求的利益的总和,也不是人类整体的利益,而是一个社会通过个人的合作而生产出来的事物价值的总和;而这种合作极为必要,其目的就在于使人们通过努力和劳动而能够构建他们自己的生活,进而使之与人的个性的尊严相一致②。

(4)博登海默则从个人权利的外部界限角度解释了共同利益,共同利益这个概念"意味着在分配和行使个人权利时绝不可以超越的外部界限","外部界限的意思是赋予个人权利以实质性的范围本身就是增进共同利益的一个基本条件"③。

(5)哈耶克则把共同利益定义为一种抽象的秩序,"自由社会的共同福利或共同利益的概念,绝不可定义为所要达到的已知的特定结果的总和,而只能定义为一种抽象的秩序。作为一个整体,它不指向任何特定的具体目标,而是仅仅提供最佳渠道,使无论哪个成员都可以将自己的知识用于自己的目的"④。

由于共同利益的"共同"被解释为"团体或社会所有或几乎所有成员所共有的、公用的、共同的、共受影响的"⑤。因此,本书认为,共同利益是指在一定的时期内,至少两人以上,或者是团体、社会的绝大多数人,或者是两个或两个以上主体之间所共同享有的、客观存在的、在一个或者多方面的利益。

二、共同利益的特点

1. 普遍性

共同利益实际体现的是利益主体横向的利益关系。由于利益是自我性和社会性的统一体,任何利益关系中都包含着第三种利益内容,即利益关系中两个原始利益主体的利益相互结合形成的利益"交集",即所谓的共同利益。从某种意义上讲,共同利益是"利益关系中的第三种利益"⑥。共同利益首先是指多数人的利益,"多

---

① [英]边沁:《道德与立法原理导论》,商务印书馆2000年版,第58页。
② [美]E. 博登海默:《法理学:法律哲学与法律方法》,中国政法大学出版社1998年版,第298页。
③ 同上书,第298页。
④ [英]哈耶克:《经济、科学与政治——哈耶克思想精粹》,江苏人民出版社2000年版,第393页。
⑤ 俞祖华:"中国古代的和谐思想",《光明日报》,2005年3月7日。
⑥ 苏宝梅:"我的和谐伦理观",《济南大学学报》,2003年第3期,第1-10页。

数人"可能是指两个人、多数人,甚至是所有人,他们都可能从"共同利益"中获益或受其影响,这是共同利益的相对普遍性。

2. 共享性

"共同利益"是被共有的、共享的、共同承担的,它与社会成员共同的立场、共同的行动相关,它不能局限于某单一个体,不能为单一个体所拥有,这是共同利益的不可分割性。这两个特性决定了社会成员以共同利益为基础形成的竞争主体具有统一的、共同的利益诉求。共同利益的基础是个人利益,是处于同一社会关系和社会地位中的人们的各自利益的相同部分。只有经济个体之间存在着潜在的一致的经济目标,当经济个体从共同利益出发,认识到采取集体行动的潜在或预期收益与成本之比大于单独行动的收益成本比时,分散的个体行动才有可能汇聚成为集体行动,以期共同分享参与集体行动的收益。

3. 异质性

在共同利益关系形成的过程中,由于原始利益主体的性质不同,其结合所产生的"共同利益"也可能具有不同的性质。换言之,不同的利益关系在一定的社会历史条件下必然产生了不同的共同利益,这使共同利益具有异质性。共同利益的异质性决定了共同利益的现实载体可能是一个组织、一个社区、一个地区、一个国家甚至是整个人类社会,它们自发或者通过有组织的行为可以分别形成不同的共同利益组织,共同利益的内容决定着其成员的组成和数量的多寡,这些共同利益组织呈现出一种复杂的网状结构。

4. 独立性

共同利益的独立性,在于它一旦形成,就成为利益关系中的第三种利益,因而取得了独特的利益地位。在有些情况下,它还常常对同一利益关系中的不同利益取得支配地位。共同利益不但内涵丰富,而且是多层次的。从纵向来看,整个人类社会有其共同利益,每个国家有其自身的共同利益,各国国内不同地区也有其地域的共同利益。从横向来看,同层次利益主体可能有不同的共同利益。就其覆盖范围来看,主要有这样几类不同层次的共同利益:集体利益、集团利益、阶层利益、阶级利益、民族利益、国家利益等。

以上阐述了共同利益的四个主要特征,其实这远未能完整概括共同利益的所有特征,它应该包含着更加丰富的实践内容和更加多样的表现形式。另外,上述四个特征之间也不是各自孤立存在的,而是相互联系、相互影响、相互作用的。不过鉴于篇幅所限,共同利益的其他特征在此就不展开论述了。

第三节　共同利益的理论渊源

利益问题是马克思主义最基本的问题。利益关系是马克思分析社会关系的基本着眼点。马克思、恩格斯运用唯物史观对利益与共同利益进行了科学的分析。

一、利益源于人的生存和发展需要

利益是人们能满足自身需要的物质财富和精神财富之和,以及其他需要的满足。利益代表的是一种价值关系的实现。利益的实现依赖于主体对所需对象的占有。不同的利益主体有着不同的需要,通过不同的活动方式获取和占有所需要的对象,因而有着不同的利益。每一主体都生活在一定的社会历史条件下,所以其利益需要就有特定的历史印证。人作为社会性动物,不是简单地适应自然界,而是有意识、有目的地去改造自然,使对象合于自己的利益需要,为自己服务。而人追求生存和发展,必须通过一定的社会方式和社会关系才能进行。也就是说,人改造客观对象,获取物质生活资料的生产活动必须通过人与人之间的交往,通过人与人之间的相互联系才能进行。人们只有结成一定的关系(物质的生产关系和思想关系),才有人对自然界的能动关系。正如马克思所说:"人们……只有在社会中并通过社会来获得他们自己的发展"[1]。所以人的生存和发展要以社会为前提,这种社会联系首先体现为利益关系。"每一既定社会的经济关系首先表现为利益。"[2]为生存和发展所追求的利益也转变为受一定社会历史条件制约的利益。

二、利益冲突的社会成因

作为社会的人,他所追求的利益在心理方面表现为人的动机和意志,人们对利益的认识表现为动机、意图和自觉提出的目的,人们的利益追求表现为受动机支配

---

[1] 《马克思恩格斯全集》第 3 卷,人民出版社 1956 年版,第 235 页。
[2] 《马克思恩格斯选集》第 3 卷,人民出版社 2012 年版,第 258 页。

的有目的的谋取对象的过程。可见,人的有意识有目的的活力来源于对利益的追求,利益是人的活动的动力。正是由于不同的利益主体基于不同的利益体现出不同的愿望和行动,才构成了不同利益主体之间的矛盾和冲突。在这些利益矛盾和冲突中,个人利益和共同利益之间的矛盾和冲突成为利益矛盾和冲突的一个重要方面。但用马克思主义的基本观点分析,个人利益和共同利益之间的矛盾并非从来就有的,也是人类历史发展到一定阶段而产生的,即随着社会分工的发展而产生并尖锐起来的。马克思指出:"随着分工的发展也产生了个人利益或单个家庭的利益与所有相互交往的人们的共同利益之间的矛盾"①。

首先,随着社会分工的发展个人利益逐渐与共同利益发生分裂。随着社会分工的发展,每个人就有了自己一定的分工界限和活动范围,有了特定的劳动目的,每一个现实的人所追求的都是自己分工界限之内的特殊的、片面的利益,同时使得由不同个人的不同活动所形成的所有相互交往的人们之间构成的利益对个人来说变成了某种异己的、外在的力量。正是由于社会分工且人只能在这种分工的界限内活动,"个人总是并且也不可能不是从自己本身出发的。"②这种个人利益与共同利益的分裂及其带来的人从自己本身出发追求利益的观念的形成,是利益矛盾和冲突的内在原因。

其次,共同利益的虚幻化加剧了利益冲突。随着社会分工的发展,共同利益的性质也发生了扭曲。原先共同利益与个人利益具有的一致性被打破了,一方面,个人利益产生了与共同利益的分裂;另一方面,共同利益也随社会分工的深化逐步脱离单独的个人而获得某种独立性,即共同利益独立于个人利益而存在。同时,随着社会分工的发展,产生了专门从事社会的组织、管理等与共同利益直接相关的人,而社会共同体中的其他大多数人则逐渐丧失了对共同利益的参与权,进而组织、管理共同利益的社会公职人员逐渐成为共同利益承担者、维护者和代表,因此,在脱离单独的个人而获得相应独立性的共同利益,也必然逐步转化为共同利益承担者的特殊利益,即表面上看是社会共同利益,实质上是某些特定主体的特殊利益,也就是"虚幻的共同利益"。对共同利益如何转为虚幻的共同利益,马克思、恩格斯在《德意志意识形态》一书中曾有过精辟的分析:"正是由于私人利益和公共利益之间

① 《马克思恩格斯全集》第3卷,第37页。
② 同上书,第274页。

的这种矛盾,公共利益才以国家的姿态而采取一种和实际利益(不论是单个的还是共同的)脱离的独立形式,也就是说采取一种虚幻的共同体的形式"①。马克思、恩格斯这一论述不仅阐明了共同利益在社会进程中演化的构架,也深刻揭示了这种虚幻的共同利益与群体利益、个人利益之间的矛盾和冲突的基本社会成因。

三、共同利益在人的利益关系中的地位

马克思、恩格斯认为共同利益"不是仅仅作为一种'普遍的东西'存在于观念之中,而且首先是作为彼此分工的个人之间的相互依存关系存在于现实之中"②。人的社会存在首先是每一个具体个人的存在,与此相联系的是人的利益需要和追求,也首先表现为每一个具体个人的利益需要和追求。但每个具体的个人要实现自己的目的愿望就必须结成相互关系,组成社会、相互合作。人的活动是在与他人的联系、交往中进行的,通过合作才能创造出各自所需的物质利益,才能生存和发展。也可以说,人为了实现自身的利益才组成了社会,有了社会联系,人的利益才真正具有主体性,由此可以看出,利益关系就是人的社会存在的内容。人作为利益主体,始终体现着两种利益,一是自身的个人利益,一是与他人的共同利益。共同利益在人的利益关系上有自己的特点。

一是共同利益源自人与人之间的相互关系、相互依存。作为社会主体的人,每一个个体都有自己的特殊利益需要,都是在自己的利益驱动下活动的,因而不同的个体之间在利益上就存在互相排斥,互相限制、互相否定的一面。不过,任何个体对自身利益的追求,都是通过与他人的联系和依存才能实现,个人利益也就不可避免地表现出与他人利益的相互联系、对他人利益的依赖和认同。这种个人利益与他人利益之间表现出的相互联系、相互依赖、相互认同就是共同利益的基础。

二是共同利益是在个人利益实现过程中产生的。一方面,正如前面所分析的,共同利益源自人对自身利益追求时所发生的社会联系和社会依存,没有了个人利益,也就没有了共同利益,因此才说共同利益是在个人利益的实现过程中产生的,是从个人利益发展而来的。另一方面,个人利益如果没有共同利益作为构成前提和条件,也是不能实现的。"私人利益本身已经是社会所决定的利益,而且只有在

---

① 《马克思恩格斯全集》第 3 卷,第 37—38 页。
② 同上书,第 37 页。

社会所创造的条件下并使用社会所提供的手段,才能达到;也就是说,私人利益是与这些条件和手段的再生产相联系的。"①

三是共同利益是人选择社会性生存的根本因素,人之所以选择社会性生存和发展,根本原因就在于人与人之间所形成的社会关系,为人的生存和发展提供了比单个人强大得多的力量和宽广得多的发展空间。这体现出人生存和发展的最根本的共同利益。麦金太尔曾指出,从社会实践层面看,共同利益不能理解为个人利益的总和,不能理解为个人利益构成共同利益。霍尔巴赫也认为,人们之所以联合起来组成社会,是因为这样能够有助于实在地满足自身的利益。当然,也只有在这一过程中,才产生实际的共同利益。对此,麦金太尔曾精辟地分析:如果我不与他人合作,即不考虑到他人获得他们个人利益的企图,结果是冲突使我除了最短暂的利益外,不可能在我自己的利益方面得到任何东西。所以我和他人在一种合作关系中发现一种共同利益,它是我们自己的利益工具,也是以我们自己的利益来界定的。

四、共同利益是社会主义经济学的核心

根据马克思主义的观点,在未来社会主义社会,全体社会成员将自由地结合成为一个社会性的经济共同体,或"自由人联合体"。在这一经济共同体中,生产资料是全体社会成员联合占有的共同财产,劳动过程是全体社会成员参加的民主管理的联合劳动,劳动产品是由社会占有的共同产品。从总体上说,马克思主义创始人的利益观是实现与增进全体社会成员的共同利益,共同利益观是经典社会主义经济学的核心。在经典社会主义经济理论体系中,属于支配地位并起主导作用的是全社会成员的共同利益。生产资料的共同占有既是全社会成员共同利益的基础又是其根本的共同利益;生产过程的共同参与和民主管理是实现全社会成员共同利益的条件与保证;社会新产品的集中分配和共同使用是全社会成员共同利益的实现。因此,经典社会主义经济学是围绕全社会成员共同利益这一核心而建立起来的经济学理论体系。

---

① 《马克思恩格斯全集》第 46 卷(上册),第 102-103 页。

第三章

————共同利益论：文献综述————

第一节　共同利益理论研究文献计量分析

　　"共同利益"已成为中国与其他国家，乃至当今世界国与国之间的热门话题，基于此，由时事出发，为了更好地了解当今世界共同利益的现状与进展，总结基于共同利益上的国家发展的趋势，本书以中国知网（CNKI）的期刊文献作为数据来源，梳理我国在共同利益研究方面的相关文献，以 Citespace 可视化分析为基础，基于多种视角总结共同利益的热点问题、主要观点和发展趋势，为今后共同利益的相关研究提供方向借鉴。

一、共同利益研究文献的数据统计

　　以 1929—2019 年我国以共同利益为主题的相关文献为数据来源，检索数据库为中国知网全部期刊，检索论文类别为"哲学与人文科学""社会科学Ⅰ辑""社会科学Ⅱ辑"和"经济与管理科学"。

　　通过对 1979—2019 年的共同利益研究文献的数量进行统计，结果显示，在期刊发表的相关文献共计 2 850 篇，论文发表数量总体呈上升趋势，但在 2013 年有明显下降。2010 年发表数量最多，为 188 篇；2011 年为 132 篇；2012 年为 117 篇；2013 年为 106 篇；2014 年为 109 篇；2015 年为 116 篇；2016 年为 122 篇；2017 年为 165 篇；2018 年为 125 篇。

　　根据图 3-1 分析，从论文发布的数量来看，由于现在研究的时间正处于 2019年，所以 2019 年的发布篇数不具有参考价值。自 1995 年开始，对共同利益进行研究的文献数量开始上升,说明随着国际之间交流的加深,越来越多的学者开始对国际关系及共同利益开始进行研究。自 2003 年开始,论文发表数量虽然偶有浮动,但总量都在 100 篇之上。近几年的论文数量时而上升,时而下降,总体呈现出不规律的波动状态。

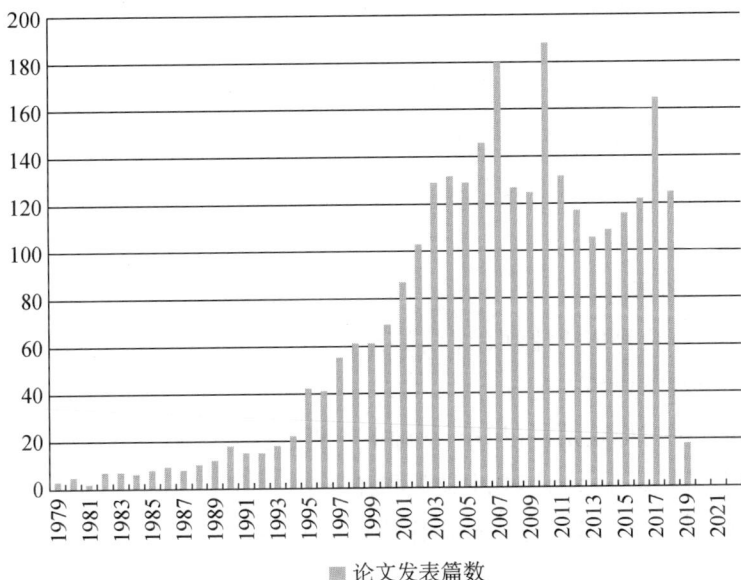

图 3-1　1979—2019 年共同利益研究文献论文年度分布图

二、数据处理与研究方法

运用 Citespace 软件进行数据分析,根据软件的运行需求,对在中国知网下载的相关数据进行了格式化转换。

1. 共词分析法

共词分析法最早出现于 20 世纪 80 年代,是法国国家科学研究中心的卡龙(Callon)等引入情报领域的一种内容分析和科学绘图方法,提出了共词分析的基础理论和应用实例,是一种常用的共现分析方法,属于内容分析用于分析同一篇文献中的一组词的共现关系和共现强度,反映词与词之间的联系,揭示某研究领域的内在结构及变化趋势。这种方法不仅能够描绘学科领域的知识结构,还能结合时间序列揭示学科结构的演变历程。斯科托夫等人根据词频分析抽取了多词词组,并应用邻近词组分析算法,发现了具有代表性的研究主题,以及主题之间、主题与子主题之间的关系,最终运用对等指标计算了词组之间的链接强度,关键词的共现被限制在 50 个词左右。共词分析方法早期主要用于人工智能领域、科学计量学等领域,经过多年的发展,目前国内外专家学者已经将共词分析方法应用到诸多领域,如人工智能、科学计量学、信息系统、能源材料领域、图情学领域、燃料电池和医学领域等。其共同的特点是运用词来表征文献的主要内容,通过分析共词关系和强度来揭示该研究领域的热点、前沿和发展趋势。进行共词分析法的步骤包括:(1)确定信息资源管理领域文献的高频关键词;(2)建立共词矩阵、相异矩阵、相似矩阵;(3)基于共词矩阵选取聚类分析、多维尺度分析、网络分析绘制图谱;(4)进行数据分析。

2. 聚类分析法

聚类分析指将物理或抽象对象的集合分为由类似的对象组成的多个类的分析过程。它是一种重要的人类行为。

聚类分析的目标就是在相似的基础上收集数据来分类。聚类源于很多领域,包括数学、计算机科学、统计学、生物学和经济学。在不同的应用领域,很多聚类技术都得到了发展,这些技术方法被用作描述数据,衡量不同数据源间的相似性,以及把数据源分类到不同的簇中。

三、共同利益研究文献的可视化分析结果

运用 Citespace 软件,得到共同利益研究文献的关键词的可视化图谱。

1. 关键词图谱

进行关键词分析的目的是要确认共同利益研究领域中发文的数量和重点研究的领域,以关键词词频结合内容分析法确定热点。通过对 1979—2019 年的共同利益相关文献的统计,经过 Citespace 软件的运行生成共同利益研究的关键词共现知识图谱和关键词频次图表。

在共同利益研究领域文献中,"美利坚合众国""中华人民共和国""中美关系""思想体系""人类命运共同体"等为出现频次较高的词,这说明,近年来,对共同利益研究主要集中于这些热点问题。为直观体现,具体可见表 3-1。

表 3-1 关键词出现频次表

数量	年份	关键词
488	1980	共同利益
99	1999	全球化
97	1997	中美关系
94	2000	国家利益
90	1995	美国
83	1995	中华人民共和国
80	1995	人类共同利益
77	1982	思想体系
74	1995	美利坚合众国
74	1995	北美洲
74	2001	公共利益
73	2000	利益
65	2016	人类命运共同体
63	1982	社会主义
49	1983	经济
48	1985	企业
47	1985	企业管理
42	1995	利益集团
42	1990	政治
40	1993	马克思
39	2005	和谐社会
36	2003	中国
34	1983	个人利益
34	2003	国际法
33	1993	市场经济
29	1995	邓小平
28	1980	经济利益
28	2003	利益相关者

（续表）

数量	年份	关键词
24	2002	利益共同体
24	2013	全球治理
23	2015	习近平
23	2014	命运共同体
22	1999	全人类共同利益
22	2005	集体行动
21	2006	和谐世界
20	1997	集体主义
20	2004	马克思主义

由此可见中美关系是研究共同利益中非常重要的一环，这也与时事进行了挂钩。

并且 Citespace 软件运行还显示"一带一路"是共同利益研究领域新出现的研究热点。"一带一路"也是近几年我国提出来的合作倡议，共建"一带一路"符合国际社会的根本利益，彰显了人类社会的共同理想和美好追求，是国际合作以及全球治理新模式的积极探索，将为世界和平发展增添新的正能量。以这些关键词为核心，构成了共同利益研究领域中完整的知识网络路径。

2. 研究机构图谱

运行 Citespace 软件，生成 1979—2019 年共同利益领域研究的科研机构图谱。

在共同利益主题的研究领域，高产机构主要有 4 个。其中，发文量最多的研究机构是武汉大学法学院，共发表 14 篇。其次，分别是中共中央党校国际战略研究所（12 篇）、中共中央党校（11 篇）、中国社会科学院世界经济与政治研究所（10 篇）、中国人民大学法学院（10 篇）、中国国际问题研究所（9 篇）。

四、结论与建议

基于 1979—2019 年我国共同利益研究文献数理结果，本书运用 Citespace 软件，对 CNKI 发表的相关论文进行了文献计量，通过可视化图谱的方式，呈现了共同利益相关研究的主要问题、研究机构的贡献。

通过对关键词进行共现分析,提炼了这些年间出现频次最多的关键词,包括"全球化""中美关系""人类命运共同体""经济""全球治理"等,表明学者们对共同利益进行了很多思考、从国与国的关系特别是中美之间的关系和经济角度进行了相当多的研究,并取得了一些成果。

而通过对研究机构进行的可视化分析可以发现,基本上是政治、法学相关的重点学校的学院和科研院所等进行了相关的研究。

基于上述关于共同利益文献计量的研究,提出以下四点简短的建议。

(1)重视"思想体系"(此为出现频次较高的关键词)教育。

(2)重视中美关系问题,从可视化图谱分析上可直观看出,共同利益相关文献研究很多都是在研究美国和中国的关系,其中还涉及中国台湾、亚太经合组织等内容,结合之前的中美贸易战,说明中美关系还是核心一环。

(3)根据对共同利益研究机构的类型分析,发现研究其机构性质较为单一,"经济"作为关键词出现的频率非常高,但是研究机构类型中几乎没有所属为"经济学院"的,基本是法学和政治相关,希望可以对其进行多元化的研究。

(4)重视"全球化"。"全球化"与其他关键词的相关程度非常高,几乎均有涉猎。更何况"全球化"是出现频次最高的一词,20世纪90年代以后,随着全球化势力对人类社会影响层面的扩张,已逐渐引起各国政治、教育、社会及文化等学科领域的重视,纷纷引起研究热潮。

第二节　马克思主义者关于利益的论述

一、《资本论》是分析经济利益关系的典范

马克思主义经济学的代表著作,就是马克思的《资本论》,《资本论》的对象是资本主义生产关系(即经济关系),实际上就是研究资本主义经济利益关系。《资本论》的整个理论体系反映的就是资本主义客观存在的经济利益关系。

一切经济关系实质上都是经济利益关系。《资本论》研究资本主义经济关系,实际上也就是研究资本主义经济利益关系的。

马克思主义的缔造者——马克思,1818年5月5日出生于德国。马克思的父亲是一位富有名望的法律顾问,他热切期望自己的儿子能继承他的事业。于是,马

克思在读完中学以后,遵父命考上了波恩大学法律系,后来,转到柏林大学。他在大学念书时,学的是法律,但是对哲学特别有兴趣,他曾经说:"我必须学习法律,但还感到一种压倒一切的要求,就是要用全力来为哲学奋斗。"①1841 年,马克思在柏林大学毕业时,以《德谟克利特的自然哲学和伊壁鸠鲁的自然哲学的差别》的优秀论文,获得了耶拿大学赠予的哲学博士学位。这就是说,在大学期间,马克思"对政治经济学,他还一无所知"②。是什么原因导致马克思转入研究政治经济学的呢? 1841 年 7 月,马克思在柏林大学毕业后返回波恩。1842 年 4 月开始为《莱茵报》撰稿,1842 年 10 月—1843 年 3 月,马克思担任该报主编,广泛接触社会经济问题,常常遇到经济利益关系问题发表意见的难事,促使马克思着手转入研究经济学。列宁说:"办报工作使马克思感到自己的政治经济学知识不够,于是他发奋研究这门科学。"③恩格斯说:"我曾不止一次地听到马克思说,正是他对林木盗窃法和摩塞尔地区农民处境的研究,推动他由纯政治转向研究经济关系,并从而走向社会主义。"④关于林木盗窃的讨论,是因为当时德国按照传统的习惯,农民可以到森林中砍伐林木、拾捡枯枝,但是,随着资本主义的发展,林木被地主霸占为私有财产,并通过辩论莱茵省地主经济利益的议会,颁布了一个法案,规定农民未经许可,不得砍伐林木、拾捡枯枝,否则按盗窃林木论处,予以罚款和拘留。在这场辩论中,马克思发表了《关于林木盗窃法的辩论》,为保护贫困农民的经济利益,同莱茵省议会作斗争。但在当时,他主要是从法律方面为农民伸张正义。他说:"在贫民阶级的这些习惯中存在着本能的权利感,这些习惯的根源是肯定的和合法的,而习惯权利的形成在这里更是自然的。"⑤关于摩塞尔地区农民状况的论战,是由于《莱茵报》上发表了关于摩塞尔农民生活状况的报道,描述农民困苦处境。这一报道受到莱茵省总督冯·沙培尔的指责。马克思通过自己在摩塞尔地区的考察,写了《摩塞尔论者的辩护》一文,指出农民贫困的原因,小农经济陷于破产和毁灭,是由于普鲁士的官僚政治制度。通过这些辩论,马克思深深感到,人们所奋斗的一切都同他们的利益相关。马克思 1842 年在《莱茵报》陆续发表的《第六届莱茵省议会的辩论》

① 《马克思恩格斯全集》第 40 卷,人民出版社 1982 年版,第 10 页。
② 《马克思恩格斯全集》第 38 卷,人民出版社 1972 年版,第 480 页。
③ 《列宁全集》第 2 版,第 26 卷,第 49 页。
④ 《马克思恩格斯全集》第 39 卷,人民出版社 1974 年版,第 446 页。
⑤ 《马克思恩格斯全集》第 1 卷,第 147 页。

一文中指出："人们奋斗所争取的一切,都同他们的利益有关。"①人们从事物质生产活动,是为了获取物质利益;人们的社会结合,是为了取得共同的利益;革命也是为了利益。恩格斯说:"革命的开始和进行将是为了利益,而不是为了原则,只有利益能够发展为原则。"②但是研究经济利益关系,不能只从法律上分析,更需要做经济学的分析。因而,促使他重点转入研究经济学,写作《资本论》。于是从 1843 年起,马克思开始系统收集资料研究政治经济学,起初,他打算写一部批判资本主义制度和资产阶级政治经济学的巨著。马克思当时计划这部著作的书名叫《政治经济学批判》,并且打算分六册出版,即资本、地产、雇佣劳动、国家、对外贸易、世界贸易、世界市场。"资本"的第一分册谈商品和货币(相当于现在的《资本论》第一卷第一篇),于 1859 年 1 月写完,6 月出版。之后,马克思立即着手"资本"第二分册的整理和写作。在这个过程中,马克思对政治经济学又做了大量的研究工作,写下了《政治经济学批判(1861—1863 年手稿)》。也就是在写作这个手稿的过程中,他改变了原来的计划,决定以《资本论》为书名,以《政治经济学批判》作为副题,分四卷出版他的全部经济学著作。有了马克思的《资本论》,政治经济学才真正获得科学的地位,政治经济学才成为无产阶级的科学。正如恩格斯所指出的,《资本论》"是工人阶级政治经济学的科学表述。这里所涉及的不是鼓动性的词句,而是严密的科学结论。"③《资本论》在大陆上常常被称为'工人阶级的圣经'。任何一个熟悉工人运动的人都不会否认:本书所作的结论日益成为伟大的工人阶级运动的基本原则。"④

《资本论》第一卷资本的产生过程,实际上是研究经济利益与经济利益关系的生产。首先,马克思研究经济利益的创造是人的劳动与物的相结合的产物。马克思说:"不论生产的社会形式如何,劳动者和生产资料始终是生产的因素。但是,二者在彼此分离的情况下只在可能性上是生产要素。凡要进行生产,就必须使它们结合起来。"⑤但是,"机器不在劳动过程中服务就没有用。不仅如此,它还会由于自然界物质变换的破坏作用而解体。铁会生锈,木会腐朽。纱不用来织或编,会成

---

① 《马克思恩格斯全集》第 1 卷,第 82 页。
② 同上书,第 551 页。
③ 《马克思恩格斯全集》第 16 卷,人民出版社 1964 年版,第 411 页。
④ 《马克思恩格斯全集》第 23 卷,人民出版社 1972 年版,第 36 页。
⑤ 《马克思恩格斯全集》第 24 卷,人民出版社 1972 年版,第 44 页。

为废棉。活劳动必须抓住这些东西,使它们由死复生,使它们从仅仅是可能的使用价值变为现实的和起作用的使用价值。"①所以,经济利益实际上是劳动创造的。一切劳动,一方面,作为抽象劳动,它形成商品价值;另一方面,作为具体劳动,它生产使用价值。但是,在资本主义社会,工人劳动创造的经济利益,补偿劳动力价值以外的部分,被资本家凭借资本主义占有权以剩余价值形式无偿占有。其次,马克思以大量篇幅分析了在资本主义社会资本家和工人之间剥夺与被剥夺的经济利益关系。最后,马克思提示了这种经济利益关系发展的趋势:剥夺者将会被剥夺。在资本主义社会是少数掠夺者剥夺广大人民群众的经济利益,将来的社会主义社会是广大人民群众剥夺少数掠夺者的经济利益。

《资本论》第二卷资本的流通过程,实质上是分析经济利益的实现或经济利益关系的再生产,资本家以剩余价值形式占有的经济利益怎样才能实现呢? 马克思首先在第一篇和第二篇,从微观角度考察了只有保持资本循环的连续性也就是供、产、销平衡,才能实现经济利益,加速资本周转可以实现更多的经济利益。其次,从宏观角度,也就是从全社会来看,只有社会生产两大部类:生产资料生产和消费资料生产之间保持适当的比例,也就是说,经济结构合理,才能实现经济利益。

《资本论》第三卷资本主义生产总过程,中心是剩余价值的分配问题实际上就是经济利益的分配关系。第一篇至第三篇研究以平均利润形式表现的产业资本家之间及产业资本家与工人之间的经济利益关系;第四篇研究以商业利润形式表现的商业资本家与产业资本家之间及他们与产业工人、商业店员之间的经济利益关系;第五篇研究以利息表现的职能资本家与借贷资本家之间以及与产业工人、商业店员和银行职员之间的经济利益关系;第六篇研究以地租形式表现的土地所有者与资本家与工人之间的经济利益关系;第七篇揭示了经济利益分配关系是由生产关系决定的。马克思说:"所谓的分配关系,是同生产过程的历史规定的特殊社会形式,以及人们在他们的再生产过程中互相所处的关系相适应的,并且是由这些形式和关系产生的。"②

《资本论》第四卷剩余价值理论史,实际上也就是一部经济利益关系理论发展史。可见,马克思的《资本论》以剩余价值为中心,实际上是以分析资本主义经济利

① 《马克思恩格斯全集》第 23 卷,第 207—208 页。
② 《马克思恩格斯全集》第 25 卷,人民出版社 1974 年版,第 998 页。

益关系为中心，是为无产阶级利益服务的经济学。

马克思在《资本论》中还揭示了经济学的阶级性源于经济利益。资产阶级经济学是为资产阶级利益服务的经济学。马克思说："在政治经济学领域内，自由的科学研究遇到的敌人，不只是它在一切其他领域内遇到的敌人。政治经济学所研究的材料的特殊性，把人们心中最激烈、最卑鄙、最恶劣的感情，把代表私人利益的复仇女神召唤到战场上来反对自由的科学研究。"①马克思主义经济学是为工人阶级利益服务的经济学。所以，经济学都是具有阶级性的，是代表不同经济利益的。但是，资产阶级经济学往往讳言阶级私利的追求，喜欢戴着谋求人类一般利益或谋求社会利益（国家利益）的面具。在阶级斗争不发展的资本主义初期，李嘉图做到"有意识地把阶级利益的对立、工资和利润的对立、利润和地租的对立当作他研究的出发点，因为他天真地把这种对立看作社会的自然规律。"②而马克思主义经济学则公开申明是为工人阶级谋取经济利益的。"马克思主义对思想的各种意识形态体系的分析归结为阶级利益的不同，而阶级利益又只是用经济利益来解释。照马克思的说法，资本主义社会的意识形态，赤裸裸地说，就是对他所谓的资本家阶级利益的讴歌，而他们的阶级利益又是围绕着金钱利润的追求。"③

二、列宁、斯大林对经济利益理论的发展和补充

列宁曾经有过一段社会主义建设的实践，他初步总结了苏联社会主义建设的一些经验，丰富了马克思主义经济利益理论。

（1）发展生产力是社会主义国家最根本的利益。列宁指出："无产阶级取得国家政权以后，它的最主要最根本的需要就是增加产品数量，大大提高社会生产力。"④

（2）切实关心群众的个人利益。他指出：必须"靠个人利益，靠同个人利益的结合，靠经济核算，在这个小农国家里先建立起牢固的桥梁，通过国家资本主义走向社会主义。"⑤他还指出："必须把国家经济的一切大部门建立在同个人利益的结

---

① 《马克思恩格斯全集》第 23 卷，第 12 页。
② 同上书，第 16 页。
③ 熊彼特：《经济分析史》第 1 卷，商务印书馆出版 2008 年版，第 62 页。
④ 《列宁全集》第 42 卷，人民出版社 1987 年版，第 369 页。
⑤ 同上书，第 176 页。

合上面。"①

（3）不劳动者不能获得经济利益。列宁在马克思的按劳分配原则的基础上，进一步提出了不劳动者不得食的原则。

（4）社会主义社会经济利益还可以采取奖金、利润的形式。列宁认为，社会主义不能没有奖金，"不能取消鼓励成绩优良的工作特别是组织工作的奖金制度；在完全的共产主义制度下奖金是不允许的，但在从资本主义到共产主义的过渡时期，如理论推断苏维埃政权一年来的经验所证实的，没有奖金是不行的。"②而且社会主义仍然需要利润，"利润也是满足社会需要的……剩余产品不归私有者阶级，而归全体劳动者，而且只归他们。"③

（5）探索私人利益服从共同利益的合适程度。列宁指出："我们发现了私人利益即私人买卖的利益与国家对这种利益的检查监督相结合的合适程度，发现了私人利益服从共同利益的合适程度，而这是过去许许多多社会主义者碰到的绊脚石。"④

斯大林对经济利益关系理论做了一个重大的补充。这就是提出了关于社会主义"高级盈利"的理论。"……如果不从个别企业或个别生产部门的角度，不从一年的时间来考察盈利，而是从比方十年到十五年的时间来考察盈利，那么个别企业或个别生产部门暂时的不牢固的盈利，就决不能与牢固的经久的高级盈利形式相比，这种高级盈利形式是国民经济有计划发展这一规律的作用及国民经济的计划所提供给我们的，因为它们使我们避免那种破坏国民经济并给社会带来巨大物质损害的周期性的经济危机，而保证我国国民经济高速不断增长。"⑤斯大林关于社会主义高级盈利的理论告诉我们：在社会主义社会不仅要考察个别的微观利益，而且要考察整体的宏观利益，不仅要考察短期利益，而且更要考察长期利益。

三、中国共产党人对马克思主义经济利益理论的贡献

中国共产党人在领导中国社会主义建设和改革过程中，以马克思主义经济利

---

① 《列宁全集》第 42 卷，人民出版社 1987 年版，第 191 页。
② 《列宁全集》第 3 卷，人民出版社 1987 年版，第 748 页。
③ 列宁：《对布哈林〈过渡时期的经济〉一书的评论》，人民出版社 1958 年版，第 41-42 页。
④ 《列宁全集》第 43 卷，人民出版社 1987 年版，第 362 页。
⑤ 斯大林：《苏联社会主义经济问题》，人民出版社 1971 年版，第 4 页。

益关系理论为指导，同时注意吸收西方有关经济利益关系理论的有用成份，结合我国社会主义实际，大大丰富和发展了马克思主义经济利益理论。

1. 毛泽东关于经济利益的思想

毛泽东是伟大的马克思主义者，他在许多论著中，特别是在《论十大关系》《关于正确处理人民内部矛盾的问题》等著作中，关于经济利益的思想，对经济利益理论做出重大贡献。

(1) 关于经济利益必须靠辛勤劳动创造的思想。毛泽东在《关于正确处理人民内部矛盾的问题》中指出："要使全体青年们懂得，我们的国家现在还是一个很穷的国家，并且不可能在短时间内根本改变这种状态，全靠青年和全体人民在几十年时间内，团结奋斗，用自己的双手创造出一个富强的国家。社会主义制度的建立给我们开辟了一条到达理想境界的道路，而理想境界的实现还要靠我们的辛勤劳动。有些青年人以为到了社会主义社会就应当什么都好了，就可以不费气力享受现成的幸福生活了，这是一种不实际的想法。"①

(2) 关于切实关心群众实际利益的思想。毛泽东说："我们历来提倡艰苦奋斗，反对把个人物质利益看得高于一切，同时我们也历来提倡关心群众生活，反对不关心群众痛痒的官僚主义。"②

(3) 关于统筹兼顾、适当安排各种经济利益关系的思想。毛泽东在处理社会主义社会人民内部矛盾的问题上有一个重要思想，就是统筹兼顾、适当安排，在经济利益关系问题上也是这样。在处理中央和地方的关系上，他说："要发展社会主义建设，就必须发挥地方的积极性，中央要巩固，就要注意地方的利益。"③在处理国家、合作社、农民的关系问题上，他说："我们对农民的政策不是苏联的那种政策，而是兼顾国家和农民的利益。……合作社同农民的关系也要处理好。在合作社的收入中，国家拿多少，合作社拿多少，农民拿多少，以及怎样拿法，都要规定得适当。"④在分配问题上，"我们必须兼顾国家利益、集体利益和个人利益。"⑤"总之，国家和工厂，国家和工人，工人和工人，国家和合作社，国家和农民，合作社和农民，都

① 《毛泽东文集》第7卷，人民出版社1999年版，第226页。
② 同上书，第28页。
③ 同上书，第31页。
④ 同上书，第30页。
⑤ 同上书，第221页。

必须兼顾,不能只顾一头"。①

(4) 关于社会主义内部经济利益关系是人民内部矛盾的思想。毛泽东在《关于正确处理人民内部矛盾的问题》中指出:"我们的人民政府是真正代表人民利益的政府,是为人民服务的政府,但是它同人民群众之间也有一定的矛盾。……这种矛盾也是人民内部的一个矛盾。一般来说,人民内部的矛盾,是在人民利益根本一致的基础上的矛盾。"②

2. 邓小平关于经济利益的理论

邓小平是当代伟大的马克思主义者。邓小平经济理论是对马克思主义、毛泽东思想的继承和发展,是深刻总结社会主义建设正反两方面经验的重要成果。邓小平关于经济利益的理论是邓小平经济理论的重要组成部分。

(1) 人民利益根本论。江泽民同志在党的十五大报告中说,邓小平"把毕生的心血献给了中国人民,一切以人民的利益为出发点和归宿。"③一切为了人民的根本利益,这是邓小平理论和实践的一条主线,人民利益根本论是邓小平对经济利益理论的重大贡献。

邓小平认为,社会主义革命是为了人民利益。人民利益决定革命的胜利,所以,进行社会主义革命,人民利益是根本。早在抗日战争时,他就指出:"……在敌占区,游击区采取简单生硬的办法,是必然失败的,而必须照顾那里的环境,一切为保护人民利益打算,提出恰当的对敌斗争方法,才会得到人民拥护,也才能取得胜利。经验尤其证明:谁关心人民的问题,谁能帮助人民想办法去和敌人斗争,保护人民利益,谁就是群众爱戴的领袖。"④在解放战争时,他又指出:"我们绝不去学韩信。在对待生死的问题上,我们只能有一种选择。为着人民利益,我们要生存下去,让敌人去跳黄河!"⑤

邓小平认为,社会主义建设和改革也是为了人民利益。人民利益决定建设和改革的命运,所以,进行社会主义现代化建设和改革,人民利益是根本。1979 年,在党的理论工作务虚会上,他指出:"社会主义现代化建设是我们当前最大的政治,

---

① 《毛泽东文集》第 7 卷,第 30 页。
② 同上书,第 205-206 页。
③ 《中国共产党第十五次全国代表大会文件汇编》,人民出版社 1997 年版,第 13 页。
④ 《邓小平文选》第 1 卷,人民出版社 1994 年版,第 40-41 页。
⑤ 毛毛:《我的父亲邓小平》上卷,中央文献出版社 1993 年版,第 554 页。

因为代表着人民的最大的利益,最根本的利益。"①1980 年,他在《党和国家领导制度的改革》中又指出:"社会主义现代化建设的极其艰巨复杂的任务摆在我们的面前。很多旧问题需要继续解决,新问题更是层出不穷。党只有紧紧地依靠群众,密切地联系群众,随时听取群众的呼声,了解群众的情绪,代表群众的利益,才能形成强大的力量,顺利地完成自己的各项任务。"②

(2) 共同富裕论。共同富裕是千百年来中国人民所孜孜以求的理想境界。作为人民群众根本经济利益关系的体现,这一理想也构成了邓小平建设有中国特色社会主义理论的重要组成部分。

邓小平认为共同富裕是社会主义的本质特征之一。他在 1992 年的南方谈话中,不仅论述了计划、市场与社会主义的关系这一重大理论课题,而且明确提出了"社会主义的本质,是解放生产力,发展生产力,消灭剥削,消除两极分化,最终达到共同富裕。"③在这一重大理论命题中,他把共同富裕摆在了这样一个高度:它不仅是社会主义的本质特征,而且是社会主义社会的最终奋斗目标。共同富裕是社会主义社会区别于其他一切剥削社会的根本特征,"一个公有制占主体,一个共同富裕,这是我们所必须坚持的社会主义的根本原则。"④

邓小平关于共同富裕的构想最初产生于 1978 年,当时他的具体想法是,"在经济政策上,我认为要允许一部分地区、一部分企业、一部分工人农民,由于辛勤努力成绩大而收入先多一些,生活先好起来。一部分人生活先好起来,就必然产生极大的示范力量,影响左邻右舍,带动其他地区、其他单位的人们向他们学习。这样,就会使整个国民经济不断地波浪式地向前发展,使全国各族人民都能比较快地富裕起来。"⑤他不但提出了共同富裕这一奋斗目标,而且明确提出了实现这一目标的具体形式、方法、步骤,为以后的经济体制改革提出了目标与方法,具有十分明确的指导意义。

在经济体制改革由点到面全面铺开的过程中,邓小平关于共同富裕的思想也随着实践的不断深入而逐步深化。改革开始不久,社会上出现了一种否定社会主

---

① 《邓小平文选》第 2 卷,人民出版社 1994 年版,第 163 页。
② 同上书,第 342 页。
③ 《邓小平文选》第 3 卷,人民出版社 1993 年版,第 373 页。
④ 同上书,第 111 页。
⑤ 同上书,第 64 页。

义的思潮,邓小平认识到必须强调实现共同富裕的政治保证,必须坚持走社会主义道路,"如果走资本主义道路,可以使中国百分之几的人富裕起来,但是绝对解决不了百分之九十几的人生活富裕的问题。而坚持社会主义,实行按劳分配的原则,就不会产生贫富过大的差距。"①因此,后来他反复强调这样一个道理,"只有社会主义,才能有凝聚力,才能解决大家的困难,才能避免两极分化,逐步实现共同富裕。"②

随着经济体制改革的逐步推进和经济的发展,共同富裕政策逐步发挥出它的威力。一部分人通过合法手段先富了起来,这时候经济生活中产生了新的问题,突出表现为收入差距拉大引起了一些不安定因素,人们的思想认识上也存在"两极分化"的疑虑。为了维护大局,保证改革的顺利进行,邓小平明确指出:"社会主义的目的就是要全国人民共同富裕,不是两极分化。如果我们的政策导致两极分化,我们就失败了;如果产生了什么新的资产阶级,那我们就真的走了邪路了。"③

那么,如何看待收入差距拉大这一敏感的事实呢? 他指出,拉开地区收入差距的,只是为了"激励和带动其他地区也富裕起来,并且使先富裕起来的地区帮助落后的地区更好地发展",而"提倡人民中有一部分人先富裕起来,也是同样的道理。"④针对收入差距拉大这一具体现象,他提出的解决办法是征收所得税和鼓励个人兴办教育、修路。但是,他又指出,我们还处于社会主义初级阶段,根本任务是发展生产力,不应对它作出过多的限制。"我们坚持走社会主义道路,根本目标是实现共同富裕,然而平均发展是不可能的。"他坚信,只要坚持社会主义道路,就不会出现两极分化。"总的说来,除了个别例外,全国人民的生活,都有了不同程度的改善。当然,在改革过程中,难免带来某些消极的东西。只要我们正视这些东西,采取针对性的坚决步骤,问题是不难解决的。"⑤他认为现在必须采取各种手段发展生产力,而发展生产力,必须坚持改革之路,"中国不走这条路,就没有别的路可走。只有这条路才是通向富裕和繁荣之路。"⑥

共同富裕的思想包含伟大的理论价值和现实意义。第一,人类社会的发展在

---

① 《邓小平文选》第3卷,第357页。
② 同上书,第111页。
③ 同上。
④ 《邓小平文选》第2卷,第152页。
⑤ 《邓小平文选》第3卷,第155页。
⑥ 同上书,第142页。

本质上是物质生活条件的发展。社会主义作为人类历史发展的崭新阶段，不能建立在贫穷的基础上，运用一切手段来发展生产力，积累丰富的社会财富，尽可能为人民提供更多的经济利益，扩大可供人民分配和消费的物质产品范围，是走向共同富裕的前提条件。第二，共同富裕是社会主义的根本目的，是社会主义社会的本质特征和奋斗目标。共同富裕这一概念既指出了目标，又指出了实现目标的途径；既指出了内容，又指出了形式，具有严格的科学性。第三，指出了实现共同富裕的具体步骤。一方面，为人民提供更多的经济利益是一个过程，一部分地区，一部分人先富起来，是实现共同富裕的第一步，目的是更快地实现共同富裕。另一方面，先富起来的地区和个人，有义务帮助落后地区和个人。这是避免两极分化，防止出现资产阶级的根本方法。

（3）对立统一论。在社会主义市场经济条件下，经济利益主体多元化，存在着错综复杂的经济利益关系。这些经济利益关系，既是统一的，又是对立的，必须按照正确的原则妥善处理。首先，社会主义制度下的各种经济利益关系是统一的。邓小平指出："在社会主义制度之下，归根结底，个人利益和集体利益是统一的，局部利益和整体利益是统一的，暂时利益和长远利益是统一的。"①这种统一的基础，是社会主义制度，是社会主义的生产资料公有制。

其次，社会主义制度下的各种经济利益关系也有对立的一面，可能发生冲突。邓小平认为必须承认尊重个人的经济利益。他说："不讲多劳多得，不重视物质利益，对少数先进分子可以，对广大群众不行，一段时间可以，长期不行。""革命是在物质利益的基础上产生的，如果只讲牺牲精神，不讲物质利益，那就是唯心论。"②实践中的唯心论是生产力发展的绊脚石。在回答外国记者的提问"共产党人是否也承认个人利益"时，小平肯定地回答"承认"，并且指出，"共产主义的高级阶段，生产力高度发达，实现各尽所能，按需分配，将更多地承认个人利益、满足个人需要。"③但是，他又明确提出，"要防止盲目性，特别要防止只顾本位利益、个人利益而损害国家利益、人民利益的破坏性的自发倾向。"④

怎样正确处理社会主义制度下各种经济利益关系之间的矛盾呢？邓小平指

---

① 《邓小平文选》第3卷，第149页。
② 《邓小平文选》第2卷，第175页。
③ 同上书，第146页。
④ 同上书，第351页。

出,"在社会主义制度之下,个人利益要服从集体利益,局部利益要服从整体利益,暂时利益要服从长远利益,或者叫作小局服从大局,小道理服从大道理。我们提倡和实行这些原则,决不是说可以不注意个人利益,不注意局部利益,不注意暂时利益","我们必须按照统筹兼顾的原则来调节各种利益的相互关系。如果相反,违反集体利益而追求个人利益,违反整体利益而追求局部利益,违反长远利益而追求暂时利益,那么,结果势必两头都受损失"①。邓小平还提出了一些防范措施,如"要教育党员和群众以大局为重,以党和国家的整体利益为重"②;"我们提倡按劳分配,承认物质利益,是要为全体人民的物质利益奋斗。每个人都应该有他一定的物质利益,但是这决不是提倡个人抛开国家、集体和别人,专门为自己的物质利益奋斗,决不是提倡个人都向'钱'看";"我们从来主张,在社会主义国家中,国家、集体和个人的利益在根本上是一致的,如果有矛盾,个人的利益要服从国家和集体的利益。为了国家和集体的利益,为了人民大众的利益,一切有革命觉悟的先进分子必要时都应当牺牲自己的利益。"③

在处理社会主义制度下各种经济利益关系时,邓小平强调国家利益、整体利益的重要性,也十分尊重个人的利益。这不仅具有重大的理论意义,而且具有重大的现实意义。实行社会主义市场经济,我们不但要确保各利益主体的决策自主性,不断提高人民生活水平,满足人民日益增长的物质文化生活需要,还要花大力气维护国家利益和集体利益,防止国有资产和集体资产的流失,尤其对于侵吞国家财产的行为要采取切实措施。

(4)平等互利论。社会主义现代化建设必须坚持独立自主、自力更生的方针。但是,独立自主、自力更生并不是闭关自守,对外开放是我国社会主义现代化建设的客观要求。对外开放涉及我国与外国的关系问题,实质上是本国利益与外国利益的关系问题。邓小平认为,在国际交往中,必须平等互利。他在1982年中共十二大开幕式上提出:"在平等互利的基础上积极扩大对外交流。"④

邓小平认为,对外交往平等互利首先要考虑本国的利益。他指出:"中国人民珍惜同其他国家和人民的友谊和合作,更加珍惜自己经过长期奋斗而来的独立

---

① 《邓小平文选》第2卷,第362页。
② 同上书,第175页。
③ 同上书,第152页。
④ 同上书,第337页。

自主权利。任何外国不要指望中国做他们的附庸，不要指望中国会吞下损害我国利益的苦果。……中国人民有自己的民族自尊心和自豪感，以热爱祖国、贡献全部力量建设社会主义祖国为最大光荣，以损害社会主义祖国利益、尊严和荣誉为最大耻辱。"①

邓小平认为，对外开放也要尊重外国的利益。1989 年，他对泰国总理差猜·春哈旺说："中国要维护自己国家的利益、主权和领土完整，中国同样认为，社会主义国家不能侵犯别国的利益。"②同年，他与美国前总统尼克松谈到国家关系时表示，应该"着眼于自身长远的战略利益，同时也尊重对方的利益。……并且国家不分大小强弱都相互尊重，平等相待。"③

邓小平认为，对外开放对外商有利，但对中国更有利。所以，要鼓足勇气做开放的工作。对外开放，引进外资、先进技术和管理经验，总是要给外商带来利润，"投资不赚一点钱，那不可能，那谁愿意来？"④资本过剩与市场狭窄是制约发达资本主义国家发展的主要问题。"资本要找出路，贸易要找出路，市场要找出路。"⑤而中国的劳动力及原材料、土地使用费成本低廉，税收优惠，市场庞大，投资于中国能够给外商带来较高的利润率。这正是吸引外资流入中国的根本原因。但是我们也从中得到更大的利益。"合资经营的实际利益，大半是我们拿过来。不要怕，得益处的大头是国家，是人民，不会是资本主义。"⑥"一个三资企业办起来，工人可以拿到工资，国家可以得到税收，合资合作的企业收入还有一部分归社会主义所有。更重要的是，从这些企业中，我们可以学到一些好的管理经验和先进的技术，用于发展社会主义经济。"⑦南方谈话中他又对此进行了补充："还可以得到信息，打开市场"。因此，"三资企业受到我国整个政治、经济条件的制约，是社会主义经济的有益补充，归根到底是有利于社会主义的。"⑧在对外开放中，"要把进一步开放的旗帜打出去，要有点勇气。现在总的是要允许吃亏，不怕吃亏，只要对长远

① 《邓小平文选》第 3 卷，第 3 页。
② 同上书，第 328-329 页。
③ 同上书，第 330 页。
④ 同上书，第 171 页。
⑤ 同上书，第 106 页。
⑥ 同上书，第 91 页。
⑦ 同上书，第 138-139 页。
⑧ 同上书，第 373 页。

利益有利就可以干。"①

邓小平极力反对发达国家恃强凌弱的强权主义利益。针对西方国家1989年6月以后对中国实行的制裁行为,他指出:"真正说起来,国权比人权重要得多。贫弱国家、第三世界国家的国权经常被他们侵犯。他们那一套人权、自由、民主,是维护恃强凌弱的强国、富国的利益,维护霸权主义者、强权主义者利益的。"②

第三节 马克思主义经典著作中关于共同利益的论述

马克思用科学的立场、观点和方法研究了共同体和共同利益的实现条件。马克思的研究并没有忽视对个人利益的分析,而是认为个人利益时刻受到他所属阶级的影响,从而说明了共同体以及共同利益的本质。

一、共同体的本质以及共同利益的本质

共同体的本质是什么?这是正确理解共同利益的关键。正因为对这一问题的关注,马克思、恩格斯把共同体划分为"虚幻的共同体"和"真实的共同体"。什么样的共同体是"真实的共同体",什么样的共同体是"虚幻的共同体"?马克思、恩格斯认为,在"虚幻的共同体形式下",每个人所追求的仅仅是自己的特殊的、对他们来说是同他们的共同利益不相符合的利益,所以他们认为这种共同利益是"异己的",是"不依赖"于他们的。不仅如此,这些特殊的利益(个人利益)始终在真正地反对共同利益和虚幻的共同利益,这些特殊利益的实际斗争使得以国家姿态出现的虚幻的"普遍"利益对特殊利益的实际的干涉和约束成为必要。因此,马克思、恩格斯科学地说明了共同体的本质。

首先,共同体是由具有自由和独立性的个人组成的。并非所有的组织、集团都是共同体。共同体与集团、整体的含义是不一样的,在群体和整体之中,个人既没有独立性也没有自由。

按照马克思对社会状态的划分,人类社会会经历三种社会状态:"人的依赖关

① 《邓小平文选》第3卷,第313页。
② 同上书,第344页。

系""物的依赖关系"和"人的独立性"。这三种状态下的共同体状态是不同的。以"人的依赖关系"为特征的群体社会是个人与社会关系的最初形态，后来，随着生产力的发展和商品经济的发达，个人才获得了独立性。只有在这种条件下，由独立性的个人所组成的共同体才得以形成。所以，如果说由"人的独立性"而取代"人的依赖关系"是人类社会的一大进步，那么随着社会这一进步的就是"共同体"的出现。但是"共同体"又有"虚假的共同体"和"真实的共同体"之分。也就是说，人类社会的"共同体"，也有一个不断发展的过程①。

什么是"自由人的联合体"？马克思、恩格斯在《共产党宣言》中做了这样的表述："代替那存在着阶级和阶级对立的资产阶级旧社会的，将是这样的一个联合体，在那里，每个人的自由发展是一切人的自由发展的条件。"②可见，共产主义社会中所要实现的个人自由，不是一部分人的自由，而是社会共同体中每个人的自由，而且每个人的自由发展又不妨碍他人的自由发展，相反，是一切人的自由发展的条件。因此，实现了这样的原则，就是"人和人之间的矛盾的真正解决"③。

其次，共同体的阶级本质。马克思、恩格斯把共同体又划分为无产阶级的共同体和其他阶级的共同体。在无产阶级的共同体中，"只有在集体中，个人才能获得全面发展其才能的手段，也就是说，只有在集体中才可能有个人自由。"④也就是说，无产阶级的共同体与个人的关系不是对立的，个人利益只有在共同体中才能得以实现，共同体是发展个人的手段，共同体是维护每个成员利益的共同体。

在无产阶级以前的阶级中就不同了。"在过去的种种冒充的集体中，如在国家等中，个人自由只是对那些在统治阶级范围内发展的个人来说是存在的，他们之所以有个人自由，只是因为他们是这一阶级的个人。"⑤马克思、恩格斯进一步指出："从前各个个人所结成的那种虚幻的集体，总是作为某种独立的东西而使自己与各个个人对立起来；由于这种集体是一个阶级反对另一个阶级的联合，因此对于被支配的阶级来说，它不仅是完全虚幻的集体，而且是新的桎梏。"⑥

按照马克思、恩格斯的观点，在阶级社会里，统治阶级所代表的国家利益以

---

① 朱贻庭等：《当代中国道德价值导向》，华东师范大学出版社 1994 年版，第 153 页。
② 《马克思恩格斯全集》第 1 卷，第 273 页。
③ 《马克思 1844 年经济学哲学手稿》，人民出版社 2002 年版，第 53 页。
④ 《马克思恩格斯全集》第 3 卷，第 84 页。
⑤ 同上。
⑥ 同上。

及阶级利益就是一种"虚幻的"共同利益,是与大多数人的利益相违背的。马克思、恩格斯指出:"由于共同活动本身不是自愿地而是自发地形成的,因此,这种社会力量在这些个人看来就不是他们自身的联合力量,而是某种异己的、在他们之外的权力。"①这实质上是一种外化、异化。要消灭这一异化现象就要革命,只有到了共产主义才会使共同利益具有普遍意义。马克思、恩格斯指出:"进行革命的阶级,仅就它对抗另一个阶级这一点来说,从一开始就不是作为一个阶级,而是作为全社会的代表出现的;它俨然以社会全体群众的姿态反对唯一的统治阶级。"②

二、解决个人利益与共同利益的矛盾

马克思经典作家用阶级自觉和意识形态的凝聚作用来解决个人利益与集体利益的矛盾。马克思指出:"工人阶级在反对有产阶级联合权力的斗争中,只有组织成为与有产阶级建立的一切旧政党的独立政党,才能成为一个阶级来行动。"③列宁揭示了阶级意识的重要性,"只有当每个工人都意识到自己是整个工人阶级中的一员,都认识到他每天同个别老板和个别官吏进行小的斗争就是在反对整个资产阶级和整个政府的时候,他们的斗争才是阶级斗争。"④无论是组织成为先进的政党还是加强阶级意识的培养,其目的都是为了使无产阶级作为整个阶级来行动。

在此,马克思和列宁实际上提出了通过教育和培养,使共同体成员的主体意识觉醒,认识到自己的利益与本阶级共同利益的一致性,从而自觉进行共同行动。不过,这必须至少有两个条件:一是共同体中的成员对共同体产生高度认同,即在思想上产生信任和向往;二是必须有真正的共同利益为基础。

列宁直接讲述了"共同利益"这个词。在论述把握好个人利益与共同利益相互关系的"度"的问题时,他认为,利益关系是一切问题的实质和基础。其中,共同利益与个人利益的关系,即国家或社会与社会成员个体之间的利益关系,是一种相互依存又相互斗争的关系。列宁新经济政策中的一个重要思想,就是在承认共同利益与个人利益的斗争性和差异性的同时,努力实现两者的转化与和谐,追寻共同利益与个人利益的一致性。列宁指出:"困难就在于如何同个人利益的结合,必须使

---

① 《马克思恩格斯全集》第 3 卷,第 38-39 页。
② 同上书,第 54 页。
③ 《马克思恩格斯全集》第 2 卷,第 138 页。
④ 《列宁全集》第 4 卷,人民出版社 1965 年版,第 191-192 页。

每个专家也从生产的发展中得到好处。"①列宁这里所说的"困难",是指用什么方式把人们对个人利益的关心和对共同生产的关心有机地结合起来,实现个人利益与共同利益的共同发展。十月革命后建立的苏俄,个人利益与共同利益的相互关系实际上反映的是私人资本主义、小农经济与社会主义经济的利益关系。社会主义如何做到个人利益与共同利益的协调一致,并对个人利益进行指导、调节和监督,使其服从共同利益,列宁在艰辛的探索中找到了解决这个难题的途径。在《论合作社》一文中他说道:"现在我们已经找到了私人利益、私人买卖的利益与国家对这种利益的检查监督相结合的度,找到了使私人利益服从共同利益的度,而这是过去许许多多社会主义者解决不了的难题。"②列宁的这个"度"就是,通过以商品经济为基础的合作社把小生产引导到为社会主义建设服务的轨道,并在国家调节商业和货币流通的前提下,把个人利益与共同利益有机地结合起来,同时有利于国家对个人利益的指导和监督,使其服从共同利益。

第四节　中国共产党人关于共同利益的思想

中国共产党人关于共同利益的思想包括国内发展的共同利益思想和国际经济政治领域的共同利益思想两个方面。

一、中国共产党人关于国内发展的共同利益思想

中国共产党人关于国内发展的共同利益思想集中体现为"共同富裕"论。在马克思主义发展史上,毛泽东第一次明确阐述了共同富裕问题。在继承毛泽东关于共同富裕正确思想的基础上,邓小平系统地阐述了科学的共同富裕观,并找到了实现共同富裕的现实途径,首次提出允许和鼓励一部分地区、一部分人先富起来,逐步带动全体人民和整个国家走向共同富裕,并把它作为实现我国现代化建设"三步走"战略的一个大政策。世纪之交,依据邓小平"三步走"和"两个大局"的战略构想,以江泽民同志为核心的第三代领导集体做出了西部大开发的战略决策,继承、

---

①　《列宁全集》(第 42 卷),人民出版社 1987 年版,第 190 页。
②　《列宁全集》(第 43 卷),人民出版社 1987 年版,第 362 页。

实践、创新了邓小平关于共同富裕的伟大思想。新时代，习近平同志提出了包括"共享发展"在内的五大发展理念。

1. 毛泽东的共同富裕思想及共富空间均衡布局战略

毛泽东极为关注如何使全国人民富裕起来。1955年，他第一次明确提出了"共同富裕"概念，阐述了中国的共同富裕问题。"使全体农村人民共同富裕起来。我们认为只有这样，工人和农民的联盟才能获得巩固。"[①]他指出："领导农民走社会主义道路，使农民群众共同富裕起来，穷的要富裕，所有农民都要富裕，并且富裕的程度要大大地超过现在的富裕农民。"[②]他认为，在农业国的基础上是谈不上什么富的，但是现在我们实行这样一种制度，这么一种计划，是可以一年一年走向更富更强的，一年一年可以看到更富、更强些。而这个富，是共同的富，这个强是共同的强，大家都有份。由此可见，毛泽东的共同富裕思想包括了以下内容：第一，社会主义制度是以全体人民共同富裕为目标的，实现共同富裕必须以社会主义为前提条件。第二，共同富裕是一个渐进的过程。第三，共同富裕必须以工业化为基础，没有国家的工业化，就谈不上共同富裕。

新中国成立初期，我国地区经济布局面临严峻形势。由于历史的原因，我国现代轻工业和重工业，70％在沿海，30％在内地。为此，党和国家致力于改变这一不合理状况，以沿海和内地合理、均衡发展思想为指导，着手实施沿海与内地"均衡布局战略"，实质上是内地（主要是西部）重点开发战略，其目的是缩小内陆与沿海的差距。在《论十大关系》中，毛泽东最早提出"利用和发展沿海工业"以促进内地工业的发展和生产力布局的合理化。而且在当时"国际形势还很紧张"的条件下，毛泽东对内地的建设更加重视，"沿海的工业基地必须充分利用，但是，为了平衡工业发展的布局，内地工业必须大力发展"[③]。

因此，"一五"时期党和国家就开始有计划、有步骤地着手对西部的开发。这一时期全国156项重点项目4/5在西部；"二五"期间，生产力空间布局进一步向内地倾斜，但针对一度出现的忽视原有工业的倾向，强调了要兼顾内地与沿海的发展；"三五""四五"时期掀起"三线"建设热潮，把经济发展的重点完全放到了中西部；从

---

① 《毛泽东文集》第6卷，人民出版社1999年版，第437页。
② 《毛泽东著作专题摘编》（上），中央文献出版社2003年版，第838页。
③ 《毛泽东文选》第7卷，第25页。

"五五"到 1978 年,均衡发展的空间布局没有改变。因而相当长的时期,我国区域经济的基本格局是推进沿海和内地的均衡发展。均衡发展战略执行约 30 年,改变了生产力空间布局极端不合理的状况,奠定了中国西部工业化的物质基础。保持了边疆地区社会政治稳定,维护了民族团结和国家统一。但这种空间布局战略也存在着缺陷:没有把区域经济的平衡发展建立在生产力发展的客观规律上,生产力的平衡配置带有极强的主观性和片面性,所追求的实际上是一种低水平的平衡;过分强调区域平衡发展、社会公平,忽视了经济发展和区域生产力布局的效率原则,从而导致国民经济效率与社会公平的同时失落;尤其是"三线"建设,更是片面地突出战备需要,许多新建企业布点违背了规模经济原则,经济效率极低;忽视了中国的基本国情,欲东西部整体推进,发展程度一步到位,结果却出现了全国平均落后、共同贫穷的畸形现象。

2. 邓小平的共同富裕思想及共富空间非均衡布局战略

邓小平总结了新中国成立以来区域经济空间布局的经验教训,纠正了毛泽东在共同富裕问题上的偏差。提出了让一部分地区、一部分人先富起来,先富带后富,最终达到共同富裕的区域经济非均衡发展思想。这一科学思想有着极其丰富的内涵。

(1) 共同富裕是社会主义区别于资本主义和其他所有剥削制度的本质特征,是社会主义的根本原则和终极目标。"社会主义最大的优越性就是共同富裕,这是体现社会主义本质的一个东西。"①邓小平强调:"走社会主义道路,就是要逐步实现共同富裕。""社会主义制度就应该而且能够避免两极分化。"②

(2) 共同富裕是社会主义的长远目标。邓小平"三步走"的发展战略为中国实现共同富裕提供了近期规划和远期目标。现在已着手进行第三步,即到 21 世纪中叶,使我国的经济达到中等发达国家的水平,人民的生活比较富裕,基本实现社会主义共同富裕的目标。

(3) 共同富裕包括物质生活和精神生活两个方面的富裕。共同富裕是以物质的共同富裕为基础的,然而,仅有物质生活的富裕而缺乏丰富的精神生活,这种富裕与现代文明是相背离的。高度的物质文明和高度的精神文明,既是我国现代化

---

① 《邓小平文选》第 3 卷,第 364 页。
② 同上书,第 373-374 页。

的重要内容,也是我国共同富裕的主要内容。

（4）实现共同富裕的有效途径是允许和鼓励一部分地区、一部分人先富起来,先富带后富,最终实现共同富裕。邓小平指出:"在经济政策上,我认为要允许一部分地区、一部分企业、一部分工人农民,由于辛勤努力成绩大而收入先多一些,生活先好起来。一部分人生活先好起来,就必然产生极大的示范力量,影响左邻右舍,带动其他地区、其他单位的人们向他们学习。"①他的一贯主张是"让一部分人、一部分地区先富起来,大原则是共同富裕。一部分地区发展快一点,带动大部分地区,这是加速发展、达到共同富裕的捷径"②。"我们坚持走社会主义道路,根本目标是实现共同富裕,然而平均发展是不可能的。"③

由此可见,邓小平关于"部分富裕"到最终实现共同富裕的一系列理论和政策,首先,无论从程度到过程都与平均主义严格地划清了界限:他讲的共同富裕不是同等富裕,不是齐步走、齐步到终点式的富裕,而是有先有后、有快有慢、有时差和顺序的程度有别的富裕。其次,邓小平正确地处理了"先富""后富""共同富"的关系。他认为允许和鼓励一部分地区、一部分人先富起来的根本目的是为了共同富裕,而不是扩大我国地区间、城乡间、部门间的经济发展和人民生活水平的差距,不是导致两极分化;要承认人们生活富裕的先后和程度有差别;勤劳致富、守法致富是一部分人先富起来的前提,反对通过非法手段牟利、致富;共同富裕要兼顾公平与效率,合理拉开收入差距,国家要围绕共同富裕原则,通过各种调控手段,解决收入过分悬殊的问题,从而使人们走上后富不断赶先富的良性循环。

在共同富裕理论的基础上,邓小平提出了沿海和内地、东部和西部共富的"两个大局"的战略构想。他指出:"沿海地区要加快对外开放,使这个拥有两亿人口的广大地带较快地先发展起来,从而带动内地更好地发展,这是一个事关大局的问题。内地要顾全这个大局。"④基于东部沿海与内地中西部地区相比,有着得天独厚的优越地理位置和便利的交通设施以及较完备的设备、技术、人才、信息等优势,第一个大局就是东部沿海地区加快对外开放,率先发展。

改革开放伊始,邓小平就具体设计并组织实施了东部沿海地区的经济发展。

---

① 《邓小平文选》第2卷,第152页。
② 《邓小平文选》第3卷,第166页。
③ 同上书,第155页。
④ 同上书,第277—278页。

1979 年，根据邓小平的建议，中共中央、国务院正式批准兴办深圳、珠海、汕头、厦门 4 个经济特区。1984 年，中央根据邓小平的提议，正式决定开放上海、广州等 14 个沿海港口城市。1985 年，进一步扩大开放了长江三角洲、珠江三角洲、闽南三角洲为经济开放区。1986 年，"七五"计划明确地把全国划分为东部、中部、西部三大经济地带，制定了东、中、西三大地带非均衡发展梯度推移的宏观区域经济发展战略。1988 年，又决定成立海南省并实行比特区更优惠的政策。同年，辽东半岛、胶东半岛及环渤海地区在内的沿海城市也被划入沿海经济开发区。同年 4 月设立海南经济特区，实行更加灵活开放的经济政策。20 世纪 90 年代，中央又做出了"开发上海浦东，带动长江三角洲和整个长江流域地区经济的发展"的重大战略决策，这标志着我国区域经济发展战略开始从沿海向沿江深入。同时，国家出台了一系列推进和加快东部沿海地区对外开放的政策，使东部沿海地区出现了新一轮的对外开放高潮和先富快富新态势。1992 年，党中央提出实施"沿海、沿边、沿线、沿江"的全方位开放布局，批准长江沿岸 28 个城市和 8 个地区以及东北、西南和西北地区的 13 个边境城市对外开放，内陆省会城市全部开放，密切了内地与沿海在对外开放上的横向联系。从而形成了由"经济特区—沿海开放城市—沿海经济开放区—沿江沿线沿边开放城市—内地经济特区"逐步推进的开放开发梯次格局。与此同时，邓小平也极为重视中西部地区的发展。他认为既不能影响东部地区的发展势头，也不能无视东西部之间差距的存在。"两个大局"中的第二个大局就是"反过来，发展到一定的时候，又要求沿海拿出更多力量来帮助内地发展，这也是个大局。那时沿海也要服从这个大局"①。他多次从不同的角度论述了中西部地区的开发、开放的重大意义，并就如何帮助和支持中西部地区的经济发展提出了许多重要思想。他审时度势，提出了沿海地区全力帮助内地解决发展差距的时间表："在本世纪末达到小康水平的时候，就要突出地提出和解决这个问题。"②他还充满信心地宣布：在全国范围内，我们一定能够逐步顺利解决沿海同内地贫富差距的问题。

3. 第三代领导集体的共同富裕思想及西部大开发战略

"两个大局"的战略构想为东西部经济协调发展提供了科学的指导思想。世纪

---

① 《邓小平文选》第 3 卷，第 278 页。
② 同上书，第 374 页。

之交,在中国现代化第二步战略目标即将实现和东西部差距日益扩大的情况下,以江泽民同志为核心的党的第三代领导集体正是沿着这一伟大构想,开始从总体上考虑区域经济发展战略重点的转变问题,做出了西部大开发的重大战略决策,继承、实践、创新了邓小平的共同富裕思想。1999年6月,在西北五省区国有企业改革和发展座谈会上,江泽民同志第一次明确提出了"西部大开发"的概念,精辟地阐述了西部大开发的重大经济、政治和社会意义。他指出,逐步缩小全国各个地区之间的发展差距,实现全国经济社会的协调发展,最终达到全体人民的共同富裕,是社会主义本质的要求,也是关系我国跨世纪发展战略的一个重大问题。针对我国的基本国情,他认为要在一个时期实现同步富裕、同等富裕是不现实的,必然会有的先富起来,有的后富。因此,在发展的布局上,必须有全盘的构想。他还指出,加快少数民族地区的发展,促进各民族的共同繁荣、共同富裕,是加强民族团结、维护边疆稳定的根本保证。1999年,党的十五届四中全会《决定》明确提出国家要"实施西部大开发战略"。2000年,九届人大三次会议上,江泽民同志再次强调了实施西部大开发对促进地区之间经济协调发展,实现共同繁荣、共同富裕,对整个经济结构实施战略性调整,促进国民经济持续、快速、健康发展,对增进民族团结,维护稳定和巩固边防的重大意义。与此同时,党的第三代领导集体提出了一系列缩小地区差距、开发西部、区域经济协调发展的指导方针和决策。第一,缓解地区差距、缩小地区差距,促进区域经济协调发展。江泽民同志提出了"两步走"方针,第一步,20世纪末,缓解东西部地区差距拉大速度;第二步,2000年以后,积极朝着缩小差距的方向前进,逐步缩小差距。党的十四大报告指出,应当在国家统一指导下,按照因地制宜、合理分工、优势互补、共同发展的原则,促进地区经济的合理布局和健康发展。按照中共中央的建议,"八五"《纲要》将"促进地区经济的合理分工和协调发展"作为今后经济发展的一条指导方针。党的十四届五中全会指出,对于东西部地区经济发展中出现的差距扩大问题,必须认真对待、正确处理,要用邓小平关于一部分人、一部分地区先富起来,逐步实现共同富裕的思想来统一全党的认识;要把缩小地区差距当成一条长期坚持的重要方针;实现共同富裕是社会主义的根本原则和本质特征,绝不能动摇;要用历史的、辩证的观点认识和处理地区差距问题,一是要看到各个地区发展不平衡是一个长期的历史现象,二是要高度重视和采取有效措施正确解决地区差距问题,三是解决地区差距问题需要一个过程。"九五"《纲要》将"坚持区域经济协调发展,逐步缩小地区差距"正式确立为要长期坚持的重要的指导方针之一。党的十五大报告提出要促进地区经济合理布局和协调发展，逐步缩小地区发展差距。"十五"《纲要》进一步强调"实施西部大开发，促进地区协调发展"。

总之，十四大以后，党的第三代领导集体提出了鼓励先富、带动后富、东西联动、共同富裕和坚持协调、调控差距、非均衡发展的指导思想。第一，把缩小差距作为一条长期坚持的重要方针和改革发展的战略任务，认为只有西部地区的大开发、大发展，甚至比东部沿海地区有更快的发展速度，才谈得上缩小东、西部差距，最终走向共同富裕。第二，将扶贫开发作为 21 世纪的攻坚任务。20 世纪 90 年代，党的第三代领导集体总结了过去扶贫的经验教训，开始把扶贫与开发结合起来，并加大开发式扶贫的力度。国家通过扶贫专项贴息贷款以及实行财政转移支付等办法支援中西部地区发展。此外，中央还具体部署了如何坚持开发式扶贫的方针以及增强贫困地区脱贫致富的措施。第三，加快开发西部地区，要有新的思路，要适应建设社会主义市场经济体制的要求和新的对内、对外开放环境，充分考虑国内、国际市场需求的新变化，按照客观经济规律办事。第四，认为不仅仅是东部带动西部发展，而且西部对东部发展也有着巨大的作用，还提出了东西部联动与合作的新思路。

不仅如此，党中央还确定了西部大开发的重点区域：依托亚欧大陆桥、长江水道、西南出海通道等交通干线，发挥中心城市的集聚功能和辐射作用，以线串点，以点带面，逐步形成我国西部有特色跨行政区域的经济带，带动周围其他地区的发展，有步骤、有重点地推进西部大开发。同时，党中央把基础设施、生态环境、特色经济和农业、科技以及教育作为西部大开发的重点领域。

4. 习近平"共享发展"理念

党的十八大以来，以习近平同志为核心的党中央把人民放在最高位置，坚持发展为了人民、发展依靠人民、发展成果由人民共享，不断把为人民造福事业推向前进。

习近平一贯重视共同富裕。2012 年 11 月 15 日，习近平在十八届中央政治局常委同中外记者见面时讲话指出："我们的人民热爱生活，期盼有更好的教育、更稳定的工作、更满意的收入、更可靠的社会保障、更高水平的医疗卫生服务、更舒适的居住条件、更优美的环境，期盼孩子们能成长得更好、工作得更好、生活得更好。人民对美好生活的向往,就是我们的奋斗目标。人世间的一切幸福都需要靠辛勤的劳动来创造。我们的责任,就是要团结带领全党全国各族人民,继续解放思想,坚持改革开放,不断解放和发展社会生产力,努力解决群众的生产生活困难,坚定不移走共同富裕的道路。"①2012 年 12 月 29 日—30 日,习近平在河北省阜平县看望慰问困难群众时指出:"消除贫困、改善民生、实现共同富裕,是社会主义的本质要求。"②2013 年 3 月 17 日,习近平在第十二届全国人民代表大会第一次会议上的讲话指出:"生活在我们伟大祖国和伟大时代的中国人民,共同享有人生出彩的机会,共同享有梦想成真的机会,共同享有同祖国和时代一起成长与进步的机会。"③2013 年 10 月 29 日,习近平主持十八届中央政治局第十次集体学习时的讲话强调:"加快推进住房保障和供应体系建设,是满足群众基本住房需求、实现全体人民住有所居目标的重要任务,是促进社会公平正义、保证人民群众共享改革发展成果的必然要求。"④2015 年 5 月 25—27 日,习近平在浙江考察调研时强调:"社会建设要以共建共享为基本原则,在体制机制、制度政策上系统谋划。"⑤

在党的十八届五中全会上习近平提出了"创新、协调、绿色、开放、共享"的发展理念。其中,"坚持共享发展,必须坚持发展为了人民、发展依靠人民、发展成果由人民共享,作出更有效的制度安排,使全体人民在共建共享发展中有更多获得感,增强发展动力,增进人民团结,朝着共同富裕方向稳步前进。"⑥共享是广大人民群众共同享有,是要消除贫富悬殊、避免两极分化,其方向和目标是共同富裕。习近平同志提出的"五大发展理念",把共享作为发展的出发点和落脚点,指明发展价值取向,把握科学发展规律,顺应时代发展潮流,是充分体现社会主义本质和共产党宗旨、科学谋划人民福祉和国家长治久安的重要发展理念⑦。

共享发展注重的是解决社会公平正义问题。让广大人民群众共享改革发展成果,是社会主义的本质要求,是社会主义制度优越性的集中体现,是我们党坚持全

---

① 习近平:"人民对美好生活的向往就是我们的奋斗目标",《人民日报》,2012 年 11 月 16 日。
② 习近平:"只要有信心,黄土变成金",《新华社》,2012 年 12 月 31 日。
③ "习近平在第十二届全国人民代表大会第一次会议上的讲话",《人民日报》,2013 年 3 月 17 日。
④ 习近平:"在第十二届全国人民代表大会第一次会议上的讲话"(2013 年 3 月 17 日),《新华社》,2013 年 3 月 17 日。
⑤ "习近平在中共中央政治局第十次集体学习时强调加快推进住房保障和供应体系建设　不断实现全体人民住有所居的目标",《新华社》2013 年 10 月 30 日。
⑥ "习近平在浙江调研时强调:干在实处永无止境　走在前列要谋新篇",《人民日报》2015 年 5 月 28 日。
⑦ 任理轩:"坚持共享发展——'五大发展理念'解读之五",《人民日报》,2015 年 12 月 24 日。

心全意为人民服务根本宗旨的重要体现。这方面问题解决好了，全体人民推动发展的积极性、主动性、创造性就能被充分调动起来，国家发展也就具有了源源不断的新动力。习近平指出："全面深化改革必须着眼创造更加公平正义的社会环境，不断克服各种有违公平正义的现象，使改革发展成果更多更公平惠及全体人民。如果不能给老百姓带来实实在在的利益，如果不能创造更加公平的社会环境，甚至导致更多不公平，改革就失去意义，也不可能持续。"①"我们的共建是全民的共建，也是全面的共建；我们的共享是全民共享，也是全面共享；共建共享都是大学问。"②

党中央把贫困人口脱贫作为全面建成小康社会的底线任务和标志性指标，全面打响了脱贫攻坚战。到 2020 年全面建成小康社会，实现第一个百年奋斗目标，是我们党向人民、向历史作出的庄严承诺。全面小康，首要是覆盖的人口要全面。习近平多次指出"没有全民小康，就没有全面小康""小康不小康、关键看老乡""实现全面小康，一个民族都不能少"。2012 年 12 月 29—30 日，习近平在河北省阜平县看望慰问困难群众时指出："没有农村的小康，特别是没有贫困地区的小康，就没有全面建成小康社会。"③

党的十八大以来，我国提出精准扶贫、精准脱贫基本方略④，我国的扶贫攻坚和我国传统美德"一个好汉三个帮，一家有难万家支援"相辅相成，广泛动员全社会力量参与扶贫，按照国家的精准扶贫方略开展工作，国家出台了相关优惠政策措施让贫困户得到实实在在的优惠补助，不断大力增加扶贫投入，让贫困地区的基础设施得到大大改善，让贫困户的生产生活条件得到了翻天覆地的变化。改革开放 40 年来，我国农村 7 亿多贫困人口摆脱贫困，贫困发生率由 1978 年的 97.5％下降到 2017 年年底的 3.1％，创造了人类减贫史上的中国奇迹⑤。联合国秘书长古特雷斯高度评价了中国在"消除贫困"中所取得的成就。中国的发展已经让数亿人口远离贫困，而且中国正致力于在 2020 年彻底消除国内的极端贫困。所以这是中国对世界减贫事业最大的贡献。除此之外，中国面向非洲国家这样的发展中国家，采取

---

① 习近平："落实共享发展是一门大学问"，《人民日报》，2016 年 5 月 14 日。
② 同上。
③ "习近平在河北慰问困难群众并考察扶贫开发工作"，《新华社》，2012 年 12 月 30 日。
④ "习近平贡献消除贫困的中国方案"，《新华每日电讯》，2017 年 8 月 18 日第 4 版。
⑤ "40 年来我国贫困发生率从 97.5％下降至 3.1％"，《新华社》，2018 年 12 月 8 日。

合作共赢共同发展的政策,是中国对减贫事业的另一大贡献。不仅如此,古特雷斯还认为,总的来说,这两大贡献是中国兑现自己的承诺,完成(联合国)2030 年可持续发展议程和目标所做出的重要贡献①。

二、中国共产党人关于国际政治经济中的共同利益思想

从毛泽东的"三个世界理论"、邓小平的"建立国际政治经济新秩序"、江泽民的"新安全观"、胡锦涛的"和谐世界观"再到习近平的"人类命运共同体"理念,中国共产党人的共同利益思想既一脉相承又与时俱进,尤其是"人类命运共同体"理念更是站在中国新的历史起点上,着眼于从促进世界美好发展的夙愿和中国未来外交的战略定位出发,提出的一条符合人类共同利益的新型发展之路,在尊重世界发展多样性的同时,全面促进了政党外交工作的开展,它既是开启新时代中国外交的新征程,也是蕴含中华民族优秀的文明智慧,更是构建稳定国际秩序的"中国方案"。

1. 毛泽东的共同利益思想

毛泽东的共同利益思想,主要代表的是弱国、穷国、小国的共同利益,反映了世界多极化趋势孕育、发展并日益突出的历史进程。这集中体现在他深入分析和准确判断国际形势的发展变化,从而提出了关于三个世界的理论和"一条线"战略。

在 20 世纪 50 年代前期,中国实行"一边倒"战略,交朋友的重点是社会主义国家。50 年代后期,中国交朋友的重点逐步转向亚非拉新独立的国家。毛泽东认为,中国与广大亚非拉国家"是站在一条战线上的"②,并多次提出"亚洲、非洲、拉丁美洲各国人民要联合起来"③。因此,加强中国与广大亚非拉国家的团结与合作,逐步成为新中国对外战略的重中之重。毛泽东在同印度尼西亚总统苏加诺谈话时说:"你认为我们做工作,交朋友,重点应该放在什么地方? 我认为,应该放在三大洲,那就是亚洲、非洲和拉丁美洲,另外还有大半个欧洲。"④毛泽东曾多次亲切地说:"我们见到三个地方的朋友最亲,就是亚洲、非洲和拉丁美洲","同你们见面,我们就感到平等。"⑤毛泽东还强调中国和拉丁美洲有许多共同点:"首先,要求

---

① "古特雷斯:中国 2020 年消除极端贫困是对世界减贫事业最大贡献",《中国网》,2018 年 9 月 5 日。
② 《毛泽东外交文选》,中央文献出版社、世界知识出版社 1994 年版,第 403 页。
③ 同上书,第 511 页。
④ 同上书,第 269 页。
⑤ 裴坚章:《毛泽东外交思想研究》,世界知识出版社 1994 年版,第 295 页。

独立这一点是相同的，不仅你们有独立问题，我们也有”，“其次，我们的经济都不发达。要求发展经济的愿望，在你们那里是迫切的，在我们这里也是迫切的。所有亚洲、非洲、拉丁美洲国家的共同历史任务，就是争取民族独立，发展民族经济和民族文化。”①

为了实施“交朋友的重点放在亚非拉”，中国不仅坚决支持第三世界国家和人民争取民族独立，而且也积极支持他们发展民族经济，巩固民族独立。

新中国成立以后，毛泽东和中共中央作出了“亚洲、非洲、拉丁美洲各国的民族独立解放运动，以及世界上一切国家的和平运动和正义斗争，我们都必须给以积极的支持”的战略决策②。他多次对亚非拉的朋友说：“中国人民把亚洲、非洲、拉丁美洲人民的反帝国主义斗争的胜利看作是自己的胜利，并对他们的一切反帝国主义、反殖民主义的斗争给以热烈的同情和支持。”③“已经获得革命胜利的人民，应该援助正在争取解放的人民的斗争”，“先独立的国家有义务帮助后独立的国家”④。他还说：“所有亚洲、非洲、拉丁美洲的国家要我们助一臂之力，我们都是愿意的。”⑤

1959 年 1 月，古巴革命取得胜利，推翻了亲美政权。但随即面临美国武装干涉的威胁，毛泽东主张支持古巴，反对美国。1961 年，当美国入侵古巴的危险日益逼近时，毛泽东对古巴驻华大使表示：“中国人民决心从各方面采取一切必要的措施来支持古巴人民的爱国正义斗争。”⑥1964 年初，巴拿马人民掀起了收回巴拿马运河主权的反美斗争。同年 1 月 12 日，毛泽东发表了《中国人民坚决支持巴拿马人民的爱国正义斗争》，指出对于巴拿马人民进行反对美国侵略、维护国家主权的斗争，“中国人民坚决站在巴拿马人民的一边，完全支持他们反对美国侵略者，要求收回巴拿马运河区主权的正义行动。”⑦1965 年 4 月，美国入侵多米尼加共和国，5月 12 日，毛泽东发表了《支持多米尼加人民反对美国武装侵略的声明》，指出，美国

---

① 《毛泽东外交文选》，第 338 页。
② 《毛泽东文集》第 7 卷，第 116 页。
③ “在接见亚非外宾时对各国人民反帝斗争表示深切同情和支持毛主席严厉谴责美帝国主义侵略古巴指出肯尼迪政府只能比艾森豪威尔政府更坏些，而不是更好些对帝国主义进行斗争当中采取正确路线，紧紧地联系群众，就可能取得胜利”，《人民日报》1961 年 4 月 29 日。
④ 裴坚章：《毛泽东外交思想研究》，世界知识出版社 1994 年版，第 283 页。
⑤ 《毛泽东外交文选》，第 337 页。
⑥ 韩念龙主编：《当代中国外交》，当代中国出版社、香港祖国出版社 2009 年版，第 113 页。
⑦ 《毛泽东外交文选》，第 510 页。

对多米尼加共和国的镇压"是美帝国主义对多米尼加人民的严重挑衅,也是对拉丁美洲各国人民和全世界人民的严重挑衅"[1]。这一声明极大地鼓舞了拉丁美洲人民反对美国侵略的斗争。毛泽东还多次对拉丁美洲的朋友说:"我们是在一条战线上的,就是反对帝国主义,争取民族解放。我们支持整个拉丁美洲民族解放运动。"[2]

中国还积极支持第三世界国家的发展。毛泽东认为,中国要加强与第三世界国家的经济技术交流与合作,帮助第三世界国家发展民族经济,他说:"所有亚洲、非洲、拉丁美洲国家的共同历史任务,就是争取民族独立,发展民族经济和发展民族文化。"[3]他还认为,我们一定不能忘记第三世界的朋友,是他们把中国抬进联合国的[4]。据此,中国根据自身情况和第三世界国家的要求与条件,在力所能及的情况下,不断加强与第三世界国家的经济技术交流与合作并提供援助。1954年以前,新中国主要援助朝鲜、越南等周边国家。1955年以后,新中国援助的国家开始面向广大亚非拉民族独立国家。1964—1977年是中国对外援助的高峰期,援助金额比1950—1963年增长了近5倍。在此期间,中国与非洲国家的经济技术合作发展尤为迅速。20世纪60年代,中国先后与13个非洲国家签订了经济技术合作协定;20世纪70年代,中国又同31个国家签订了同类协定。到20世纪80年代末,中国已向超过50个第三世界国家派出了医疗队,累计派出超过医务人员1万名[5]。毛泽东还亲自拍板援建"坦赞铁路",成为中非友谊的象征。中国政府和中国人民坚决支持第三世界国家和人民维护民族独立、振兴本国经济、建设国家的努力。

20世纪70年代,国际形势发生重大变化。美国、苏联两个超级大国的军事力量对比朝着有利于苏联的方向发展。美国调整对外政策,在亚洲实行收缩战略,打开中美关系大门,谋求从中南半岛脱身,以集中力量确保欧洲重点。为推动国际局势朝着有利于和平与稳定、有利于各国人民的方向不断发展,毛泽东于1973年在会见基辛格时提出,"只要目标相同,我们不损害你们,你们也不损害我们,共同对付苏联霸权主义"。这就是联合反对苏联霸权主义的"一条线"战略。

---

① 《毛泽东外交文选》,第567页。
② 王泰平:《中华人民共和国外交史》第2卷,世界知识出版社1998年版,第484页。
③ 《毛泽东外交文选》,第338页。
④ 《毛泽东传(1949—1976)》下,中央文献出版社2003年版,第1364页。
⑤ 裴坚章:《研究周恩来——外交思想与实践》,世界知识出版社1989年版,第142页。

2. 邓小平的共同利益思想

首先,邓小平的共同利益思想体现在坚持独立自主的和平外交政策维护世界和平上。在处理国际关系和外交事务领域,邓小平始终坚持国家利益中"国家的主权、国家的安全要始终放在第一位"的思想。邓小平是第一个明确提出以国家利益作为中国外交出发点的中国领导人。他在 1989 年 10 月同尼克松的谈话中指出:"考虑国与国之间的关系主要应该从国家自身的战略利益出发。"①1982 年 8 月,邓小平在会见当时的联合国秘书长德奎利亚尔时说:中国的外交政策是一贯的,有三句话,第一句是反对霸权主义,第二句是维护世界和平,第三句是加强同第三世界的团结与合作②。

在提出社会主义现代化是当前中国最大的国家利益的同时,邓小平明确指出:"我们的外交政策,就本国来说,是要寻求一个和平的环境来实现四个现代化。"③之后他反复重申了这一观点,尤其是在 1984 年 5 月同巴西总统谈话时更为明确地指出:"中国对外政策的目标是争取世界和平。在争取世界和平的前提下,一心一意搞现代化建设,发展自己的国家,建设具有中国特色的社会主义。"④

中国坚持独立自主的和平外交政策,就世界意义而言,是为了维护世界和平,而就本国利益来说,就是为了给社会主义现代化建设创造一个和平的、有利的国际环境。中国坚持独立自主的和平外交政策,争取一个和平的国际环境来实现现代化,有利于维护世界和平,因此"这不仅仅是符合中国人民的利益,也是符合世界人民利益的一件大事。"⑤中国把维护和平与促进同各国的友好合作、实现共同发展和繁荣作为自己外交的根本目标,不仅符合我国的国家利益,即为我国现代化建设争取了一个和平稳定的国际环境,又顺应了以和平与发展为主题的时代潮流,符合全世界人民的共同愿望和利益。

其次,邓小平的共同利益思想体现在处理与周边国家的领土争端问题上。20世纪 70 年代末,刚刚走上改革开放之路的中国面临着十分严峻的国际挑战和周边压力。在此大背景下,邓小平同志认真思索解决国际争端、加强周边安全的新途

---

① 《邓小平文选》第 3 卷,第 330 页。
② 同上书,第 348 页。
③ 《邓小平文选》第 2 卷,第 241 页。
④ 《邓小平文选》第 3 卷,第 57 页。
⑤ 《邓小平文选》第 2 卷,第 241 页。

径,逐步形成了解决周边争端的战略思维。1978 年,当中国和日本就签订和平友好条约进行谈判之际,邓小平同志提出了将钓鱼岛主权争议搁置起来的建议,从而使双方能挪开障碍顺利达成协议。此后几年,又在"搁置争议"的基础上提出了"共同开发"的想法。如对于钓鱼岛问题,他提出"可否采用共同开发的办法加以解决","共同开发的无非是那个岛屿附近的海底石油之类,可以合资经营嘛,共同得利嘛"。谈到南沙群岛争端时,他同样主张用"搁置争议,共同开发"的方式来解决。1984 年,当中英两国就香港问题达成协议,邓小平同志在多种场合表示:"好多国际争端,解决不好会成为爆发点。我说是不是有些可以采取'一国两制'的办法,有些还可以用'共同开发'的办法。"①

南海争端牵涉五国六方,颇为错综复杂。中国长期坚持"搁置争议,共同开发"的原则,耐心细致地做相关各方的工作,终于签署了《南海各方行为宣言》。同时,在南海争端一时难以解决的情况下,中国与越南本着搁置争议、先易后难的精神,签订了《中越陆地边界条约》,使中越陆界成为和平友好的边界。中国和印度也本着"搁置争议,共同开发"的精神,签署了《关于解决中印边界问题政治指导原则的协定》,使双方能在达成最终解决办法之前维持边界现状,共同推动边界地区的贸易和经济发展。

这一战略思维的重要内涵就是"主权属我,搁置争议,共同开发"。所谓"搁置争议",主要包含既对立又统一的两个层次。首先是原则性层次,即不否认争议的客观存在,坚持在解决争议过程中维护国家主权与核心利益这一原则立场;其次是灵活性层次,即承认解决争议的复杂性和困难性,为避免无休止的纷争导致矛盾激化,可先将争议搁置起来,待时机成熟再加以解决。所谓"共同开发",即在"搁置争议"的基础上合作开发、利益共享、共同发展②。

21 世纪,有学者提出了不少邓小平时期没有提出过的主张和立场,诸如维护全人类的共同利益,与周边国家共同发展,构建和推动中国与东亚国家的自由贸易和共同市场等,都是邓小平外交哲学在新时期的运用的结果③。

① 潘光:"重温邓小平解决周边争端的战略思维",《解放日报》,2010 年 9 月 13 日。
② 闻航:"完整理解邓小平解决海洋争端的战略思想",《学习时报》,2011 年 1 月 7 日。林东:"只有共同开发才能搁置争议——邓小平关于南海问题的战略思想没有过时",《学习时报》,2011 年 7 月 4 日。潘光:"重温邓小平解决周边争端的战略思维",《解放日报》,2010 年 9 月 13 日。
③ 叶自成:"邓小平的外交遗产及其影响",《国际先驱导报》,2004 年 8 月 16 日。

3. 江泽民的共同利益思想

坚持国家利益与全人类共同利益的和谐统一，也是中国处理对外关系的基本原则。中国的对外战略必须兼顾国家利益和全人类共同利益，处理好其中的关系。坚持全人类共同利益和国家民族利益的统一，也是中国国家利益原则的基本内容。江泽民同志 2001 年 10 月提出"三个着眼于"战略思想：要着眼于世界战略格局运筹大国关系，着眼于地缘战略态势积极经略周边，着眼于扩展战略空间大力开展多边外交①。江泽民同志说："中国是国际大家庭的一员。中国离不开世界。中国的改革开放和现代化建设，需要一个长期的国际和平环境，需要同各国发展友好合作关系。世界也需要中国。世界的和平与发展，需要中国的稳定和繁荣。"②2002 年江泽民访问美国前夕指出，中美维护双方经贸关系的健康稳定发展对中美两国都很重要，符合两国人民和企业界的共同利益③。

"以诚为本、以和为贵、以信为先，是中华民族自古就有的优良传统，也是中国在处理国际关系时始终遵循的价值观。中国对外政策的宗旨是维护世界和平、促进共同发展。"2002 年，江泽民在得州农工大学布什总统图书馆发表演讲时这样说④。

江泽民同志 2002 年 10 月在《和而不同是人类各种文明协调发展的真谛》中指出："中国越发展、越开放，与世界的联系越紧密，就越需要一个长期和平稳定的国际环境。促进世界与地区的和平与发展，符合中国的根本利益。中华民族自古就有以诚为本、以和为贵、以信为先的优良传统。中国在处理国际关系时始终遵循这一价值观。中国对外政策的宗旨是维护世界和平、促进共同发展。"江泽民指出："我们主张，世界各种文明、社会制度和发展模式应相互交流和相互借鉴，在和平竞争中取长补短，在求同存异中共同发展。"⑤

江泽民同志访问德国期间在德国外交政策协会演讲时强调，维护世界和平、促进共同发展的正确途径是，顺应时代潮流和各国人民的意愿，因势利导，积极推动建立公正合理的国际政治经济新秩序；各国政府和人民，应该就积极推动世界走向

---

① 陈俊宏："江泽民同志提出来的中国对外政策宗旨"，《人民网》2012 年 10 月 28 日。

② 《江泽民文选》，人民出版社 2006 年版，第 481 页。

③ 齐彬："江主席访美前瞻：增进信任和理解 谋求共同利益"，《中新社》2002 年 10 月 19 日。

④ "江泽民阐述中国处理国际关系价值观：诚、和、信"，中国新闻网，2002 年 10 月 25 日。

⑤ 《江泽民文选》第 3 卷，人民出版社 2006 年版，第 523-524 页。

多极化,推进国际关系民主化,尊重世界多样性,正确引导经济全球化、促进各国实现共同发展,树立以互信、互利、平等、协作为核心的新安全观共同作出努力①。

党的十六大报告中,江泽民同志在坚持和发扬国家利益原则的基础上,"主张顺应历史潮流,维护全人类的共同利益"。他指出:"中国外交政策的宗旨,是维护世界和平,促进共同发展。我们愿同各国人民一道,共同推进世界和平与发展的崇高事业。"②

江泽民在党的十六大报告在分析"共同利益"问题时指出:"和平与发展仍是当今时代的主题。维护和平,促进发展,事关各国人民的福祉,是各国人民的共同愿望,也是不可阻挡的历史潮流。世界多极化和经济全球化趋势的发展,给世界的和平与发展带来了机遇和有利条件。""不管国际风云如何变幻,我们始终不渝地奉行独立自主的和平外交政策。中国外交政策的宗旨,是维护世界和平,促进共同发展。我们愿同各国人民一道,共同推进世界和平与发展的崇高事业。"

在分析"维护全人类的共同利益"问题时,江泽民指出:"我们主张顺应历史潮流,维护全人类的共同利益。我们愿与国际社会共同努力,积极促进世界多极化,推动多种力量和谐并存,保持国际社会的稳定;积极促进经济全球化朝着有利于实现共同繁荣的方面发展,趋利避害,使各国特别是发展中国家都从中受益。"

江泽民说:"我们将继续改善和发展同发达国家的关系,以各国人民的根本利益为重,在和平共处五项原则的基础上,扩大共同利益的汇合点,妥善解决分歧。我们将继续加强睦邻友好,坚持与邻为善、以邻为伴,加强区域合作,把同周边国家的交流和合作推向新水平。我们将继续增强同第三世界的团结和合作,增进相互理解和信任,加强相互帮助和支持。我们将继续积极参与多边外交活动,在联合国和其他国际及区域性组织中发挥作用,支持发展中国家维护自身的正当权益。我们将继续同各国各地区政党和政治组织发展交流和合作。我们将继续广泛开展民间外交,扩大对外文化交流,增进人民之间的友谊,推动国家关系的发展。"

上述思想是从党在世界多极化、经济全球化形势下对外工作的要求出发的,并且主要从新形势下国与国之间的关系,或者说从地球上不同地域的人类群体之间的社会关系的视角讲的。对于"全人类的共同利益"的内涵,报告虽未做深入具体

---

① 江泽民:"共同创造一个和平繁荣的新世纪",《人民网》2002 年 4 月 10 日。
② 江泽民:《全面建设小康社会,开创中国特色社会主义事业新局面》,人民出版社 2002 年版,第 47 页。

的阐释,但上述的论述清楚地告诉人们,全球化中存在着不同国家之间利益失衡的问题,所以才要"促使经济全球化朝着有利于"全人类"实现共同繁荣的方向发展",才要"使各国特别是发展中国家都从中受益"。尽管报告没有进而从人类与自然界的关系角度讨论全人类共同利益的问题,但延伸思考,上述论述中应当包含着这样的意思,即在人与自然的关系方面也要朝着"实现人类的共同繁荣"的方向而努力。

4. 胡锦涛的共同利益思想

关于国际关系格局时代变迁,以胡锦涛为总书记的党中央作出了重大理论创新,提出了深刻变革论、和谐世界论、共同发展论、共担责任论和积极参与论[①],贯穿其中的主线就是共同利益思想。

自从党的十六大党中央提出构建和谐社会以来,为建设社会主义和谐社会创造良好的外部条件,党和国家第三代领导集体根据国际形势的发展变化经过深思熟虑又向全世界郑重提出构建持久和平、共同繁荣的和谐世界的战略思想。这种对外战略思想,正如胡锦涛在纪念联合国成立六十周年的首脑会议时所表述的那样:应当尊重各国自主选择社会制度和发展道路的权利,相互借鉴而不是刻意排斥,取长补短而不是定于一尊,推动各国根据本国实际情况实现振兴和发展;应该加强不同文明的对话和交流,在竞争比较中取长补短,在求同存异中共同发展,努力消除相互的疑虑和隔阂,使人类更加和睦,让世界更加丰富多彩;应当以平等开放的精神,维护文明的多样性,促进国际关系民主化,协力构建各种文明兼容并蓄的和谐世界[②]。构建和谐世界是中国国际战略的新理念,体现了和平与发展作为时代主题的发展趋势和客观要求,表达了世界各国人民的共同愿望,反映了全人类的共同利益。

2005年4月22日,在雅加达亚非首脑会议上,胡锦涛向世界各国发出呼吁:"推动不同文明友好相处、平等对话、发展繁荣,共同构建一个和谐世界",首次提出建设"和谐世界"的主张。2005年7月1日,中俄首脑进行会晤,将"和谐世界"的概念写入《中俄关于21世纪国际秩序的联合声明》,第一次确定为两国之间的共识。2005年9月15日,胡锦涛在联合国成立60周年大会上,发表题为《努力建设持久

---

① 张晓彤:"胡锦涛时代观的中国主张",《瞭望》,2009年第47期,第32—36页。
② 胡锦涛:"努力建立持久和平、共同繁荣的和谐世界",《人民日报》2005年9月16日。

和平、共同繁荣的和谐世界》的演讲,全面阐述了"和谐世界"的丰富内涵①。构建和谐世界主张的基本内容:第一,坚持多边主义,实现共同安全。第二,坚持互利合作,实现共同繁荣。第三,坚持包容精神,共建和谐世界。第四,坚持积极稳妥方针,推进联合国改革。

2009年9月,胡锦涛同志在第六十四届联大一般性辩论时的讲话中指出:"用更广阔的视野审视安全,维护世界和平稳定;用更全面的观点看待发展,促进共同繁荣;用更开放的态度开展合作,推动互利共赢;用更宽广的胸襟相互包容,实现和谐共处。"②

2011年1月20日胡锦涛在华盛顿分别会见了美国众议长博纳和参议院多数党领袖里德时指出,中美两国历史文化、社会制度、发展水平不同,对一些问题有不同看法是正常的,但两国共同利益始终是第一位的。一个良好的中美关系不仅符合两国人民根本利益,也有力促进了亚太地区乃至世界和平、稳定、繁荣③。

胡锦涛指出"在人类漫长的发展史上,各国人民的命运从未像今天这样紧密相连、休戚与共","我们的正确选择只能是推进合作共赢"。合作共赢要坚持以下基本原则:国家不分大小、强弱、贫富一律平等;要坚持把维护和发展共同利益作为合作的出发点和落脚点;充分发挥各国比较优势,努力拓展发展空间,促进共同发展;要互利互惠、取长补短,不断扩大各方共同利益汇合点,创新合作方式,拓宽合作领域,丰富合作内容;要在合作中照顾彼此正当关切,努力实现互利共赢。胡锦涛主张"用更全面的观点看待发展,促进共同繁荣";"以宽广深邃的战略眼光、以互利共赢的时代思维"审视和处理国家关系。国与国之间"应该客观认识和正确对待对方的发展,相互视为合作双赢的伙伴,而不是零和竞争的对手;相互支持对方和平发展"。要加强发展中国家同发达国家的对话,增加发展中国家在对话形式、议题设定、对话成果等方面的发言权,建立平等、互利、共赢的新型全球发展伙伴关系。发达国家要切实帮助和支持广大发展中国家加快发展,从体制机制等基础问题入手,改革和完善国际经济、贸易、金融体制,建设可持续发展的世界经济体系、建设包容

---

① 胡锦涛:"努力建设持久和平、共同繁荣的和谐世界——在联合国成立60周年首脑会议上的讲话",《人民日报》海外版2005年9月17日。
② 胡锦涛:"同舟共济 共创未来——在第64届联大一般性辩论时的讲话"(2009年9月23日,美国纽约),《新华社》,2009年9月24日。
③ "胡锦涛称中美两国共同利益始终处于首位",《中国网》2011年1月21日。

有序的国际金融体系、建设公正合理的国际贸易体系、建设公平有效的全球发展体系；要在减免债务、开放市场、转让技术等方面兑现承诺、付诸行动。发展中国家间要促进合作，不断拓展经贸合作领域，促进合作方式多样化，实现优势互补、互利共赢、共同发展。

建设持久和平、共同繁荣的和谐世界，是世界各国人民的美好理想，是包括政治、经济、文化、安全、环保等丰富内涵的新的世界秩序观。在政治上，各国相互尊重、平等协商，共同推进国际关系民主化。国家不分大小、强弱、贫富，都是国际社会平等成员，都应受到国际社会尊重。各国应该遵循联合国宪章确定的宗旨和原则，恪守国际法和公认的国际关系准则，在国际关系中弘扬民主、和睦、协作、共赢精神。各国人民都有自主选择社会制度和发展道路的权利。在经济上，各国相互合作、优势互补，共同推动经济全球化朝着均衡、普惠、共赢方向发展。努力建立公正、公开、合理、非歧视的多边贸易体制，使经济全球化成果惠及世界各国。在文化上，各国要相互借鉴、求同存异，尊重世界文化多样性。不同文明间要进行对话和交流，消除意识形态偏见和隔阂，共同促进人类文明繁荣发展。在安全上，各国应相互信任、加强合作，坚持用和平方式而不是战争手段解决国际争端，共同维护世界和平稳定。在环保上，各国应相互帮助、协力推进，共同呵护人类赖以生存的地球家园。应站在人类根本利益的高度，提倡创新发展模式，走可持续发展道路，促进人与自然和谐发展。推动建设持久和平、共同繁荣的和谐世界，是对中国共产党和平发展外交思想的丰富和发展，符合当今世界发展的潮流和各国人民的共同利益与愿望，体现了中国政府和人民致力于世界和平与进步的坚定信念①。

5. 习近平新时代共同利益思想

早在新中国成立之初，我国就努力寻求机会融入国际社会，并贡献自己的力量。国内方面，经过数十年的发展，我国综合实力不断提高，国际地位发生了显著变化。国际上，经济全球化使各国联系更为紧密，彼此合作、共同发展成为可能；同时，环境污染等全球化问题日渐突出，面对这些全球性问题，世界各国相互联系，休戚与共，已经成为"你中有我、我中有你"、利益相关、彼此依存的命运共同体。

面对国内外的变化，中国共产党人立足国情，放眼世界，在马克思主义"共同

---

① 孙存良："建设持久和平共同繁荣的和谐世界"，《人民日报》2012 年 11 月 3 日。

体"思想的基础上,吸取中国传统文化的优秀思想,将马克思主义理论与中国实际情况相结合,提出了"人类命运共同体"这一重要理念。

2011年9月,《中国和平发展》白皮书首次提出"命运共同体"这一理念;2012年11月,胡锦涛在中共十八大报告中首次阐释了"人类命运共同体"的概念:"合作共赢就是要倡导人类命运共同体意识,在追求本国利益时兼顾他国合理关切,在谋求本国发展中促进各国共同发展,建立更加平等均衡的新型全球发展伙伴关系,同舟共济,权责共担,增进人类共同利益"①,为人类命运共同体理念的丰富和发展做了铺垫,为构建人类命运共同体的倡议提供了理论准备。2013年3月,习近平发表演讲,第一次向世界传递了对于"人类命运共同体"的理解;而后,习近平在国际重大场合多次提到"人类命运共同体"②,并赋予其鲜明的时代意涵;2017年10月,习近平在十九大报告中提出推动构建"人类命运共同体",并将其写入《中国共产党章程》;2018年3月,推动构建"人类命运共同体"在第十三届全国人民代表大会上被写入《中华人民共和国宪法》。"人类命运共同体"跨越了国家和民族的界限,蕴含着世界各国合作共赢的理念,具有重要的理论价值和实践价值。

2017年,习近平总书记在党的十九大报告中指出:"我们生活的世界充满希望,也充满挑战。我们不能因现实复杂而放弃梦想,不能因理想遥远而放弃追求。没有哪个国家能够独自应对人类面临的各种挑战,也没有哪个国家能够退回到自我封闭的孤岛。"③"世界命运握在各国人民手中,人类前途系于各国人民的抉择。中国人民愿同各国人民一道,推动人类命运共同体建设,共同创造人类的美好未来。"④"各国人民同心协力,构建人类命运共同体,建设持久和平、普遍安全、共同繁荣、开放包容、清洁美丽的世界。"⑤人类命运共同体是利益共同体,也是价值共同体,充分表达了全人类共同的利益关系和价值追求。"人类命运共同体"是在经济全球化深入发展,资本主义和社会主义两种社会制度还将长期并存的时代,朝向

---

① 胡锦涛:"坚定不移沿着中国特色社会主义道路前进,为全面建成小康社会而奋斗",《人民日报》2012年11月18日。

② 如2015年9月,在联合国成立70周年系列峰会上阐述"人类命运共同体"的内涵;2016年9月,在B20峰会开幕式上呼吁树立"人类命运共同体"意识;2017年1月,在"共商共筑人类命运共同体"高级别会议上提出牢固树立"人类命运共同体"意识等。

③ 习近平:"决胜全面建成小康社会夺取新时代中国特色社会主义 伟大胜利——在中国共产党第十九次全国代表大会上的报告",《人民日报》2017年10月28日。

④ 同上。

⑤ 同上。

真正共同体发展的一种共同体形式,是从虚假共同体发展到真正共同体之间的一种过渡形态①。

习近平共同利益思想基于他的"全人类的共同价值观"。2015年9月28日,国家主席习近平在第七十届联合国大会演讲中首次提出:"和平、发展、公平、正义、民主、自由,是全人类的共同价值"②。习近平"共同价值"思想着眼于人类幸福和世界和谐,立足构建人类命运共同体,为回答人类要建设一个什么样的世界,以及怎样建设世界的时代课题提出了中国方案、中国主张,为解决人类在21世纪面临的生存与发展问题指明了前进方向。"共同价值"是全人类价值共识的最大公约数,"反映和代表全人类的根本的总体的利益,兼顾国家和单个人的利益,能够促进人类自由和福祉的普遍实现,并为人类安宁和安全提供基本保障"③。这一思想具有深远的社会历史影响,对于解构资本主义文化霸权、建构国际价值观新秩序、提升中国国际话语权都具有重大的理论和现实意义。

习近平总书记还提出了实现共同利益的现实之途——"一带一路"倡议。"一带一路"是"丝绸之路经济带"和"21世纪海上丝绸之路"的简称④,2013年9月和10月由中国国家主席习近平分别提出建设"新丝绸之路经济带"和"21世纪海上丝绸之路"的合作倡议,与联合国推动落实2030年可持续发展议程不谋而合,开辟了我国参与和引领全球开放合作的新境界,在世界发展史上具有里程碑意义。

自2013年以来,"一带一路"建设逐渐从理念转化为行动,从愿景转变为现实,建设成果丰硕。习近平主席极重视"一带一路",在各种重大场合反复谈及。在政策层面,从国家到部委一份份关于"一带一路"的方案、规划、意见等也密集出台。2015年3月28日,国家发展和改革委员会、外交部、商务部联合发布了《推动共建丝绸之路经济带和21世纪海上丝绸之路的愿景与行动》,强调了加强"五通"并落实到具体的国际合作项目上。2017年6月,国家发展和改革委员会、国家海洋局联合发布《"一带一路"建设海上合作设想》,以中国沿海经济带为支撑,共享蓝色空

① 彭冰冰:"论'人类命运共同体'的实质、内涵与意义",《贵州社会科学》,2017年第4期,第11-16页。
② 习近平:"携手构建合作共赢新伙伴同心打造人类命运共同体——在第七十届联合国大会一般性辩论时的讲话",《人民日报》2015年9月29日。
③ 江畅:"论人类共同价值体系的构建",《文化发展论丛》,2016年第3期,第3-17页。
④ 中共中央宣传部:《习近平新时代中国特色社会主义思想三十讲》,学习出版社2018年版,第298-307页。

间,发展蓝色经济,共走绿色发展之路,共创依海繁荣之路,共筑安全保障之路,共建智慧创新之路,共谋合作治理之路,这也是中国政府首次就推进"一带一路"建设海上合作提出中国方案。

第五节　国际经济关系中共同利益研究综述

一、关于国际贸易共同利益研究综述

国际贸易共同利益主要体现在分工理论上。国际贸易分工理论是探讨国际贸易分工发生的原因、贸易利益、贸易格局变动的理论。如果从亚当·斯密的《国民财富的性质和原因的研究》(即《国富论》,1776 年首次出版)算起,国际贸易分工理论发展至今,已经有 200 多年的历史了,其间经过古典阶段、新古典阶段和新贸易理论阶段,反映了国际贸易发展的不同阶段的特点。

国际贸易分工理论的创立阶段,即古典阶段,从 1776 年亚当·斯密在《国富论》中提出绝对成本说到 1817 年大卫·李嘉图在《政治经济学及赋税原理》中提出比较成本说,前后共 41 年。

亚当·斯密的绝对成本理论,是建立在他的分工和国际分工学说基础之上的。斯密将其分工理论推广到国际贸易分工领域,创立了绝对成本理论,令人信服地论证了,一国只要专门生产本国成本绝对低于他国的产品,用以交换本国生产成本绝对高于他国的产品,就会使各国的资源得到最有效率的利用,获得总产量增加、消费水平提高和节约劳动时间的利益[1]。斯密不仅论证了国际贸易分工的基础是各国商品之间存在绝对成本差异,还进一步指出了存在绝对成本差异的原因。斯密认为,每一个国家都有其适宜生产某些特定产品的绝对有利的生产条件,因而生产这些产品的成本会绝对地低于他国。一般来说,一国的绝对成本优势来源于两个方面:一是自然禀赋的优势,即一国在地理、环境、土壤、气候、矿产等自然条件方面的优势,这是天赋的优势;二是特殊的技巧和工艺上的优势,这是通过训练、教育而后天获得的优势。一国如果拥有其中的一种优势,那么这个国家某种商品的劳动

---

[1]　亚当·斯密:《国民财富的性质和原因的研究》下卷,商务印书馆 1983 年版,第 28 页。

生产率就会高于他国,生产成本就会绝对地低于他国①。

斯密的绝对成本说具有划时代意义。这一学说从劳动分工原理出发,在人类认识史上第一次论证了贸易互利性(即获取共同利益)原理,克服了重商主义者认为国际贸易只是对单方面有利(即一国之所得必然是另一国之所失)的片面看法。这种贸易分工互利的"双赢"思想,到现代也没有过时,将来也不会过时。从某种意义上说,这种"双赢"理念仍然是当代各国扩大对外开放,积极参与国际分工贸易的指导思想。一个国家,一个民族,闭关自守肯定落后;以邻为壑的贸易保护主义政策,只会导致"两败俱伤"的结果,仍然是斯密的贸易分工理论留给我们的最重要的启示。至于各国以何种形式、在何种程度上参与国际贸易分工以获得利益,就是另一个层次的问题了,得根据各国的国情和经济发展状况来决定。

不仅如此,斯密关于人们"在不同职业上表现出来的极不相同的才能,在多数场合,与其说是分工的原因,倒不如说是分工的结果"②。的论述,还是杨小凯教授等创立的新兴古典贸易理论研究的出发点。杨小凯的内生分工与专业化的贸易模型认为,"随着交易效率不断改进,劳动分工演进会发生,而经济发展、贸易和市场结构变化现象都是这个演进过程的不同侧面"③。新兴古典贸易理论的发展,为解释国内贸易和国际贸易提供了一个统一的理论内核④,其完美的理论框架和现实解释力引人瞩目,使得新兴古典贸易理论成为当代贸易分工理论的重要流派,也是斯密的贸易分工理论生命力的有力证明。

但是,在具体的贸易格局上,斯密把互利性贸易限制在绝对成本优势的范围内,其理论局限性是明显的。英国古典经济学家大卫·李嘉图提出了著名的比较成本理论,第一次以无可比拟的逻辑力量,论证了国际贸易分工的基础不限于绝对成本差异,只要各国之间产品的生产成本存在着相对差异(即"比较成本"差异),就可参与国际贸易分工。按照比较成本差异进行国际分工,各国生产具有比较优势的产品,进行贸易,就可获得比较利益。"两优择重、两劣取轻"的思想,就是比较成本理论的"合理内核"或"精髓"。

---

① 亚当·斯密:《国民财富的性质和原因的研究》下卷,商务印书馆1983年版,第29页。
② 亚当·斯密:《国民财富的性质和原因的研究》上卷,商务印书馆1983年版,第15页。
③ 杨小凯,张永生:"新贸易理论、比较利益理论及其经验研究的新成果:文献综述仁",《经济学》,2001年,第32页。
④ 同上书,第32-37页。

　　李嘉图的比较成本理论的问世,标志着国际贸易学说总体系的建立。美国当代著名经济学家萨缪尔森称它为国际贸易不可动摇的基础。比较成本理论揭示了国际贸易领域客观存在的经济运行的一般原则和规律。如果说,绝对成本说在人类认识史上第一次论证了贸易互利性(共同利益)原理,那么,比较成本说就进一步将贸易分工互利性原理一般化、普遍化了。也就是说,李嘉图的基于比较成本的分工原理比斯密的基于绝对成本的分工原理更具有一般性。比较成本理论表明,不论这个国家处于什么发展阶段,经济力量是强是弱,都有可能确定各自的相对优势,即使处于劣势的也可能找到劣势中的相对优势,在国际分工体系中找到自己的定位,从参与国际贸易分工中获得利益。从哲学高度看,比较成本说揭示的是人类分工、协作、交换、互利的"大道理"。只有从这个角度看,才能深刻理解比较成本揭示的分工思想。

　　一些经济学家(主要是发展中国家的经济学家)认为,比较成本说只着眼于眼前的静态优势,不注重培育动态比较优势和长远发展利益。按李嘉图的理论去做,把生产的相对优势长期固定在少数几种产品,特别是固定在少数初级产品的生产上,将是非常不利的。甚至还有人认为,比较成本说是产生旧的国际分工和专业化生产的根源。如上所述,比较成本说阐述的是贸易互利性的普遍原理,而不是对国际分工格局的具体"规划",李嘉图决没有让一些国家长期生产初级产品的意思,更不能对不公正的国际经济秩序负责。现存的不合理的国际经济秩序,是其他种种历史的和现实的原因造成的,与比较成本理论本身无关①。

　　20世纪30年代,瑞典经济学家伯尔蒂尔·俄林出版了《地区间贸易和国际贸易》一书,提出了生产要素禀赋理论,用在相互依赖的生产结构中的多种生产要素理论,代替李嘉图的单一生产要素理论。俄林的生产要素禀赋理论称为新古典贸易理论,被视为现代国际贸易分工理论的基石。由于俄林在其著作中采用了他的老师赫克歇尔1919年用瑞典文发表的一篇重要论文的主要论点,因此生产要素禀赋理论也被称为赫克歇尔-俄林模型。

　　赫克歇尔-俄林模型假定各国的劳动生产率是一样的(即各国生产函数相同),在这种情况下,产生比较成本差异的原因有两个。一是各个国家生产要素禀赋比率的不同。所谓生产要素禀赋,指的是各国生产要素(即经济资源)的拥有状况。

---

① 张二震:《国际贸易政策的研究与比较》,南京大学出版社1993年版,第75页。

各国生产要素禀赋比率不同,是产生比较成本差异的重要决定因素。各国都生产使用本国禀赋较多、价格相对便宜的生产要素的商品以供出口,这样,双方都可获得利益。另一个是生产各种商品所使用的各种生产要素的组合不同,亦即商品生产的要素密集度不同。根据商品所含有的密集程度大的生产要素的种类的不同,可以把商品大致分为劳动密集型、资本密集型、土地密集型、资源密集型、技术密集型、知识密集型等不同类型。即使生产同一种商品,在不同国家生产要素的组合也不完全相同,例如,同样生产大米,泰国主要靠劳动,而美国则主要靠资本和技术。不论是生产不同的商品,还是生产相同的商品,只要各国生产商品所投入的生产要素的组合或比例不同,就会产生比较成本差异。从而产生贸易分工的基础。很明显,一国如果对生产要素进行最佳组合,在某种商品的生产中多用价格低廉的生产要素,就能在该种商品上具有较低的比较成本,从而获取更大的贸易利益。

俄林论证生产要素禀赋理论的逻辑思路是:商品价格差异是国际贸易的基础,而商品价格的差异是由于商品生产的成本比率不同;商品生产成本比率不同,是因为各种生产要素的价格比率不同,而生产要素价格比率不同,则是由于各国的生产要素禀赋比率的不同。因此,生产要素禀赋比率的不同,是产生国际贸易的最重要的基础。用俄林的话来说:"贸易的首要条件是某些商品在某一地区生产要比在别的地区便宜。在每一个地区,出口品中包含着该地区拥有的比其他地区较便宜的、相对大量的生产要素,而进口别的地区能较便宜地生产的商品。简言之,进口那些含有较大比例生产要素昂贵的商品,而出口那些含有较大比例生产要素便宜的商品。"①

赫克歇尔-俄林模型继承了传统的古典比较成本理论,但又有新的发展。第一,李嘉图用比较成本差异阐述了贸易互利性的普遍原理,而俄林等则进一步用生产要素禀赋差异解释了为什么比较成本有差异。第二,俄林把李嘉图的个量分析扩大为总量分析,不是单单比较两国两种产品的单位劳动耗费的差异,而直接比较两国生产要素总供给的差异,从一国经济结构中的资本、土地、劳动力等这些最基本的要素来解释贸易分工基础和贸易格局,在理论上有所发展和创新。第三,赫克歇尔-俄林模型不仅能说明比较成本的决定因素,而且也能说明要素价格的变动以及收入分配。在开展贸易后的短时期内,由于只发生商品价格的变动而没有发生

---

① 伯尔蒂尔:《俄林地区间贸易和国际贸易》,商务印书馆 1986 年版,第 23 页。

生产要素在进出口部门之间的流动,两国价格上升行业(出口行业)的所有生产要素的报酬都会上升,两国价格下跌行业(进口竞争行业)的所有生产要素的报酬都会降低。开展贸易后的长时期内,由于商品相对价格的变动引起了生产要素在进出口部门之间的流动,引起了生产要素市场供求关系的变化,从而导致生产要素价格的变化,影响要素所有者的报酬收入,即会使在价格上升的行业(即出口行业)中密集使用的生产要素的报酬提高,而使在价格下跌的行业(即进口竞争行业)中密集使用的生产要素的报酬降低。如果各国都以各自的生产要素禀赋比率差距为基础进行贸易,其结果是贸易前相对丰富的要素价格上涨,相对稀少的要素价格下降。这样的过程发展的结果,将会逐渐达到要素价格比率的国际均等化。这就是所谓"要素价格均等化定理"。1949年,美国著名经济学家、诺贝尔经济学奖获得者萨缪尔森在《再论国际要素价格均等》一文中论证了这一定理①。赫克歇尔-俄林模型从一个国家的经济结构来解释贸易格局,而要素价格均等定理则反过来分析国际贸易对经济结构的影响。国际贸易的发生,一方面增加了对相对丰富资源的需求,从而提高了它的价格,也就是增加了它的报酬,另一方面减少了对相对稀缺要素的需求,从而降低了它的报酬。通过国际贸易,可以改变一国的经济结构,使生产要素得到最有效率的利用,从而使产量增加,收入增加。这些分析对于一国如何利用本国的资源禀赋优势参与国际贸易分工以获得贸易利益,无疑具有积极意义。

马克思主义经济学认为,赫克歇尔-俄林理论合乎了西方经济学界在国际贸易领域内抛弃劳动价值论的需要。因为该理论显然是建立在三要素论的基础之上的,这就是著名的劳动创造工资、资本创造利息、土地创造地租的"三位一体公式",而这个公式曾遭到马克思的严厉批判②。细细分析,赫克歇尔-俄林理论与所谓的"三位一体公式",其实并无很大关系。三要素论讲的是商品价值创造问题,而赫克歇尔-俄林模型分析的是贸易分工双方产生比较成本差异的原因而不涉及价值创造问题。从经济运行的角度分析,必须承认,土地、劳动力、资本、技术等资源禀赋状况在决定各国的产品生产成本和外贸格局上起着重要作用。马克思早在俄林的前几十年就作过这样的论述:"在单个资本家之间进行的竞争和在世界市场上进行

① Paul A. Samuelson. *Internatioal Fator-Price Equalisation Once Again*, The MIT Press, 1996.
② 张二震,马野青:《国际贸易学》,南京大学出版社1998年版,第74页。

的竞争中,作为不变的和起调节作用的量加入到计算中去,是已定的和预先存在的工资、利息和地租的量。这个量不变,不是指它们的量不会变化,而是指它们在每个场合都是已定的,并且为不断变动的市场价格形成不变的界限。例如,在世界市场上进行的竞争中,问题仅仅在于:在工资利息和地租已定时,是否能够按照或低于现有的一般市场价格出售商品而得利,也就是说,实现相当的企业主收入。如果一个国家的工资和土地价格低廉,资本的利息却很高,因为那里资本主义生产方式总的说来不发展;而另一个国家的工资和土地价格名义上很高,资本的利息却很低,那么,资本家在一个国家就会使用较多的劳动和土地,在另一个国家就会相对地使用较多的资本。在计算两个国家之间这里可能在多大程度上进行竞争时,这些是起决定作用的要素。因此在这里,经验从理论方面,资本家的利己打算从实际方面表明:商品价格由工资、利息和地租决定,由劳动的价格、资本的价格和土地的价格决定;这些价格要素确实是起调节作用的形成价格的要素。"①

里昂剔夫之谜的出现引起了国际经济学界对赫克歇尔-俄林模型的激烈而富有意义的争论。20世纪中叶,美国经济学家里昂剔夫以美国进出口结构为案例进行验证分析时,发现美国出口的竟然是劳动密集型产品,进口的却是资本密集型产品,这一结论与赫克歇尔-俄林模型推断的贸易格局相反而被称为里昂剔夫之谜。不少经济学家据此认为赫克歇尔-俄林模型被推翻了,因为可以找到大量诸如里昂剔夫之谜之类的"经验证据"②。这里也明显存在对要素禀赋理论的"误读"。其一,国际经济学界对里昂剔夫之谜所作的种种解释,如要素密集度变换论、要素非同质论、贸易壁垒论、需求偏向论、自然资源论等,大都没有离开要素禀赋理论的基本分析方法,即一国要素察赋比率决定一国产业(或产品)比较优劣势的方法。可以说,围绕里昂剔夫之谜作出的各种理论分析,补充、丰富了要素禀赋理论,增强了这一理论对国际贸易实践的解释力③。其二,后来出现的所谓"国际贸易新要素理论"认为,应赋予生产要素以新的含义,扩展生产要素的范围,生产要素不仅仅是生产要素禀赋理论所说的劳动、资本和土地,技术、人力资本、研究与开发、信息以及管理等都是生产要素,这些无形的"软件"要素越来越成为形成贸易的基础,它决定

---

① 《马克思恩格斯全集》第25卷,人民出版社1975年版,第988页。
② 杨小凯、张永生:"新贸易理论、比较利益理论及其经验研究的新成果:文献综述",《经济学》,2001年,第25-29页。
③ 张二震、马野青:《国际贸易学》,南京大学出版社1998年版,第76-78页。

着一国的比较优势格局。新要素理论当然是对要素禀赋理论的发展,但就分析方法而言,新要素理论与传统要素贸易理论并无本质的不同。其三,综观西方经济学界关于赫克歇尔-俄林模型在理论上被证伪、经验上被否定的文献,无非是在赫克歇尔-俄林模型所赖以建立的假定条件上做文章,声称要素禀赋理论只论述了贸易量及模式与相对要素禀赋的关系,忽略了需求、技术差别等因素①。这显然是与建立经济模型所必须运用的抽象法缺乏足够的理解有关。英国经济学家琼·罗宾逊说过:"建造模型、深化认识的艺术,就是尽可能地做出最为彻底的简化同时又不致排除掉对有关问题至为重要的因素","一个模型如果把现实世界的所有因素都考虑进去,其用处不会超过一张比例尺为1∶1的地图"②。俄林为了建立要素禀赋理论而作的一系列假定,是合理的。没有科学合理的假定,不运用抽象法,几乎无法进行任何经济分析。只要是正确的抽象,所得出的结论就更真实、更一般、更具普遍性。

如果说古典、新古典贸易理论分析的是产业间贸易的话,那么,新贸易理论分析的主要是产业内贸易。

国际贸易从产品内容上来看大致可以分为两种基本类型:一种是一国进口和出口属于不同产业部门生产的商品,即产业间贸易(inter-industry trade);另一种是产业内贸易(intra-industry trade),即一国既出口同时又进口某种同类型制成品,两国互相进口和出口属于同一部门或类别的制成品。

对于这些国际贸易的新现象,分析产业间贸易的古典、新古典贸易理论是难以作出令人信服的解释的。以保罗·克鲁格曼为代表的一批经济学家吸取了以往国际贸易理论的合理因素,创建了一个新的分析框架,提出了所谓的"新贸易理论"。这些经济学家利用产业组织理论和市场结构理论来解释国际贸易新现象,用不完全竞争、规模报酬递增、产品差异化等概念和思想来构造新的贸易理论模型,分析产业内贸易的基础,得出了一系列全新的结论③。

关于贸易发生的原因。新古典贸易理论认为,两国间相对要素禀赋差异是国际贸易发生的根本原因。新贸易理论则认为,由于规模经济的存在,相对要素禀赋

---

① 杨小凯,张永生:"新贸易理论、比较利益理论及其经验研究的新成果:文献综述",《经济学》,2001 年,第 20-25 页。

② 贺力平,沈侠:《国际经济学方法论与基础理论研究》,经济科学出版社 1989 年版,第 12 页。

③ 埃尔赫南·赫尔普曼,保罗·R·克鲁格曼:《市场结构和对外贸易》,三联书店 1993 年版,第 1 页。

差异和规模经济程度以及垄断力程度共同作用的结果是贸易的根本原因。相对要素禀赋差异不再是唯一的原因。反过来说，即使两国之间没有相对要素禀赋差异，由于规模经济和垄断的原因，也可能出现贸易。

关于贸易的商品模式。新古典贸易理论根据两种要素、两种商品、两个国家（2×2×2）的模型，得出的结论是：劳动力相对丰裕的国家出口劳动相对密集型商品，而进口资本相对密集型商品。新贸易理论则认为，当引入规模经济和不完全竞争，并突破 2×2×2 模型的限制后，以上结论需做如下几点修改：(1)相异产品的存在使得产业内的贸易存在。在自给自足情况下，规模经济和变体种类成为一对矛盾。在有限的资源下，变体的数目越多，则生产规模越小，规模经济效应越难以充分发挥，变体种类的多少将保持在与规模经济相权衡后的水平上。开展贸易后，两国市场合一，资源限制放宽，规模经济和变体种类这对矛盾可调和的空间变大，为了追求规模经济效应，各国则专业化生产几种变体，互不重合。然后，通过贸易，互相获得对方生产的变体，提高社会福利。于是，产业内贸易产生，也就是出现了要素密集度相似的产品之间的贸易。(2)规模经济和垄断因素。由于规模经济垄断的原因，要素的相对价格差异不再是商品相对价格差异的唯一原因。各国利用规模经济的条件不同及垄断因素存在的原因不同都会导致商品的相对价格的差异。因此，在商品贸易模式中将可能出现资本相对丰裕的国家出口劳动密集的商品，或者劳动力丰裕的国家出口资本相对密集的商品；低成本的国家成为该种商品的净进口国；相互价格歧视导致的双向贸易。(3)多商品多要素模型。当引入多种商品和多种要素后，如果贸易商品的种类大于要素种类时，即使没有规模经济和市场结构的原因，两国商品生产和商品贸易中也存在着不确定性。也就是说，存在着多个生产和贸易的均衡点。

关于贸易利益。传统的贸易理论认为，不考虑贸易产生的动态利益，当存在着要素禀赋相对差异的两国分别进行不完全专业生产，各自发挥比较优势，然后进行贸易，则双方都能获利。这种静态的贸易利益来自专业化生产的生产效率的提高。自由贸易使贸易各方都能获益，是最好的贸易政策选择。新贸易理论则指出，在规模和不完全竞争的市场结构下，经济不可能达到完全竞争市场下的资源最佳配置状况，只能在一种次优状态下运行，对一国而言，贸易可能使一国的福利下降。当贸易使得本国以递增规模生产的行业和高度垄断的行业收缩（在与外国垄断者的竞争中的败北），而贸易带来的其他利益不足以补偿这种收缩带来的规模经济损失和垄断利润损失(此时部分垄断利润由国外厂商从本国获得)时,这种情况就会发生。拉尔夫·戈莫里和威廉·鲍莫尔将古典贸易模型运用于分析现代世界经济,他们的分析表明:在现代世界经济中,一国生产能力提高到一定点后通常会损害他国的整体福利,因此国际贸易有可能导致各贸易国之间的重大利益冲突,而非全面提升各贸易国的福利①。因此,自由贸易政策未必是最好的政策。一国政府对具有规模经济效应的产业进行适当干预和扶持,就是必要的了。这就是实施所谓战略性贸易政策的依据。

新贸易理论十分重视公司的作用。因为在产业内贸易中,各国的竞争优势主要表现为公司的特定竞争优势,而不像产业间贸易那样,首先表现为国家的竞争优势。公司的特定优势是一个公司相对于其他竞争对手所具有的垄断优势,主要有两类:一类是知识资产优势,另一类是规模节约优势。所谓知识资产包括技术、管理与组织技能、销售技能等一切无形技能在内。公司拥有并控制了这些知识资产,就能生产出差别产品到国际市场上进行竞争。同时,这类公司通常也容易迅速扩大生产,获得规模节约的效益,增强国际竞争能力。无论是发达国家还是发展中国家,只要拥有具有垄断优势的公司,就可生产出差别产品在产业内贸易的国际市场上进行竞争。

当代国际经济学家根据不断变化的世界经济贸易情况,对古典和新古典国际贸易分工理论进行了一些修正、补充和改造,提出了一些新学说,这是对传统理论的挑战。这是因为,在产业内贸易普遍发展的情况下,再坚持生产要素禀赋比率的分析方法,很难对这些贸易新现象做出有力的说明。传统贸易理论以国家为基本分析单位,以国际市场是完全竞争市场、生产要素在国际间不能自由流动为分析的前提。但现实的市场已经是垄断竞争的市场,生产要素的国际流动已成为普遍现象,跨国公司的决策对贸易格局、投资格局的影响已不可忽视。当代国际经济学家提出了种种新的见解,以说明这些国际贸易分工新现象。规模经济、递增收益和市场结构理论被广泛用来对产业内贸易和公司内贸易做出解释。对公司行为和公司特定优势的分析,由于其连接市场结构的不完全、公司的垄断优势和新产品新技术,被认为更能说明当代贸易格局的演变,更能解释产业内贸易,同时也是解释对外直接投资的重要思路。人们已经开始致力于建立一种国际贸易分工和对外直接

---

① 拉尔夫·戈莫里和威廉·鲍莫尔:《全球贸易和国家利益冲突》,中信出版社 2018 年版。

投资的一般理论，以取代传统国际贸易分工理论的地位。

但是，国际贸易新理论又不是对传统理论的全盘否定，它与传统的比较成本理论、要素禀赋理论仍然存在着不可分割的理论渊源关系，其主要观点和分析方法，仍没有离开相对优劣势的分析范畴，反而可以说是比较优劣势的分析方法在新情况下的具体运用。李嘉图、俄林分析的出发点是产业间贸易，研究如何在不同产业之间进行选择，以找到本国的相对优势产业来参与国际交换。产业内贸易则启示人们如何利用本国企业的知识资产等垄断优势来参与国际竞争。因此可以说，新贸易理论不过是在第二次世界大战结束后国际贸易分工格局发生变化的情况下，研究一国如何通过参与国际分工和国际交换去获取比较利益。传统贸易格局下的比较利益，来源于生产要素禀赋比率不同而造成的比较成本差异；在水平国际分工日益发展并成为主导分工形式情况下的国际贸易分工时，其比较利益来源于一国企业的垄断优势、规模经济。这并不是说，新贸易分工理论与传统理论没有区别，而是因为两者研究的贸易格局不同，理论形式自然也不同。但是，在如何根据实际情况、利用自身相对优势来扩大国际贸易分工，通过贸易分工获取利益方面，则是相同的。由此看来，新理论与传统理论并非完全对立，而是对传统理论的继承和发展。

二、关于国际资本流动共同利益研究综述

虽然马克思在《资本论》及其他著作中并没有专门论述国际资本流动问题，但其经典著作中仍然包含了十分丰富的国际资本流动思想。马克思主义的国际资本流动理论科学地揭示了国际资本流动在本质上的二重性特征，及其在世界经济格局、货币效应和经济危机的国际传递性三个方面的经济效应，为分析和研究当前国际资本流动奠定了理论基础。

1. 国际资本流动的本质属性

（1）国际资本流动本质的二重性。马克思从剩余价值理论和社会化大生产理论两个角度出发，深刻揭示了国际资本流动本质上的二重性。一方面，资本追求剩余价值的本质属性必然导致资本跨越国界进行扩张。资本在不断地运动中寻求增殖和发展，并具有无限扩展的趋势，因而，资本的循环和增殖过程必然要超出一国范围向外延伸，形成资本的国际流动。对市场、原料和资金的需求的不断扩大，"驱

使资产阶级奔走于世界各地,它必须到处落户,到处创业,到处联系关系"①。另一方面,国际资本流动是社会化大生产的客观要求。

随着科学技术的进步,社会分工必然不断深化,分工的深化与资本的积累结合在一起,必然会带来劳动生产率的提高和商品交换范围的扩大。当国际交换和国际分工的发展使得国内生产变成了国际生产时,以国际分工为基础的世界资本主义商品生产体系就形成了。资本主义生产方式区别于以往生产方式的一个显著特征,就是生产的国际属性,"它使每个文明国家以及这些国家中的每一个人的需求的满足都依赖于整个世界,因为它取消了以往自然形成的各国的孤立状态"②,生产国际化必然导致资本国际化。通过商品资本输出和借贷资本输出这两种资本输出形式,资本主义国家将世界上的一切国家都纳入自己的生产体系之中。在马克思看来,国际资本流动是资本循环中商品资本的国际化,是作为社会化再生产重要环节的流通过程跨越国界向国外延伸的,即部分剩余价值通过世界市场实现,因而也是资本积累的重要方式。

(2) 资本向外输出与过剩资本规律。马克思认为,"过剩资本"是资本输出的物质基础和必要条件,而资本输出则是过剩资本的必由出路。所谓过剩资本,是指"那种利润率不会由利润量的增加得到补偿的资本……的过剩,或者是指那种自己不能独立行动而以社会信用形式交给大产业部门的指挥人去支配的资本的过剩"③。资本主义积累规律的充分实现不可避免地引起平均利润率趋于下降,导致一些资本必须接受较低的盈利率继续运营,或者丧失独立的运行能力而以信用的形式交由他人支配和使用,这两类资本即为"过剩资本"。从资本主义发展的历史进程来看,资本的积累与集中过程总是伴随着资本有机构成的提高,即在资本过剩的同时又出现了人口过剩。资本过剩与人口过剩的并存会引发资本主义固有的各种矛盾激化。"如果资本输出往国外,那么这种情况之所以发生,是因为它在国外能够按照更高的利润率来使用。但是,这种资本对就业的工人人口和整个国家来说,都是绝对的过剩资本。"④可见,马克思揭示了资本向外输出与资本平均利润率下降规律、资本过剩规律之间的必然联系。

① 《马克思恩格斯选集》第1卷,人民出版社1972年版,第254页。
② 同上书,第67页。
③ 《资本论》第3卷,人民出版社1975年版,第279页。
④ 同上书,第285页。

（3）列宁对马克思国际资本流动理论的发展。在 19 世纪末 20 世纪初资本主义自由竞争转向垄断主义和国家垄断资本主义的时代，列宁在吸收马克思理论成果的基础上，进一步发展了马克思的国际资本流动理论。列宁区分了两种输出——商品输出与资本输出，认为"自由竞争占完全统治地位的旧资本主义的特征是商品输出，垄断占统治地位的最新资本主义的特征是资本输出"①，并进一步指出，资本输出有两种基本形式，即生产资本输出和借贷资本输出。列宁认为，资本输出需要满足两个条件：一是少数发达资本主义国家存在过剩资本；二是落后国家具有发展资本主义的可能性，两者缺一不可。"只要资本主义还是资本主义，过剩的资本就不会用来提高本国民众的生活水平（因为这样会降低资本家的利润），而会输出国外，输出到落后的国家去，以提高利润。在这些落后的国家里，利润通常都是很高的，因为那里资本少，地价比较贱，工资低，原料也便宜。其所以有输出资本的可能，是因为许多落后的国家已经卷入世界资本主义的流通范围，主要的铁路线已经建成或已经开始兴建，发展工业的起码条件已有保证等等。其所以有输出资本的必要，是因为资本主义在少数国家中已经'成熟过度'了，'有利可图'的投资场所已经不够了（在农业不发达和群众贫困的条件下）。"②无论是国际商品资本流动，还是国际货币资本流动，都无法摆脱国际资本流动属性的"原罪"，即受投资者获利动机的驱使。

2. 国际资本流动的经济效应

（1）国际资本流动与世界经济格局。

马克思不仅从生产领域考察了国际资本流动，而且着重在生产关系层面上揭示国际资本的本质，因为在马克思看来资本不仅表现为一种生产技术组合，更体现了人与人之间的社会关系。国际资本流动本质上的二重性，决定了国际资本流动所形成的资本主义世界体系也相应具有二重性。

一方面，国际资本流动和资本主义发展的每一过程，都伴随着相应的政治、经济和文化变革。国际资本流动使过去地方和民族的自给自足的封闭自守状态，被各民族的相互依赖和相互联系所取代。"各个相互影响的活动范围在这个发展过程中越是扩大，各民族的原始封闭状态由于日益完善的生产方式、交往以及因交往

---

① 《列宁选集》第 2 卷，人民出版社 1972 年版，第 782 页。

② 同上书，第 835 页。

而自然形成的不同民族之间的分工消灭得越彻底,历史也就越是成为世界历史。"①资本主义"首次开创了世界历史,因为它使每个文明国家以及每一个人的需要的满足都依赖于整个世界,因为它消灭了各国以往自然形成的关闭自守状态"②。

另一方面,国际资本流动根据资本主义经济发展世界市场的需要,对殖民地、半殖民地加以控制和改造,将其纳入资本主义发展体系之中,在更大程度上终止了这些国家自身经济社会发展的进程。列宁不仅把资本流动看作是垄断资本主义时期的重要经济特征之一,而且指出资本输出的必然结果是资本家同盟分割世界。"在资本主义制度下,国内市场必然是同国外市场相联系的,资本主义早已造成了世界市场。所以随着资本输出的增加,随着最大垄断同盟的国外联系、殖民地联系和'势力范围'的极力扩大,认为垄断同盟就'自然地'走向达成世界性协议,形成国际卡特尔。"③

列宁认为垄断同盟从经济上分割世界是资本主义在世界范围内自由竞争发展的必然趋势和结果。当然,垄断同盟分割世界市场可以采取不同的国际资本流动形式,但是国际资本流动不论采取哪一种形式,都是帝国主义国家金融寡头剥削和奴役人民的一种手段。列宁进一步指出,资本输出必然会带来两个后果:一是资本输出会在某种程度上引起输出国发展上的一些停滞;二是资本输出总是影响输入国的资本主义发展,大大加速输入国的资本主义发展。

(2) 国际资本流动的货币效应。

在国际市场上,当货币一旦越出国内流通领域,就失去了在这一领域内获得的价格标准、铸币、辅币和价值符号等地方形式,又恢复了原有的贵金属的形式。"一国货币可以用另一国货币来表现,因此,所有的货币都可以归结为他们的金或银的含量。同时,金和银的含量作为世界货币流通的两种商品,又可归结为它们互相之间的不断变动的价值比率。"④

马克思认为,一个国家贵金属的流入、流出与一国贸易差额有关,但也有可能是和商品交易无关的贵金属本身输入输出的表现。首先,引起汇率变化的主要原

---

① 《马克思恩格斯选集》第 1 卷,第 114 页。

② 《资本论》第 3 卷,第 280 页。

③ 《列宁选集》第 2 卷,第 810 页。

④ 《资本论》第 3 卷,第 285 页。

因是国际收支差额。不论国际收支差额是由什么原因引起的,都会造成外汇供求的变化:国际收支顺差,国际资本流入,如果外币供过于求,本币币值将会上升;反之,国际收支逆差,国际资本流出,有可能出现本币贬值。其次,在商品经济条件下,通货膨胀引起物价上涨,造成货币对内价值下降,引起汇率的长期走势下跌至与对外价值趋向一致。在考察国际资本流动对汇率的影响时,马克思指出:"如果这种输出是以贵金属的形式进行的,⋯⋯一定会直接影响贵金属输出国的货币市场,从而影响其利息率,因为这是贵金属,而贵金属直接是借贷的货币资本,是整个货币制度的基础。它也会直接影响汇兑率。⋯⋯如果这样向印度输出贵金属的现象持续下去,就会使印度对英国商品的需求增加,因为它间接增加印度对欧洲商品的消费能力。如果资本是用铁轨等等的形式输出,就不会对汇兑率发生任何影响,⋯⋯它也不应该对货币市场发生影响。"①可以看出,在马克思看来,只有贵金属形式的输出才会对汇率产生直接影响,而通常情况下,一般商品形式的输出对汇率不发生任何直接影响,因为商品输入国用不着付款。

(3) 国际资本流动与经济危机的国际传递性。

马克思从世界范围考察了资本主义信用制度下的货币流通,指出现实的全面危机总是在贵金属输入超过输出时爆发的,国际信用使一切国家都有可能先后卷入危机,即国际资本流动对金融危机的爆发起到加速器的作用。因为国际商业信用和资本信用有可能在国际范围内造成虚假的需求和繁荣,促使一切国家都有可能过度出口和进口,从而造成生产过剩。在实行金本位制的条件下,贵金属的流动与产业循环周期紧密相连。在经济繁荣时期,商品生产过剩,虚假的繁荣完全依赖信用来维持,这时贵金属出现外流,导致利息率升高与信用扩大,发生过度膨胀,即贵金属外流促进了信用危机的爆发。"金属的流出,在大多数情况下总是对外贸易状况变化的象征,而这种变化又使情况再次逐步接近危机的预兆。"②黄金流出并不必然导致信用危机,但如果贵金属流出是在产业周期的困难时期发生的,就有可能会促使信用危机爆发。"只要对借贷资本已有极为强烈的需求,利息率因此至少已达到它的平均水平,流出,即贵金属不断的大量输出就会发生。⋯⋯这个时期发生在崩溃之前。"③因此,国际资本流动本身并不必然引发金融危机,但是往往受其

---

① 《资本论》第 3 卷,第 653 页。

② 同上书,第 645 页。

③ 同上书,第 646 页。

他因素影响而推动金融危机的爆发。事实上,经济危机的真正根源是经济体系本身——资本主义固有的社会化生产和资本主义私有制之间的根本矛盾,这一根本矛盾又进一步引致了无限扩大的社会生产和相对缩小的有效需求之间的矛盾。资本国际流动只是资本主义力图使用扩大生产的外部范围来解决矛盾和危机的手段和表现。尽管"资本主义生产总是竭力克服它所固有的这些限制,但是它用来克服这些限制的手段,只是使这些限制以更大的规模重新出现在它面前。"①资本国际流动一方面使资本主义的固有矛盾暂时得以缓和,另一方面又把矛盾推向了更广阔的空间,增大了危机在国际范围内爆发和传递的可能性。不同国家的经济由于资本国际流动而联系在一起,在这一链条上,只要有一个国家发生信用危机,就会在一切相关国家依次发生危机。

3. 马克思国际资本流动思想的现实价值

在马克思写作《资本论》时期,资本主义正处于自由竞争时期,生产力水平相对较低,国际分工范围狭窄,国际资本流动(主要是资本输出)虽已出现,但规模小,尚未成为经常现象,越出国界的资本主要表现为商品资本。马克思基本上是从生产关系的角度来揭示国际资本流动的本质,因而把重点放在了发达国家向殖民地家的资本输出上,这也符合当时的国际资本流动现状。在当时的历史条件下,无论是借贷资本流动还是生产资本流动,都伴随着实际资源的转移。

然而,20世纪80年代中期以来,随着经济金融化的深入和经济全球化的全面推进,国际资本流动越来越复杂。一方面,国际资本流动不仅存在于发达国家与发展中国家之间,而且存在于发达国家之间。比如,美国在巨额资本输出的同时也吸收大量的国际资本流入。更为复杂的是,发展中国家在开放国内市场吸引外资时,也开始对外投资,积极参与国际资本市场。另一方面,随着融资证券化的发展和金融创新工具的不断出现,国际资本流动日益脱离实物经济运行,越来越多地表现为纯粹虚拟资本的流动,国际资本流动的动机更加复杂,除了预期利润率的差异外,不同市场的风险差异、各国政策变化、投资者心理预期的改变,甚至非理性的"羊群效应"都能引起国际资本流动。毋庸讳言,从当今国际资本流动的现实来看,马克思国际资本流动理论确实存在一定的历史局限性。但是,马克思主义的国际资本流动理论科学地揭示了国际资本流动在本质上的二重性特征,为我们分析和研究

---

① 《资本论》第3卷,第278页。

当前国际资本流动奠定了理论基础。

　　首先,虽然现代国际资本流动形式更加多样化,其影响也日益复杂,但是从全面的、历史的角度分析,马克思分析的资本输出与当今复杂的国际资本流动都有着共同的本质特征。无论是投机性极强的国际游资,还是具有一定稳定性的国际直接投资,都是以赢利为基本导向,所不同的只是追求利润的手段和方式存在差异。如果从微观上把国际资本流动的决策纳入投资者效用最大化分析框架下,我们就会发现,马克思主义理论的效用函数是一元的,即剩余价值率或者利润率是唯一的自变量,而现代国际资本流动的效用函数则是前者的扩展,呈现出多元性特征:一方面,利润率变量细分为若干具体变量,如利率、预期汇率等;另一方面,风险变量增加,使投资者在风险和收益的权衡中寻求效用最大化的资产投资组合。也可以简单地说,现代国际资本流动的研究需要把马克思主义的利润最大化原则扩展为效用最大化原则,使理论解释层面得以扩展,以适应现代国际资本流动的实际,但理论解释面的扩展并没有构成对国际投资者追求最大利润本质的否定,相反,是对这一本质更充分和全面的揭示。

　　其次,历史上的国际资本流动反映了西方发达国家对殖民地半殖民地的剥削关系,而当今的国际资本流动更多地体现为主权国家之间的平等互利关系,至少也是形式上的平等互利关系。这一事实也能在马克思的国际资本流动二重性特征中得到解释。在马克思所处的年代,资本主义靠坚船利炮打开殖民地半殖民地的大门,而今天的发展中国家在经济和金融全球化背景下主动引进外资,积极参与国际资本市场。一方面,虽然不同国际资本流动形式对东道国资本形成机制有不同的影响,对东道国经济增长的作用因而也不同,但有一点是不可否认的,国际资本流入对发展中国家的经济发展起到巨大的促进作用。如国际直接投资流入除了可以直接为资本流入国增加国内资本供应,解决资本流入国的资金缺口和外汇缺口以外,还可以引进国际先进的管理经验和生产技术,对资本流入国其他经济部门产生积极的技术溢出效应和市场溢出效应;证券投资和国际银行贷款可以直接弥补流入国资本积累缺口,增加外汇供给,改进流入国金融市场的广度和深度,促进资本和劳动有机结合,也能促进流入国经济增长。国际资本自由流动强化流入国宏观经济政策的纪律性,带来类似于商品和服务贸易对外开放的收益。另一方面,正是由于资本逐利的本性,大规模的国际资本流入也会给发展中国家带来巨大的实体经济和金融体系的风险。收入增长和贸易条件改进会进一步对投资和储蓄具有正向影响,资本流入和外债增加对投资和储蓄具有负向影响,利率和金融市场深度对投资和储蓄的影响则不确定。按照标准的开放经济模型,消费和投资增加会引起实际汇率升值。汇率升值会导致非贸易品价格面临上涨压力,这样,汇率升值又具有了刺激通货膨胀的效果。国际资本流入会引起流入国总需求过度扩张,这种扩张主要表现为通货膨胀的压力、实际汇率升值和经常项目赤字不断扩大等方面。这种机遇与风险并发性特征也正是根源于国际资本流动的二重性。

最后,在货币制度为金本位时,国际资本流动是通过促进社会真实财富的增长攫取剩余价值(利润)实现的,当时的国际资本流动局限在实际财富的增长范围之内,资本增殖总是受到黄金这个"金属的限制"。但是在货币制度转变为纯粹信用制度本位时,资本增殖突破了几乎一切可能的限制,国际资本可以建立在抽象财富的巨大储存之上,国际资本流动本身也离实际生产过程越来越远。国际资本的金融化放大并扩散了资本流动中的不稳定性和波动性,使国际资本流动过程中蕴藏着金融风险,潜伏着金融危机。当前经济全球化使国际资本流动的危机传导效应更加明显,具体可分为"溢出效应"(spillover effect)和"传染效应"(contagion effect)。溢出效应是指当一个国家发生金融波动或者危机可能影响另一国家的宏观经济基础,而使其产生同样的波动,在国际资本流动中,这一现象是通过债权人调整资产组合实现的;传染效应是由于投资者倾向于投资不同的证券组合以获得稳定收益,在新兴市场经济国家金融资产收益和风险结构较为相似的情况下,当一国发生危机,投资者就会抛售出他们认为风险相似的相邻国家的资产,从而导致危机的传染。

三、关于国际技术利益转移扩散研究综述

国际技术扩散在经济发展过程中起着至关重要的作用。一国经济增长的主要决定因素是生产率。国际技术扩散通过影响一国生产率,而最终影响其长期经济增长。所以,国际技术扩散是各国人均收入差异的主要决定因素。20世纪90年代以来,在交通和信息技术的推动下,经济全球化的趋势越来越明显,国际技术扩散对各国经济发展的影响也越来越大。

1. 国际技术扩散的模型研究

对技术扩散模型的研究,Nelson,Richard R. 和 Edmund Phelp(1966)、

Krugman(1979、1993)，Grossman 和 Helpman(1991)①等一大批学者都做出过贡献。弗农的产品生命周期理论可谓这方面研究的前驱。该理论认为新产品新技术在发达国家被开发出来，只有在标准化之后，才会被转移到发展中国家。Krugman在弗农的产品生命周期理论基础上，将弗农的假想发展成为一般均衡模型。在这一模型中，每种产品都在北方发明然后经历出口，再转移到南方的阶段。Dollar 对Krugman 模型做了重要的拓展，将其发展成一个两要素的新古典动态均衡模型。Dollar 模型着重分析了技术创新、资本流动和产品生产从发达国家转移到发展中国家的动态过程，并分析了短期均衡和长期均衡。Jensen 和 Thursby 在 1986 年提出了一个动态博弈模型，在把第一代模型中的技术创新和转移内生化的同时，将南北贸易以及技术转让过程模拟为双方优化决策的博弈结果。他们引入了模仿成本和创新成本的概念，其中南方国家技术模仿的规模取决于北方发达国家现时所拥有的垄断技术的数量。Grossman 和 Helpman(1991)也在新增长理论的框架下讨论了北方创新和南方模仿之间的关系。在他们研究的基础上，Barro② 进一步完善了技术扩散模型。在他的领导者-跟随者模型中，领导国进行研发投入来开发新产品，跟随国不发明任何中间产品，只是耗费一定的成本模仿和吸收领导国已发明和生产的产品。那么，在一定的条件下，跟随国技术扩散会以比领导国更快的速度增长。在跟随国学会领导国的全部创新后，两国将以同样的速度增长，但不会收敛到同样的人均产量和工资水平上。在 1997 年，Barro③ 又对这个模型进行了拓展，将新增长模型和新古典增长理论的收敛性推论的特征结合起来，完善了上面没有解决的技术扩散的调整机制问题，并强调了知识产权保护的重要性。R. van Elkan(1997)进一步指出技术模仿可能带来的生产效率的提高取决于国别之间的技术差距，而技术创新的有效程度则取决于一国"干中学"的能力和经验的积累。由于技术扩散的存在，任何一国投资的增加都可能同时影响本国和他国的经济增长。Enric Detragiache④ 建立了技术差异导致收入收敛的宏观经济模型：发展中国家付出一定成本引入国外先进技术，先行采用者对后采用者存在一定的外部性，因为减

① Grossman, G., and E. Helpman, *Innovation and Growth in the World Economy*, MIT Press, 1991.
② Barro, Sala-I-Martin, *Economic Growth*, Mcgraw-Hill, Inc, 1995.
③ Robert. Barro, Jong-Wha Lee, Technology Diffusion, Convergence and Growth, *Journal of Economic Growth*, 1997(2):363-394.
④ Enric Detragiache, Technology Diffusion and International Income Convergence, *Journal of Development Ecnomoics*, 1998(56): 367-392.

少了他们反复试验的成本。在均衡情况下,技术的采用是渐进的。由于外部性的存在,采用成本较小的差异有可能导致长期收入出现较大差异。这些模型给出了发达国家和发展中国家以及发达国家之间技术扩散的理论框架,为随后的经验研究奠定了基础。

2. 国际技术扩散效果的决定因素

（1）东道国人力资本水平。Keller(1996)指出,对发展中国家而言,贸易自由化带来了先进的技术和产品,只有在本国劳动力建立起相应的技能后才能使之获得应用。人力资本有较高层次和较低层次之分。较高层次上的人力资本(比如科学家和工程师)有利于消化吸收引入的技术,解决生产中遇到的技术难题,充分发挥引入技术的生产能力。而且在消化吸收的基础上进行模仿创新,形成独立的创新能力也需要有高素质的技术人员。较低层次上的人力资本(熟练的劳动者)则有利于充分发挥先进设备的生产率,应用引入的先进技术。对 FDI 而言,较高水平的人力资本易于吸引资本密集型的跨国公司进入,增加技术扩散的潜在空间。上面对 FDI 的实证检验得出混合结论也表明了人力资本的重要性。

（2）东道国的研发投入。首先,为了使引入的技术适应本土生产,需要对技术进行一定的调整和改造,这就要本国进行相应的研究。其次,要模仿国外技术,必须掌握国外技术,这也需要进行研究。例如,日本许多研发投入的目的就是消化吸收引入的国外技术。对韩国的研究也表明,他们就是注重消化吸收才迅速提高其技术水平的。最后,本国独立的研究开发提高了本国的技术水平,而吸收国自身技术水平的提高,增强了对先进技术的吸收消化和创新能力,获得技术外溢的可能性也变大。

（3）技术差距。国外的技术和本国技术之间存在一定的差距,否则可供学习的空间就太小了,但这个差距又不能太大,不然东道国企业也无法利用[1]。Teece(1980)和 Kumar(1994)的研究表明,技术转让的成本随技术年限的增加而降低。技术年代越久,东道国越容易消化吸收。日本管理学家小岛清的"有序技术转让理论"认为,转让方和引进方技术差距越小,技术转让的效果就越好。

（4）技术的相似性。只有地区和国家间所使用的技术具有一定的相似性,技

---

[1] Magnus Blomstrom, Fredrik Sjoholm, Technology Transfer and Spillovers:Does Local Participation with Multinationals Matter, *European Economic Review*, 1999(43):915-923.

术扩散才是有效率的。以农业为例，Schultz(1964)、Hayami 和 Rutan(1985)注意到农业技术的国际扩散过程比制造业的相应过程更为困难，因为农业技术具有高度本地化的特点，大多数情况下，发达国家的技术开发没有直接传播到具有不同气候、资源特点的欠发达国家。

(5) 合资企业中东道国的股权份额。这是针对国际直接投资(FDI)而言的。一般认为，东道国参与合资使得技术更容易溢出。许多国家都对外国的股权份额给予了限制，强制跨国公司签订合资协议。然而面对这个限制，跨国公司可以选择拒绝投资，也可以选择不将先进技术引入合资子公司。在利润激励面前，股权越大，跨国母公司就越愿意转让先进技术，这扩大了潜在溢出的范围。但在实证上，Magnus Blomstrom 对印度尼西亚的研究表明，股权份额对技术溢出效果的影响不大。

(6) 知识产权保护。知识产权保护对技术扩散的影响是双重的：一方面，较好的知识产权保护使得国外公司更愿意转让先进的技术，提高了潜在扩散的范围；另一方面，知识产权保护力度的加强，不利于本国企业的模仿，比如逆向工程就受到限制，制约了技术的扩散。

(7) 东道国市场环境和政策。跨国公司之间的竞争有利于跨国公司引入先进技术，从而提高获得技术溢出的空间。市场化程度较低的国家，企业提升技术水平的动力不足，不注重技术的引进、消化和吸收，技术扩散的效果较差。大多数国家也制定了一系列有关技术扩散的政策，对技术扩散效果产生了较大影响。比如，许多国家对 FDI 有技术转移的规定，强制跨国公司进行技术转让。对率先引入技术的企业给予补贴，举办政府和企业间研发合作等，降低总引入成本，增加本国福利。日本、韩国都是这方面成功的例子。

有关国际技术扩散对经济增长的研究兴起于 20 世纪 80 年代后期，学者们对技术扩散的机制、渠道、制约因素进行了详细的探讨，并提出了许多有益的政策建议。虽然很多问题尚未有定论，但从上述分析，我们可得到以下三个结论：①国际技术扩散在全球经济增长中发挥着巨大的作用，尤其是对于发展中国家。②国际技术扩散的渠道主要有国际贸易、FDI 和国际交流。贸易作为技术扩散的渠道已基本无争议，在各种方法下，都找到了足够的证据。但对 FDI 而言，结论还是混淆的。一般而言，FDI 在发达国家的扩散效应比发展中国家显著，学者们强调的一个重要的原因就是吸收能力的差异。③技术扩散并非自然导致东道国的技术进步，而是面临一系列的制约因素。因而,东道国需具有一定的吸收能力,并采取一些促进技术扩散的政策,才能从中获取更大的利益。

四、关于国际人力资本流动利益研究综述

人力资本理论的出台与兴起是 20 世纪七八十年代的事情,但是人力资本思想则可以追溯到古希腊时期。柏拉图认为,国家管理者应该接受教育与培训,既要学习数学、几何学和天文学等文化知识,又要有强健的体魄。亚里士多德也曾多次提及知识、技能在生产活动中和决定个人社会地位中的作用。英国古典政治经济学创始人威廉·配第曾提出著名论断——"土地是财富之母,劳动是财富之父",一个国家的经济实力与其所拥有的人口数量和人的体质与技能紧密相连。

18 世纪中叶欧洲产业革命后,人类进入了大工业时代,生产力由此发生了三大根本性变革:一是自然力代替人力,机械生产代替手工生产;二是科学技术代替经验工艺套路,科技与生产互动作用日益加强;三是专业技术培训代替作坊师徒传教,人的知识、技术因素在生产中的作用越来越大。当时兴起的古典经济学开始从劳动者在生产过程中的不同作用来关注教育对促进生产发展、增加财富的意义。著名古典学派代表亚当·斯密在 1776 年出版的不朽巨著《国富论》中对人力资本以及教育的意义做了深刻的阐述。他指出:"在社会的固定资本中,可提供收入或利润的项目,除了物质资本外,还包括社会上一切人学得的有用才能。这种优越的技能,可以和职业上缩减劳动的机器工具,作同样的看法,就是社会上的固定资本。"可见,斯密的思想在某种程度上已经接近了现代人力资本理论的核心。古典经济学时期的一大批著名经济学家都不乏人力资本思想。如西斯蒙第、大卫·李嘉图等都认识到,人的知识和技能是财富的源泉,是一种重要的生产要素。德国历史学派的李斯特提出了"精神资本"的概念,认为"精神资本"是由智力方面的成果汇聚而成,一个国家生产力的高低,取决于精神资本的运用,为此他主张把教师列入生产者之列,因为教师"能使下一代成为生产者"。认为精神资本是"个人所拥有的或个人从社会环境和政治环境得来的精神力量和体力";"各国现在的状况是在我们以前许多世代一切发现、发明、改进和努力等积累的结果。这些就是现代人类的精神资本。"

马克思在古典经济学大师的劳动价值论的基础上,创立了马克思主义经济学说。马克思从哲学高度阐述了人是劳动的主体,自然资源是劳动的客体,他将劳动

分为简单劳动与复杂劳动,这对于当代人力资本论者也不乏启迪意义①。

但是,人力资本思想受到 19 世纪末 20 世纪初英国著名新古典经济学代表马歇尔的反对而受挫。马歇尔指出:"以一种抽象的和数学的观点来看,无可否认,人是资本。但是,在实际分析中把他们当作资本,与市场的实际情况是不相符合的。"一方面,马歇尔认真研究教育的经济价值,主张把"教育作为国家投资",教育投资可带来巨额利润,"人类的才能与其他任何种类的资本,同样是重要的生产手段",甚至得出"所有资本中最有价值的是对人本身的投资"的结论,认为教育投资所带来的结果将远远大于教育投资本身。另一方面,在实际分析中马歇尔又反对将人视为资本,认为人是不可买卖的,因而拒绝"人力资本"这一概念。

1935 年,哈佛大学教授沃尔什发表了《人力的资本》一文,他最先提出了人力资本的概念,并用数量方式研究了大学阶段教育经济收入的问题。但是理论体系的真正形成却是在 20 世纪五六十年代。第二次世界大战以后的经济现象是用传统的经济学理论无法得到解释的。例如,为什么经济增长总是高于要素投入的增长? 为什么德国、日本等资源贫乏国能在战后得到迅速恢复并重新崛起? 一些经济学家从传统经济学局限于物力资本研究的狭隘视野中摆脱出来,将研究视角从物转到人,多从教育、健康、劳动者技能等方面对上述问题进行深入研究和探讨,并做出了令人信服的解答,从而直接推动了现代人力资本理论的形成。

1960 年,诺贝尔经济学奖获得者、美国著名经济学舒尔茨在美国经济学会年会上发表了题为《人力资本的投资》的著名演讲,现代意义上的人力资本理论正式形成,舒尔茨也被后人誉为"人力资本之父"。该理论一经提出,就立即被西方理论界接受。

1. 人力资本的内涵及特征

在舒尔茨看来,人力资本(human capital)是相对于物质资本或非人力资本而言的,是指体现于人身体上的知识、能力和健康,可以被用来提供未来收入的一种资本。人力资本以科学知识和劳动技能的形式存在。同物质资本相比,它有以下四个特点。

第一,从生产的时间来看,物质资本是在一个较短的时间内被生产出来的生产

---

① 刘纯阳:"西方人力资本理论的发展脉络",《山东农业大学学报》(社会科学版),2004 年第 6 期,第 1-4 页。

要素,而人力资本则不同,它是经过劳动者较长时间的学习和培训才被生产出来的;随着科学技术的发展和社会生产力的进步,要求劳动者有更长的学习时间。因此,人力资本的生产时间将会进一步延长。

第二,就产权的特征而言,在流通过程中,物质资本的产权是可以让渡的;而人力资本只能让渡其使用权而不能让渡其所有权。

第三,从使用的次数来看,物质资本虽然可以多次重复使用,但是随着使用次数的增加,物质资本的使用价值、功能或效用也随之逐渐减少或消失;人力资本却不是这样,它的使用价值不仅可以重复使用,而且它的使用价值、功能和效用不仅不随使用次数的增加而减少或下降,相反,人力资本在每一次使用或运用的过程中,还可以补充和增加新的功能和效能。

第四,从功效发挥的视角来看,物质资本的功能或效能发挥是均匀进行的,而人力资本能够在非均匀的状况下进行,即具有创造新产品、带来更多价值的特点。

2. 人力资本投资的范围和内容

舒尔茨不仅论述了人力资本及其投资的重要性,而且就投资的具体方面做了阐述,归纳起来,主要有这样五个方面。

一是正规教育投资,即对初等、中等和高等教育的投资,认为教育作为"一种质量投资",是广泛提高国民素质和劳动者能力的重要途径。学校教育,包括初等、中等和高等教育。教育成本是指学生直接用于教育的费用和学生上学期间所放弃的收入。

二是在职培训投资,这是针对在岗劳动者而进行的成人教育,旨在提高劳动技能,适应新技术,推广新经验等,在这方面,农业技术的校外学习培训尤为见效。在职人员训练,它包括企业的旧式学徒制。在职人员训练支出是相当可观的,由此产生出一个重要的问题:由谁来负担这笔费用? 加里·S. 贝克尔曾就此提出过一个观点,在竞争的市场上,受雇者自己支付全部训练费用,最初可能使其净收入减少,随后则会使之大幅度增加。

三是健康投资,即提高人口身体素质所进行的投资,它包括在医疗保健、母婴健康、营养、休息等有关身体健康方面的费用支出。健康投资有助于"健康资本存量"的增加。由于健康改善,不同年龄的人口的平均寿命提高了30%。医疗和保健,包括影响一个人的寿命、力量、耐力、精力等方面的所有费用,保健活动既有数量要求又有质量要求,其结果必然是提高人力资源的质量。

四是迁移投资，指个人和家庭为谋求更好的生活或更大的效益，通过迁移以适应不断变化的就业机会的投资。

五是科研投资，舒尔茨把科研界定为一种需要特殊技能和设施来发现和开发特殊形式的新信息的专门活动，并认为"这类新信息既适当又具有一定的经济价值"。

作为人力资本理论的创始人，舒尔茨为人力资本理论做出了开创性贡献：第一，在对人力资本做出解释的基础上，明确界定了人力投资的范围和内容，为后人的研究提供了一个可供参考的重要框架。第二，对许多传统资本理论无法解释的经济现象进行分析，为经济学研究注入了新思维。第三，对人的时间价值进行经济学分析，"人的时间价值在低收入国家和高收入国家之间存在着相当大的差距"。第四，在人力资本理论的基础上，开创了"贫困经济学"理论。舒尔茨指出，贫困的根源不在于"穷人的大量增殖"，而在于人力资本的缺乏。

对人力资本理论做了奠基性贡献的另一位学者就是加里·S. 贝克尔，他奠定了人力资本理论的微观经济学基础。1964 年，贝克尔所发表的巨著《人力资本》，被西方学术界称为"经济思想中的人力资本投资革命的起点"。贝克尔对人力资本理论的贡献主要在于他对人力资源的微观经济分析上，对家庭生育行为的经济决策和成本——效用分析。他提出的孩子的直接成本和间接成本概念、家庭时间价值和时间配置、家庭中市场活动和非市场活动的概念，令人耳目一新。他对人力资本形成正规教育、在职培训和其他人力资本投资的支出与收入以及"年龄-收入"曲线等问题展开分析，强调教育与培训对形成人力资本的重要作用。贝克尔的研究方法和研究成果颇具开创性，为人力资本理论的发展奠定了良好的基础。

总之，从研究的范式上看，人力资本理论有两条研究思路：一种是宏观研究思路，结合经济增长问题，对人力资本在经济增长中所起的作用进行深入探讨，用人力资本理论对所观察到的用传统理论无法解答的经济现象加以解释；另一种为微观研究思路，试图以经济学方法对个人及家庭的行为进行分析，把教育、婚姻、生育、健康、迁移等都纳入投入-产出的分析框架。

3. 人力资本国际流动的方向与原因

人才流动长期以来就是一个备受争议的世界性难题，它对于整个世界经济以及流出国、流入国的影响至今仍无定论。20 世纪下半叶以来，国际迁移呈现多元化的特征，最显著的特征就是高级人才在国际移民中的比例上升，其流动方向主要是从发展中国家流向发达国家,随着经济全球化,高素质人口迁移的比例还将继续扩大。

Allan M. Williams(2005)根据智力的国际分配的静态影响对人力资本的国际流动进行了分类,将人力资本的国际流动分为智力交换、智力流失、智力溢出、智力浪费、智力流通等。其中,智力流失是人力资本国际流动中最受争议的焦点,因为人力资本永久性地从发展中国家向发达国家的流动将会给整个世界经济的均衡发展带来深远而复杂的影响。

20世纪90年代以来,有关高技能人才的国际流动没有确切的数据,但是有证据表明,越来越多的人才从亚洲、非洲和南美洲等的发展中国家流向北美洲、欧洲等的发达国家,智力流失成为人力资本国际流动最主要的形式。具体说来有以下两个特征。

第一,发达国家是主要的人力资本流入国,其中美国是最大的流入国。此外,加拿大、德国、法国和英国,以及亚洲的一些新兴工业国家如新加坡也是人力资本净流入国。到2000年,发达国家高技能的外国移民在本国高技能劳动者总数中占据很显著的比重。

第二,发展中国家为主要的人力资本流出国。非洲是智力流失最为严重的地区。1999年,在40%的非洲国家中,超过35%的高校毕业生定居在国外。中南美洲、加勒比海地区的小国流失将近1/3的高技能人才。亚洲是智力流失人口最多的地区,印度是其中最主要的流出国,亚洲的其他国家,如巴基斯坦、中国、泰国、斯里兰卡和越南,同样面临的智力流失带来的各种问题。

4. 人力资本国际流动的主要原因

从宏观层面来看,人力资本国际流动是由不同国家间人力资本的供求情况不均衡引起的。随着发达国家经济的增长和进步,许多高技能要求的工作岗位也随之诞生,这些国家正面临着高级人力的短缺,并积极在国际劳动力市场上寻找合适的人才以填补这些空缺。

从微观层面来看,经济激励是最直接的原因。高级人才在发达国家通常能找到一份比在自己国家收入要高得多的工作。在非洲和加勒比海地区的发展中国家,如牙买加、南非和加纳,很大比例的受过良好培训的专业人才被发达国家高工资的就业机会所吸引并带走。此外,其他非经济因素也是促使人们选择移民的重要原因。一部分人选择移民是因为国内没有合适的工作岗位发挥他们的特长,以及工作和研究所需要的条件,包括硬件设施和同僚的协助氛围。另外,还有许多人是为了躲避国内的高犯罪率、艾滋病以及高失业率和政治压迫等。一些学者认为,非经济因素的原因比经济激励因素更严重地影响人力资本的国际流动,并往往带来永久性的智力流失。

五、人力资本国际流动的影响

1. 人力资本国际流动对整个国际的福利影响

人力资本的流失将会造成流出国人均收入增长率的永久性降低;而对于流入国来说经济增长的影响则不明确,它将会随着两国间人力资本平均水平比率的变化而变化。进一步的研究表明人力资本的流动将会造成国家间经济增长率永久性的差异。

还有一些学者提出利用 S 型生产函数模型来分析智力流失对整个国际福利的影响。这个模型描述在不同的发展水平上人力资本有不用的边际回报率,可以是递增、递减或者微不足道。发展中国家在 S 型生产函数的下端,新增一名高级人才带来的边际回报率会递增;相反,发达国家可能处在 S 型生产函数的上端,在拥有大量的高素质人才的前提下,额外增加的人才可能会带来递减的边际回报率。在极端的情形下,最不发达国家(LDC)处在 S 型生产函数的最开始端,它们拥有的高级人才的数量很少,还不满足产生边际回报率的最低门槛,这时人力资本的边际回报率是微不足道的,然而增加一定数量的高级人才,越过人力资本的"门槛"能够带来显著增加的回报率。因此,高级人才在发展中国家比在发达国家更有价值。发展中国家人才数量的减少甚至可能导致其生产函数倒退到 S 型的最开始端,从而落入人力资本稀缺的陷阱。智力流失并不能带来"双赢"的效应,在很大程度上它是"你赢我输"的,一方福利的提高是基于另一方福利的减少的。发展中国家是智力流失的受害方,并且负面的影响并不仅仅限于经济,它还涉及社会生活的方方面面。发展中国家与发达国家越来越悬殊的贫富差距,以及发展中国家的各种严重社会问题对发达国家本身来说也并不是一件好事。

2. 人力资本国际流动对流出国的福利影响

对于发展中国家来说,人力资本外流的收益主要取决于外流的人才把他们在其他国家所学的先进思想和技术带回国并应用到实践上,但是事实上发展中国家与发达国家之间的人才流动大多数是单向的,发展中国家的移民更倾向于留在发达国家工作和生活。例如,1990—1991 年,79％的印度留美学生与 88％的中国留美学生在获得学术研究型博士学位后继续留在美国工作;相对而言,只有 11％的韩国留美学生与 15％的日本留美学生在获得科学与工程博士学位后在美国工作。因此,对于发展中国家来说,智力流失也许会带来很大的负面效应。

(1) 对财政收入的影响。智力流失给发展中国家的财政收入带来较大影响。一方面,人才的流失会减少税收收入的税基;另一方面,高等人才往往是国家征税税率最高的对象,因此国家财政税收会随着高等人才的流失而减少。据统计,尽管美籍印度人只占印度总人口的 0.1％,但是他们在美国的收入等于印度国民收入的 10％,相应的研究表明有近 1/3 的个人所得税随着移民的离开而化为乌有。其他发展中国家也面临着类似的问题。

智力流失除了对个人所得税会产生直接的影响,还会对其他种类的税收产生间接的影响。高素质人才的流失使得直接税更难征收,政府更加依赖于间接税。像很多发展中国家一样,印度在更大程度上依赖于间接税,约有 65.6％的税收收入来自间接税。此外,智力流失还会造成征税的扭曲。政府为了挽留人才而降低个人所得税的边际税率,使得低收入者相应要承担更重的负担,从而削弱了税收的社会调节器的作用。

(2) 对教育体制的影响。在绝大部分的国家里,国家都会划拨大量的财政收入以资助一部分的教育费用,而这一部分的资金几乎完全来自纳税人。智力流失意味着发展中国家的人才在接受纳税人的资助完成高等教育之后离开自己的国家,一方面没有把积累在自己身上的知识回馈给本国,造福本国人民;另一方面也意味着没有对本国履行纳税的义务以资助下一代的教育。由于智力的流失带走了很大一部分的政府财政收入,政府将缺乏足够的公民教育的资金;更为严重的是,因为对教育的投资随着智力流失而化为乌有,政府和纳税人将会越来越缺乏投资教育的激励,从而越来越弱化一个国家的教育体系。同时,由于国内缺乏良好的教育条件,更多的学生会选择在海外接受教育并留在海外生活,从而使得本国的教育体系陷入一个恶性循环:智力流失—缺乏对教育投资的激励、减少教育投资—教育条件恶化—学生外流、智力流失—教育条件进一步恶化。

(3) 对人才体系建立的影响。哈佛大学的教授 Mihir Desai 认为,损失大量的“最优秀和最聪明”的人才会给一个国家带来难以估量的负面影响,这些损失会伤害所谓的"协助性因素"——高技能人才、普通工人、企业家和资本提供者的整合。更进一步，受过高等教育的人才的大量流失甚至会导致一个国家无法满足达到形成人才群体"关键性集合"的最低需要，从而无法形成国内完整的人才体系。经济学家 Thomas Schelling 在研究了"关键性集合理论"后指出智力流失有可能导致一国陷入一个恶性循环：高素质人才的流失会导致越来越多的人才流失。这是因为人才需要群体的协助和配合。首先，人才本身需要其他的人才的配合，互相协助才能共同完成工作，对社会有所贡献。现代科学技术多元化、宽领域、综合性和边缘化的特征决定了单独一个人有限的精力、能力和知识结构很难完成一项科研。其次，人本身需要归属感，受过高等教育的人需要归属于一个知识层次较高的团体，他希望他身边的人的能力和知识结构与他相当。当这些条件不满足的时候，他就需要离开，去国外寻找这样的群体。因此，每个人的去留都有连锁反应，个人的离开导致这样的团体的数量和规模越来越小，因而人力资本的流失会导致越来越多的人力资本的流失，从而影响一个国家完整的人才体系的建立。

（4）对国家制度革新的影响。经济学家贝克认为，发展中国家人力资本的流失不仅仅是"智力的流失"，而且是"变革的流失"，这些知识分子本应该帮助国家改革和振兴的。他们的离开在一定程度上带走了"中产阶级对政治稳定而有力的影响"。同时，经济、社会和教育的进步尤其依赖足够数量的高素质人才来组织人力资本的最有效使用，并对未来国家适用的制度有基本的展望，人力资本的流失无疑限制了国家制度革新的步伐。

3. 智力流失对流出国的正面作用

近年的一些研究表明，移民聚集会形成"网络效应"，对流入国和流出国之间双边贸易产生正面影响。有经济学家使用"引力模型"检验美国的双边贸易后发现，10%的移民增加将带来 4.7% 的出口增加和 8.3% 的进口增加。把模型应用在加拿大也发现了类似的结果，只是弹性相对小些。移民网络还可充当重要的信用中介角色并形成信用增强的机制，尤其在知识产权领域发挥着重要的作用。对于印度 IT 业的实证分析表明，印度人在硅谷的成功对于印度 IT 业的国际形象产生重要的正面影响。印度移民积累的名誉产生的"外溢"给印度的 IT 业带来品牌效应，并向外界提前传播了其质量可靠的信息。

第四章

国际贸易的共同利益分析

第一节　国际贸易理论中的利益分析

一、李嘉图的比较优势理论

1817 年 4 月,李嘉图的《政治经济学及赋税原理》问世。在这本具有划时代意义的著作中,李嘉图系统、全面地阐述了他的经济思想,将古典的资产阶级政治经济学推向最高峰,并以此为基础独创性地提出了比较优势理论,为世界贸易和经济的发展奠定了理论基础,推动了资本主义制度在英国和世界各地的传播,使其成为历史上最著名的经济学家之一。

李嘉图的比较优势理论源于斯密的"绝对成本理论"。亚当·斯密的"绝对成本理论"有一个前提,即由于自然和其他条件的制约,各国产物的生产间存在着一种自然分工。国际贸易对各国都有利,因为交换的双方通过互通有无,都可以节约劳动。但依据斯密的意见,一个国家所输出的商品一定在生产上具有绝对优势——其所需的生产成本,绝对地少于其他国家。可是,斯密的理论往往与现实不符,并且不适应英国工业资产阶级发展和企图尽力扩大国外市场的需要。李嘉图从价值规律在国际贸易中的失效出发,通过对失效原因的分析,提出相对经济理论,做出对斯密的绝对成本理论的修正。

李嘉图认为价值理论在国际贸易中是失效的,他认为,支配一个国家中商品的相对价值的法则不能支配两个或更多的国家间交换的商品的相对价值,因为国与国的资本和劳动的自由转移并不是完全的。他认为完全理想的商业自由不但假定商品的完全自由流通,而且也假定资本和劳动的完全自由转移。具备这一条件,国际商品的交换,就会和国内商品交换一样,按交换规律进行,而国际贸易的地域分工也就只能以生产商品成本的绝对优势为依据。但是,李嘉图指出,由于种种原因,资本和劳动实际上不能完全自由地从一个国家转移到另一个国家。这就一方面导致价值规律在国际贸易中失效,另一方面又使国际贸易地域分工的原则发生了变化。在这种情况下,不是各个国家只生产本国具有绝对优势的条件的商品,而是生产本国具有相对优势的商品并进行交换,商品的价值不是按照其生产所花的劳动时间决定,而是由它和别国商品进行交换的比率决定。李嘉图的结论是在商业完全自由的制度下,各国都必然把它的资本和劳动用在最有利于本国的用途上。这种个体利益的追求很好地和整体的普遍幸福结合在一起。由于鼓励勤勉和奖励智巧,并最有效地利用自然所赋予的各种特殊力量,它使劳动得到最有效和最经济的分配;同时,由于增加生产总额,它使人们都得到好处,并以利害关系和相互交往的共同纽带把世界各民族结合成一个统一的社会。简而言之,比较优势理论就是"两利相权取其重,两害相权取其轻"。

二、马克思国际价值理论

国际价值理论是马克思对国际贸易分工理论的重要贡献。国际价值理论反映了生产力发展的一般规律,同时对揭示当代国际生产关系本质有重要指导意义。国际价值理论内含的互惠互利、等价交换的思想对当代的国际分工与贸易仍有很强的解释力。随着国际分工的深化,国际价值理论也在不断扩充和发展,这是马克思国际价值论的生命力之所在。

国际价值理论是马克思政治经济学理论的重要组成部分,其基本原理历经100多年,对当今的国际贸易乃至经济全球化仍具有很强的解释力,对我国开放型经济发展具有重要的指导意义。马克思主义的精髓同时也是其生命力旺盛的原因在于,它是随着实践的发展而不断发展、完善的。马克思的国际价值理论不是一成不变的,其内涵和作用范围随着世界经济发展而不断丰富和扩大。

国际价值理论是马克思在对资本主义生产方式的批判中提出的。马克思认为,国际分工和国际贸易同样遵循价值规律,只不过其作用形式有所不同。在国内交换中起支配作用的是国内价值规律,而国际交换中起支配作用的是国际价值规律。国际价值的提出具有重要的理论意义,它回答了英国古典政治经济学所不能回答的问题,解决了国际交换中的商品价值决定难题。马克思的国际价值理论启示我们,在国际经济关系相对平等的情况下,不同经济发展水平的国家间开展国际分工和国际贸易,可以达到经济上的互利共赢。不少学者在分析马克思国际价值论时总是强调发达国家对发展中国家剥削的一面。其理由是,在国际交换中,发达国家由于劳动生产率高于落后国家,因此,在同样的时间里,发达国家相对于发展中国家能生产出更多的同种使用价值,单位使用价值所包含的劳动或价值应低于落后国家。但在价值规律充分发挥作用(即不存在超经济强制和垄断)的情况下,以国际价值为基础进行的国际交换,发达国家包含较少劳动的使用价值与后进国家包含较多劳动的不同使用价值的国际价值是相等的,这样发达国家较少的国别社会必要劳动时间就被承认为较多的国际社会必要劳动时间,而后进国家则相反,在两者的交换中,发达国家以较少的劳动换取了后进国家较多的劳动,后者受到了前者的剥削。按照这种观点,发达国家与后进的发展中国家间进行的是不等价交换,发展中国家应发展自己的工业体系,实行封闭式的进口替代。但这是对马克思国际价值理论的误解。

(1)根据马克思的国际价值理论,在国际经济关系相对平等的情况下,发达国家与后进国家间进行的是形式上的不等价交换、实质上的等价交换。从表面看,在国际交换中,发达国家以较少劳动换取不发达国家较多的劳动,但两者相交换的劳动性质不同,不能简单地加以比较。在马克思的价值理论中,有一个重要的约束条件即国际"社会平均的劳动熟练程度和劳动强度"。根据这个条件,发达国家由于人力资本相对丰富,在与后进国家相同的劳动时间里,前者的劳动熟练程度、劳动强度更大,因而相对于后者应被认为是更多的劳动。这也就是马克思所定义的熟练劳动和简单劳动之分。从效率角度看,同样时间的熟练劳动应被看作较多的简单劳动。因此,根据马克思的国际价值理论,在世界市场上,一个国家的劳动生产率较高时,就被看作能创造出更大价值的劳动。虽然交换双方所得到的物化劳动量不等,但只要是按照国际社会必要劳动量即国际价值进行的交换,就应被认作等价交换。我们认为,对以国际价值为基础进行的国际交换究竟是不是等价交换问题的认识,涉及马克思主义经济学的研究方法问题。从批判与阶级斗争的角度,可能更多看到的是发达国家剥削的一面,认为以国际价值为基础进行的国际交换是"形式上的平等,实质上的不平等"。但如果从建设性角度、从马克思国际价值论本义角度来看,则是"形式上的不平等,实质上的平等"。表面上是不同量劳动的交换,实质上是包含同样价值量的"标准劳动"的交换。因此,只是不同的国别价值的交换,但却是相同的国际价值的交换。在国际交换中,只要贯彻等国际价值交换原则,就不存在一方无偿占有另一方劳动的问题,也就不存在所谓的剥削问题,国际剥削不是正常国际交换中的常态。它只出现在不等的国际价值交换中。

(2) 以国际价值为基础进行的国际分工与贸易对发达国家和发展中国家都有利。在以国际价值为基础进行等价交换的情况下,如一国的国别价值低于国际价值,就可稳定地获得大大高于国内市场的超额利润。在国际贸易中,有可能贸易双方各有一种商品的国别价值低于国际价值。一般来说,发达国家的劳动生产率高,较多商品的国别价值低于国际价值,能在交换中获得较多的贸易利益。正如马克思所说:"价值规律在国际上的应用,还会由于下述情况而发生更大的变化:只要生产效率较高的国家没有因竞争而被迫把它们的商品的出售价格降低到和商品的价值相等的程度,生产效率较高的国民劳动在世界市场上也被算作强度较大的劳动。一个国家的资本主义生产越发达⋯⋯就越超过国际水平。因此,不同国家在同一劳动时间内所生产的同种商品的不同量,有不同的国际价值。"[①]从劳动生产率较低的国家来看,由于其国别价值即个别价值与国际价值的差幅较小,也有可能等于或高于国际价值,在与发达国家进行贸易时,确实处于不利地位,但这并不意味着从贸易中不能获得利益。马克思指出,经济不发达国家在与发达国家进行贸易时,"这种国家所付出的实物形式的物化劳动多于它所得到的,但是它由此得到的商品比它自己所能生产的更便宜。"[②]这是因为国际贸易商品的价值实现也不同于国内商品。每一种参与国际贸易的商品到达消费者手里,都要通过国际市场和国内市场两次市场交换,有两次价值实现的机会。这与只在国内市场流通的商品存在重大区别。也就是说,国际价值的创造和实现不同于一国内部的价值创造和价值实现。无论是落后国家还是先进国家,通过国际和国内两次市场交换,所实现的商品价值都会大于出口商品中实际消耗的劳动时间,或是节约国内生产同类产品将要耗费的劳动时间。对落后国家而言,以国际价值为标准同先进国家进行交换时,所付出的商品中包含的劳动时间虽然大大超过所得到的商品中实际耗费的劳动时间,然而商品输入后,还要按国内的生产条件再在市场上实现一次价值。进口商品不是国内不能生产,而是成本很高。因此,落后国家输入商品在国内市场上实现的

---

① 《马克思恩格斯全集》(第 23 卷),第 614 页。
② 同上书,第 265 页。

价值,还是会大于或至少能等于出口商品中实际耗费的劳动时间。因此,落后国家参与国际分工能得到好处。而且,落后国家通过贸易,还能看到自己与世界先进水平的差距,努力提高劳动生产率,降低个别(国别)价值,争取在国际竞争中处于有利地位。事实上,不少后进国家或地区通过扬长避短,充分利用自己的优势,生产出成本低于国际生产成本的商品,成功打进国际市场,有的还把发达国家的同类产品挤出市场,由此获得巨大的贸易利益,促进本国、本地区的经济发展,缩小与发达国家的差距。

(3)马克思国际价值理论实际上是一种经济全球化理论,对认识经济全球化具有重要指导意义。"商品"是马克思政治经济学的逻辑起点,而世界市场则是其逻辑归宿。就商品而言,在其两个构成元素"价值"和"使用价值"中,价值作为凝结在商品中的一般的、无差别的人类抽象劳动,只有在充分比较劳动的社会属性的前提下,也就是在包括各民族经济活动在内的世界市场上,才能完全展现出来。调节商品生产的价值规律到世界市场上才真正具有普遍意义,经济全球化是价值规律充分发挥作用的必然要求。

第二节　国际贸易中的国家利益

一、自由贸易理论中的"国家利益"缺位

由亚当·斯密和大卫·李嘉图开创的传统国际分工和自由贸易理论,至今仍是西方贸易理论的基石。但迄今为止,自由贸易制度和政策并未在任何一个国家或地区真正建立和实施过。在历史上,美国和德国是依靠贸易保护政策走上经济强国之路的。当今世界,经济落后的发展中国家和经济发达的国家,都纷纷利用贸易保护手段,不仅保护本国的幼稚产业,甚至保护本国的优势产业,这种状况是自由贸易论所无法解释的。

自由贸易理论无法准确地解释国际贸易的性质和发生的原因,它对现实的国际贸易格局的理论说明也无法令人信服,这并非源于理论抽象与现实表现的当然差异,而是其理论本身固有的根本缺陷所致。这一缺陷便是它忽视了国家作为国际贸易中的主权单位的客观存在以及国家所发挥的不可替代的作用,"国家利益"在其理论体系中缺位。

自由贸易理论研究的主体对象是私人,理论分析边界是整个世界,对贸易获益的分析围绕私人和世界两个层次展开。在李嘉图的 2×2 模型中,虽然贸易方是"葡萄牙"和"英国",但实际上贸易参加者和贸易获益者是这两国的私人而非两国整体。李嘉图的分析结果是,贸易双方都获益,整个世界的产量也就提高了。在他看来,分析到这一步已算是功德圆满了,至于贸易利益在各国之间的分配状况如何,并无深究的必要。因为从魁奈开始,西方主流经济学就已将经济学研究扩展到全人类,而不再以国家概念为考虑对象了。在他们看来,国家利益是私人利益的总和,私人利益实现了,国家利益也就随之实现了,两者并无冲突之处。"国家"这一概念只在政治地理意义上存在,它不属于经济理论的分析范畴。因此,自由贸易理论对国际贸易的性质、发生的原因及运行规律的分析始终是围绕私人行为来展开的。私人贸易利益以及整个世界福利的增加成为自由贸易理论研究的核心。

自由贸易理论将私人确定为经济学和国际贸易研究的主体,源于它们所奉行的杰里米·边沁的功利主义哲学思想。将个人利益作为道德的最高准则,强调如果每个人能自由地追求个人利益,公共利益也随之得以实现,这两种利益是一致的,不存在任何冲突,所以最好的经济政策是国家对私人经济活动不加任何干预的"自由放任"政策,最好的贸易政策便是自由贸易政策。当亚当·斯密将他的适合一国国内分工理论推及国际范围时,恰恰忽视了国家主体及其利益的客观存在。由此得出的结论便是通过国际间的分工,能取得与国内分工一样的经济效率,通过自由贸易能实现世界产量和贸易量的增加,贸易各方的私人利益能够达到"最大化"。自此以后的西方正统的国际贸易理论都是按照这一思路演进的。当西方福利经济学以"经济福利"和"帕累托最优"来规范"经济利益"和"经济效率"的含义后,人类"经济福利"的增减便成为西方正统国际贸易理论判断国际贸易利益的标准,"帕累托最优"就成为它们追求的永恒目标。但是,私人利益、世界利益并不等同于国家利益,这已被现代哲学和经济学的研究所证明。正是由于自由贸易理论将国际贸易的行为主体界定为私人,混淆了私人行为与国家行为、私人利益和世界利益与国家利益之间的差异,没有将"国家"这一主体合理地切入其理论体系之中,导致这一理论对国际贸易性质及发生原因的错误认识,无法正确揭示国际贸易的发展规律,不能给各国对外贸易活动提供有用的指导。李斯特曾精辟地指出传统自由贸易理论体系存在的三大缺陷:无边无际的世界主义、死板的唯物主义、支离破碎的狭隘的本位主义和个人主义,不承认国家原则,不考虑国家利益。

二、国家是国际贸易活动中的"影子主体"

国际贸易的直接行为主体或贸易活动的具体经办者是私人或经济集团,但他们的行为和利益的实现并不具有独立的意义,而是受制于一种存在于他们背后的主体力量,即国家。在国际贸易运行中可以随时随地感觉到这种力量像影子一样无处不在地发挥着作用。可以说,国家是国际贸易的"影子主体"。

(1)国家作为国际贸易的影子主体,有自己独立的利益目标。它既不同于世界整体利益,也不是各个集团利益或私人利益的简单相加,它代表作为一个主权单位的整体利益,并且具有独立存在的意义。这种利益目标是最终的,是一种比私人和集团利益目标更高一层次的利益目标。一切私人和集团的贸易活动都不可能背离这一利益目标。当私人利益目标与国家利益目标发生冲突时,国家就可能借助国家机器的控制力,以种种经济的或非经济的手段,把自己的意志强加给私人,有效地把私人的利益要求加以转化或强行排除,从而能够并且必须实现自己的利益目标。

(2)国家是国际贸易活动的控制者。这种控制既体现在对内政策上,也体现在对外政策上。对内政策决定向国际市场提供什么商品,对外政策决定本国与其他国家是否进行贸易,如何贸易。国家既可以利用政治、外交手段为国与国之间的贸易打通渠道,提供保证,也可以出于政治、外交以及军事等战略上的缘故中止贸易的进行。

因此,如果认识不到国家作为国际贸易中"影子主体"的地位和国家利益在国际贸易中的客观存在,就无法正确理解国际贸易运行的实质,也就无法弄清自由贸易制度在当今世界上不能被建立起来的原因。

三、国家对外贸易中的利益

自人类有了国家以来,没有一个国家会去追求超越其自身利益以外任何更大范围的利益,即使在这个相互依赖不断加深的世界上,民族国家利益仍高于一切。任何一国对外贸易政策的制订都是以本国利益为出发点的。那么在国际贸易中,从一国角度看,国家在对外贸易中的利益是什么?从总体上讲,与个人利益一样,国家无论大小,其利益总是体现为国家对自身生存和发展的追求,同时,国家利益体现的对国家生存和发展的追求也是多层次的。从结构上看,国家利益通常可分为经济利益、政治利益和安全利益三个互为依赖的部分。尽管安全利益因其事关国家的生存而名义上一直被作为国家的首要利益,但从历史的角度看,经济利益才是国家利益的基础,只有实现国民财富的最大增长,一国的政治和安全利益才可能得到最大限度的保障。作为经济学的一项传统,对国民财富增长的关注,从来就是经济学的一个基本命题,这也是由生产力发展规律所决定的。当然在国际政治和经济交往中的规则远未完备,各种各样的暴力和霸权企图还司空见惯的情况下,有时政治利益和安全利益也可能显得比经济利益更为重要,至少国家谋取经济利益的行为有时会受制于其政治和安全利益的需要。而就现实中的国家利益来讲,一个国家的国家利益原则的确定主要取决于以下三个方面。

（1）国家的战略目标与战略思路。这既是一定时期内各个国家社会经济发展的期望所在,又往往是作为对特定国际环境下国家的社会经济发展现实状态和影响力演变的一种比照而存在的。因此,如果有关的演进轨迹与实现这一目标的预定轨道的拟合程度较高,那么就意味着国家利益得到了较好的维护和增进。反之,如果实际的变化与期望相距甚远,那么无疑会产生国家利益大大受损的判断。

（2）意识形态与文化传统。通常包括两种状况:①对国际意识形态差别乃至矛盾的妥协程度,将决定产生差别或矛盾的各方对他国的基本判断,进而影响对本国利益取向的选择,比如,战争时期对安全利益的极端重视。②特定的民族主义倾向。民族主义是国际关系中普遍存在的现象,但各国民族主义倾向的程度和表现千差万别,从而影响对各自国家利益的判断和取向。

（3）对国际政治经济秩序的认同程度。主要是指对两种情况的判断:①对现实国际政治经济秩序下"正常"的既得利益受损现象是否接受,或是否认其属于"正常"的利益损失。②在新增利益的国际分配过程中,对于由现实国际政治经济秩序所决定的"正常"的利益分配是否接受,或是否认其属于"正常"利益所得。

四、体现国家利益原则的贸易政策选择

作为国家利益原则的一种体现,现实中的贸易政策选择,一方面要力争从对外贸易活动中获取最大化的收益,另一方面又要避免别国的特定政策对本国利益造成伤害。由于不同的历史背景和经济发展水平,发展中国家和发达国家对如何通过贸易政策实现国家利益有着不同的看法,进而在贸易政策选择上侧重点有所不同。

发达国家由于经济发展水平较高,国内市场机制也比较健全,本国产品的国际竞争力也相对较高,所以他们对贸易政策的需要和期望比发展中国家低得多。他们的贸易政策一般有两个特点:一方面,希望整个国际市场日益开放,以便于销售本国具有竞争优势的产品,进而实现贸易活动对本国经济发展的推动作用。另一方面,对别国的贸易政策变动保持高度的警惕,当这一变动危及本国利益时,坚决予以回击。也正是因为这两个特点,发达国家对贸易政策的选择一般比较平衡,除非国内外经济环境发生急剧变化,否则很少大幅度地修改原定的贸易政策。相对而言,在整个国家的经济政策体系中,发达国家一般更偏重于国内政策。

发展中国家由于特殊的历史背景和相对落后的经济发展水平,一般来说,对贸易政策的重视程度远高于发达国家。从历史背景来看,当今的发展中国家绝大多数有过被列强奴役的历史,这一段历史往往使得发展中国家的民族主义倾向十分明显。而发达国家的成功经验,又使发展中国家都有一种强烈的加速经济增长的愿望,以期实现对发达国家的赶超,因此,加速实现本国的工业化进程,是发展中国家的共同选择。实现工业化目标,也就成了发展中国家国家利益的最直接体现。在发展中国家加速工业化的进程中,贸易政策一般都被看作是整个工业化战略的一个核心组成部分。

之所以会出现这种现象,一方面,因为发展中国家在传统的国际分工中,始终是以初级产品生产者的身份出现在国际市场上,而与工业制成品相比,初级产品贸易往往处于不利地位。通过加速本国工业化扭转本国的产业结构和贸易结构,在经济利益上无疑是一个正确的选择,但长期形成的国际分工格局却很难一下子完全转变,发展中国家实现本国工业化的目标必然会受到发达国家的制约。面对加速工业化的需要和国外产品竞争的现实,发展中国家选择贸易政策来保护本国的国内市场就成了一个自然的选择。在这一点上,即使是当今已经成为世界经济三强的美国、日本、德国,在它们的工业化和经济起飞的进程中,也是选择了贸易政策来支持本国发展目标的实现。它们的成功无疑给许多发展中国家以启迪。

另一方面,即使从纯经济因素的角度来看,在加速工业化的进程中,发展中国家选择保护程度较高的贸易政策也有其合理之处。这种合理性体现在:(1)发展中国家的国内市场机制的完善程度远低于发达国家,即国内市场存在着较多的缺陷。若等待国内市场机制完善之后,再来发展本国的工业化,显然是不现实的。这时选择适当的干预政策以抵消扭曲的影响,对发展中国家的工业化进程是相当必要的。

尽管按照扭曲理论的解释,根治国内缺陷最有效的政策应该是直接指向其根源的国内政策,比如动用财政补贴来支持本国幼稚工业的发展。但对一个面临着普遍的扭曲和国家财力不足双重约束的发展中国家来说,运用国内政策还是贸易干预政策,两者之间的优劣比较是一目了然的。(2)在选择干预目标时,发展中国家面临着远比发达国家少得多的信息约束。发达国家处于工业化起步阶段时,重点发展何种产业,政府应该扶持哪些产业,并无多少经验可以借鉴,为了探索工业化的正确道路,发达国家也付出了不少沉重的代价。但对发展中国家来说,情况就有所不同。尽管不同类型的国家工业化进程的特点不同,但工业化进程中的产业结构转换却是有规律可循的。发达国家成功的工业化经验为发展中国家提供了模仿的对象,发展中国家可以充分借鉴发达国家工业化中的经验教训为本国的工业化服务。(3)由于发展中国家在世界市场上所占的份额一般较小,所以发展中国家的贸易政策的变化对其他国家的影响也相对较小。即使发展中国家采取保护程度较高的贸易政策,由此招致外国报复的可能性也相对较小。这说明在工业化发展初期,发展中国家在贸易政策的制定过程中受到的外部压力一般较小。

五、李斯特的国家利益理论

李斯特的国家干预学说与贸易保护理论是其国家利益理论的基石。

弗里德里希·李斯特是古典经济学的怀疑者和批判者,是德国历史学派的先驱者。李斯特的奋斗目标是推动德国在经济上的统一,这决定了他的经济学是服务于国家利益和社会利益。与亚当·斯密的自由主义经济学相左,他认为国家应该在经济生活中起到重要作用。他的观点深受亚历山大·汉密尔顿以及美国学派影响。他的主要思想包括国家主导的工业化、贸易保护主义等。其以具体行动力促成德意志关税同盟,废除各邦关税,使德国经济获得统一,并对后世德国的统一产生影响。

李斯特从强调落后国家的特殊国情、落后国家所处的较低的发展阶段以及落后国家的特殊利益的角度,提出必须对私人经济实行干预的主张。李斯特尤其强调,当一国经济实力处于扩张并且正在向农业和制造业或农业、制造业和商业并存的经济强国转变的关键时期,尤其需要借助于国家干预的力量,他甚至认为这一时期的国家干预应当是有意识、有目的的,使本国的经济发展"趋于人为的方向。"李斯特不赞同英国古典学派的自由放任的经济理论,为此,他力主在现有的经济学体系中加进国家经济学的内容,使之趋于完善。他为了突出其国家干预学说的理论地位,甚至这样写道:"作为我所创立的体系中的不同特征的是国家。国家的本质是处于个人与整个人类之间的中介体,我的理论的整个结构就是以这一点为基础的。"

那么,国家应当如何对经济实行干预呢?李斯特认为,对经济的一切领域实行干预并非明智之举,国家的干预或管制只能限于部分领域,即"关于国民个人知道得更清楚、更加擅长的那些事,国家并没有越俎代庖;相反地,它所做的是,即使个人有所了解、单靠他自己力量也无法进行的那些事。"李斯特还具体提到了国家需要做的事情,包括:借助于海军和航海法规保护本国的商船;修筑公路、铁路、桥梁、运河、防海堤等基础设施;制定专制法和各项有利于生产与消费的法规;为促进本国制造业成长,实行保护贸易等。总之,国家的使命是促进财富和生产力增长,使本国由野蛮转变为文明,由弱小成长为强大。

从某种意义上说,李斯特的贸易保护理论是他的国家干预学说的延伸。他根据对贸易史所作的考察,提出了大致上同他的经济发展阶段相对应的三个贸易发展阶段。在第一阶段,经济落后的国家应同较先进国家实行自由贸易,以此为手段,使自身摆脱未开化状态并求得农业上的发展;在第二阶段上实行保护贸易,以促进本国制造业、海运业和商业的发展;在第三阶段,当该国的制造业、农业、商业及整体经济实力有了高度发展之后,再逐步恢复到实行自由贸易,在国内外市场上同其他国家进行毫无限制的竞争。李斯特认为农业、原料、科技可以自由贸易,但工业产品自由贸易有损国内工业发展,因此国家干预经济发展十分必要。一个相对落后的国家,应该建立起保护性而非财政性,且有条件、有时间限制的关税制度。他认为,随着本国生产力发展,关税水平应该上升,以便于本国商品占有国内市场。李斯特认为关税保护对象是工业中的重要部门,经发展能与外国产品竞争的部门,应重点保护技术部门;对于不太重要的经济部门应低层次保护,对虽新生但并无强有力竞争的部门则不需保护;根据国家特有环境和工业情况来决定采取对工业品禁止输入或规定适当税率办法。对输出加以禁止或征税,不对自然产物输入征税;退税办法只适用于仍然要从国外输入的半制成品;不鼓励为使本国工业品能在第三国竞争而使用奖励金;课收关税应当有一定限度:"不可使输入和消费因此受到限制,否则不但将削弱国内生产力,而且也将使增加税收的目的受到挫折","如果任何技术工业不能用原来的 40%～60% 的保护税率建立起来,不能靠在 20%～30% 税率不断保护下持久存在,那就缺少工业力量基本条件"关税保护措施实施应有步骤进行","关税只应当随着国内或从国外吸引来的资本、技术才能和企业精神的增长比例而提高,只应当随着国家对于原来专供输出用的那些剩余原料与天然产物能够改由自己利用的进展比例而提高。"李斯特用民族主义代替古典学派世界主义,他看到了不同国家在国际贸易中利益冲突,并分析了关税政策对国内产业影响。不仅着眼于国际分工静态利益,还注意到贸易对一国产业结构动态调整的影响。李斯特理论成为后来各种贸易保护主义的重要理论基础。发展中国家和发达国家实行贸易保护在性质上有很大不同。发展中国家实行贸易保护源于其经济发展内在要求,除非放弃其经济发展。贸易保护政策是发展中国家实现工业化唯一选择。而且其政策目标之一是纠正国际贸易中由于需求弹性不同而产生的一系列不平等因素,缩小制成品与初级产品收入需求差异,因而并不会妨碍世界贸易增长速度。然而发达国家贸易保护政策对制成品保护旨在扩大制成品与初级产品收入需求差异,如果发达国家对本国初级产品生产也进行保护,则进一步加重了制成品与初级产品之间不平等贸易程度。因此,不仅不是必须的,而且还会降低世界贸易规模和增长速度。如果发达国家减少或取消贸易保护政策,发展中国家出口将增加,世界贸易将会扩大。不仅如此,由于发展中国家存在较高的工业品进口需求弹性,因此,贸易形成了"互惠"特征。

第三节 中国与发达国家的贸易共同利益

发达国家以美国为例。美国是世界上最大的发达国家和最大的市场,中国是最大的发展中国家和最大的潜在市场,中美经济持续快速发展,是两国经贸关系不断扩大的重要条件。中美互利共赢的经贸关系,不仅给两国人民带来了实实在在的经济利益,而且成为中美关系发展的重要基础和强大动力。中美经贸关系快速发展的过程中,也出现了一些矛盾。客观地分析双边经贸关系中的矛盾和共同利益,中美双方通过平等的、富有诚意的对话和协商,有助于共同推动中美经贸合作持续快速健康发展,开创中美贸易合作的新局面。

一、中美经贸关系发展现状

中美建交 40 年来,两国政治经济关系经历了风风雨雨,但是,经贸合作持续快速发展。中国加入世界贸易组织以来,中美两国的经济合作领域和范围、广度和深度都有了历史性突破。据中国海关统计,2006 年中美双边贸易额达 2 626 多亿美元,是 1979 年双边贸易额 24.5 亿美元的 107 倍之多;美方统计在 2002 年的双边贸易总额为 1 473 亿美元,到 2006 年已经达到了 3 430 亿美元。这说明中美经贸关系在双方各自的对外经贸关系中均占据着十分重要的地位。双方的共同利益点越来越多,共同利益越来越大,双边经贸合作过程当中,你中有我,我中有你的格局进一步深化。中美互为最大贸易伙伴国和重要投资来源地。2018 年,双边货物和服务贸易额超过 7 500 亿美元,双向直接投资累计近 1 600 亿美元。中美经贸合作给两国和两国人民带来了实实在在的利益①。在双边贸易方面,根据中国海关统计,中美货物贸易从 1979 年建交时的不足 25 亿美元,增至 2018 年的 6 335 亿美元,增长了 252 多倍。2018 年,美国是中国第一大贸易伙伴国、第一大出口市场、第六大进口来源地。根据美国商务部统计,2018 年,中国是美国第一大贸易伙伴、第三大出口市场、第一大进口来源地。中国是美国飞机、大豆、汽车、集成电路、棉花的主要出口市场。2009—2018 年十年间,中国是美国货物出口增长最快的市场之一,年均增速为 6.3%,累计增长 73.2%,高于美国对世界其他地区 56.9% 的平均增幅②。

中美服务贸易连蓬勃发展、互补性强,两国在旅游、文化,知识产权等领域开展了广泛、深入、有益的合作。中国成为美国在亚太地区第一大旅游目的地,美国成为中国学生出境留学第一大目的国。根据中方统计,中美服务贸易额从统计开始的 2006 年 274 亿美元增至 2018 年的 1 253 亿美元,增长了 3.6 倍。2018 年,中国对美服务贸易逆差达 485 亿美元。

虽然中美建交以来,两国经贸关系取得了巨大的发展,但双方的矛盾也此起彼伏,主要表现在贸易失衡、贸易摩擦、人民币汇率、产品质量和食品安全等问题上。特朗普政府奉行"美国优先"政策,对外采取一系列单边主义和保护主义措施,动辄使用关税"大棒",将自身利益诉求强加于他国。美国启用尘封多年的"201 调查""232 调查"等手段,对各主要贸易伙伴频频出手,搅乱全球经贸格局。美国还将矛头对准中国,于 2017 年 8 月启动单边色彩浓厚的"301 调查",无视中国多年来在加

---

① 中华人民共和国国务院新闻办公室:《关于中美经贸磋商的中方立场》,专栏 2"中美经济相互融合,贸易投资惠泽双方",国务院新闻办公室网站,2019 年 6 月 2 日。

② 美中贸易全国委员会(USCBC)网站:2019 State Export Report, https://www.uschina.org/reports/2019-state-export-report, 2019 年 5 月 1 日。

强知识产权保护、改善外资营商环境等方面的不懈努力和取得的巨大成绩,对中国作出诸多不客观的负面评价,采取加征关税、限制投资等经贸限制措施,挑起中美经贸摩擦。自 2018 年 7 月初以来,美国分三次对 500 亿美元中国输美商品加征 25%的关税、对 2 000 亿美元中国输美商品加征 10%的关税,2019 年 5 月 9 日,美国宣布自 5 月 10 日起,对从中国进口的 2 000 亿美元清单商品加征的关税税率由 10%提高到 25%①。美国还威胁要对剩余所有中国输美商品加征关税,导致两国间的经贸摩擦快速升级。中国为捍卫国家尊严和人民利益,不得不作出必要反应,累计对 1 100 亿美元美国输华商品加征关税。

1. 贸易失衡问题

贸易失衡是中美经贸关系中最引人注目的问题。据中国海关统计,2000—2005 年中方顺差年增 31.1%,由 297.4 亿美元增加到 1 141.7 亿美元,占我国全部顺差的 152.5%。据美商务部统计,2000—2005 年,美对华贸易逆差年增 19.65%,由 838.8 亿美元(不包括服务贸易)增至 2 017.4 亿美元,占逆差总额比重由 2000 年的 18.5%增到 2005 年的 25.8%,我国是美国第一大贸易逆差国。美国是中国服务贸易最大逆差来源地,且逆差快速扩大。据美国方面统计,2007—2017 年,美国对华服务出口额由 131.4 亿美元扩大到 576.3 亿美元,增长了 3.4 倍,而同期美国对世界其他国家和地区的服务出口额增长 1.8 倍,美国对华服务贸易年度顺差扩大 30 倍达 402 亿美元。美国是中国服务贸易逆差最大来源国,占中国服务贸易逆差总额的 20%左右。中国对美服务贸易逆差主要集中在旅行、运输和知识产权使用费三个领域。据美国商务部统计,截至 2016 年,中国内地到访美国的游客数量已连续 13 年增长,其中 12 年的增速都达到两位数。中国商务部统计显示,2017 年,中国游客赴美旅游、留学、就医等旅行支出合计达 510 亿美元,其中赴美游客约 300 万人次,在美旅游支出高达 330 亿美元。在教育方面,美国是中国学生出境留学第一大目的地,2017 年,中国在美留学生约 42 万人,为美国贡献约 180 亿美元收入。根据美国方面统计,中国对美国旅行服务贸易逆差从 2006 年的 4.3 亿美元扩大至 2016 年的 262 亿美元,年均增长 50.8%②。

---

① 2019 年 6 月 1 日美国贸易代表办公室(USTR)发布通知,延长自中国出口的某些商品进入美国的时间至 6 月 15 日,随后,这些商品的关税才会从 10%提高到 25%。

② 数据来自中华人民共和国国务院新闻办公室:《关于中美经贸摩擦的事实与中方立场》(2018 年 9 月),国务院新闻办公室网站,2018 年 9 月 24 日。

2. 贸易摩擦问题

1979 年中美建交,双边贸易逐渐恢复正常,开始在平等互惠的基础上开展经贸往来,之后获得了快速发展。中美双边贸易从建交时的 25 亿美元,快速上升至 2017 年的 5 837 亿美元,增长了 230 多倍,尤其是在 1992 年中国进一步扩大开放和 2001 年中国加入世界贸易组织后,中美双边贸易增长陡然提速,为两国人民和企业带来了实实在在的利益。在发展的同时,贸易摩擦也随之而来。1980 年 7 月 2 日,美国对中国的薄荷醇实施反倾销调查,此举揭开了美国对华反倾销序幕。20 世纪 80 年代,美国对华反倾销调查达 17 次。这一时期,中国并非美国主要的反倾销目标国。但在 17 次反倾销调查中,美国对华平均征收的关税税率达 44.4%,可见,中国在遭受美国反倾销调查后承受的代价是相当大的。20 世纪 90 年代,中国对美贸易笼罩在美国"301 条款"的阴云之下。1991 年 4 月,美国依据"301 条款"对中国知识产权发起调查,"301 条款"第一次登上中美贸易角逐场。调查结果认为,中国的《专利法》未能对知识产权进行有效保护,从而导致美国企业的商业利益得不到保障。依据调查结果,美国拟对中国输美的 28 亿美元商品加征 100% 的报复性关税。1992 年,双方经协商后签署协议,中国承诺提高对知识产权的保护。1991 年 10 月,美国围绕市场准入问题又一次对中国发起"301 调查"。1992 年,美国拟对中国输美的 39 亿美元商品加征惩罚性关税。最终中国承诺以五年为期对进口的美国商品降低贸易壁垒,双方达成和解。此后的 1994 年 6 月和 1996 年 4 月,围绕中国执行知识产权保护措施不力问题,美国两次对华实施"301 调查"。与之前相同,中国承诺进一步加强国内立法。2003 年,美国对华反倾销力度因中美贸易不平衡问题再次加剧,先后裁决中国彩电、可锻铸铁管件等产品对美构成倾销,宣布针对中国的纺织品实施特别保障措施,同时裁定中国的家具企业对美构成倾销损害。2010 年 10 月,针对中国的新能源补贴问题,美国第五次对华实施"301 调查",这也是中国入世以来第一次受到"301 调查"的侵袭。此次"301 调查"表现出美国对中国新能源产业迅猛的发展势头的担忧。美国希望通过打压中国新能源产业,减轻本国相关产业的竞争压力。以前的历次"301 调查",都以中美通过协商得以解决:美国方面同意撤回报复性措施,中国则进行了相应的政策调整和改进,包括进一步完善《专利法》《版权法》及《商标法》等与知识产权保护相关的法律,加强相关法律的执行力度,同意对《风力发电设备产业化专项资金管理暂行办法》中涉嫌禁止性补贴的内容进行修正,进一步降低相关贸易壁垒等。数据显示,历次贸易摩擦和调查都未能阻挡中美两国贸易的发展,稍作调整后,两国经贸合作很快又步入了快车道[①]。2018 年以来中美爆发了贸易战,据海关统计,2019 年一季度,中国对美国进出口 8 158.6 亿元人民币,同比下降 11%,其中,出口 6 224.3 亿元,同比下降 3.7%,进口 1 934.3 亿元,同比下降 28.3%。3 月当月,中国对美国进出口 2 913.5 亿元人民币,同比增长 0.1%,其中,出口 2 149.9 亿元,同比增长 10.6%,进口 763.6 亿元,同比下降 21%。中美经贸摩擦给企业经营也带来了一定的影响,但总体可控。经贸合作仍然在中美关系中发挥"压舱石"重要作用,在两国的共同努力下,中美经贸关系一定会取得互利共赢的更好成果。

3. 人民币汇率问题

自 1990 年以来,美国政府长期以人民币"被低估"为由对中国横加指责。从行为上,美国对人民币汇率施压在历史上出现过三次重要高潮,施压主体包括官方和非官方主体[②]。第一次发生在 1990—1994 年,这一阶段的施压主要以人民币双重汇率制度导致中国在贸易中获得不平等优势为由展开,维持时间并不长,随着人民币汇率制度改革和亚洲金融危机的发生而弱化。

第二次发生在 2003—2007 年,这一阶段的参与主体包括国会、行政部门、利益集团等,施压方式也同时趋向多元化。人民币汇率低估被视为造成中美贸易失衡的"罪魁祸首"。为减小美国企业在国际市场竞争中的弱势地位,美国一直要求人民币升值,更有甚者,美国国会以征收特别关税相威胁,强烈要求人民币升值。国会议案和法案成为重要的施压方式,第一个针对人民币汇率的法案——《舒默-格雷厄姆法案》出现在这一阶段。2005 年 7 月,我国放弃人民币钉住美元并升值 2.1%,使美国内要求人民币升值的呼声暂缓。2006 年以来,美国内保护主义浪潮再起,不满人民币小幅升值情绪抬头。最近,美积极利用国际机构和多边合作机制,加大对人民币升值压力,促使 IMF 加强对新兴市场国家的汇率制度监督。但是中国方面明确表示,将按照自己的方式处理人民币汇率问题,这意味着中美人民币汇率之争将是长期的。

第三次发生在 2009 至今,在这一阶段,美国对人民币汇率的施压进一步升级。

---

① 上述历史资料转引自洪俊杰、杨志浩:"从历史看中美贸易摩擦",《财经智库》,2018 年第 4 期。
② 郭维、颜海明:"美国对人民币汇率施压的行为与动机分析",《求索》,2018 年第 3 期,第 83-89 页。

2011 年 10 月 11 日,美国会参议院不顾中方坚决反对,程序性通过了《2011 年货币汇率监督改革法案》立项预案。该案以所谓"货币失衡"为借口,将汇率问题进一步升级,严重干扰中美经贸关系。自 2014 年 2 月人民币汇率进入持续波动贬值的轨道以来,尽管施压事件数量减少,事件(包括国会事件和行政事件)的成功率却有所上升①。2017 年,美国新任总统唐纳德·特朗普在当选前后多次公开指责中国政府通过"操纵"人民币汇率获取中美贸易中的不平等优势。

4. 产品质量和食品安全问题

产品质量和食品安全是中美经贸关系中出现的新问题。2007 年 3 月以来,美国媒体对中国的产品质量和食品安全问题的大量报道,先后出现的"美国宠物食品三聚氰胺事件""二甘醇止咳糖浆事件"以及"美泰召回涂料含铅玩具事件"等事件引起了国际社会对"中国制造"的广泛关注。美国有些不实报道把矛头直指"中国制造",借机鼓吹对中国产品的不信任情绪。诋毁中国制造的实质是贸易保护主义。在贸易保护主义的潜背景下,中国产品的安全问题被片面地夸大了。2007 年 7 月 13 日晚,中国国家质检总局网站公布,因为食品安全问题,美国数家主要肉类加工商的产品即日起将无缘中国市场,包括全球最大肉类加工商泰臣食品公司速冻家禽以及肉类产品被发现受到沙门氏菌污染。而 7 月 12 日,美国商务部部长卡洛斯·古铁雷斯态度强硬,"中国对其出口产品的安全负有责任"。中国输往美国的食品和其他商品正在经受前所未遇的严格检查。对于中美双方之间的食品安全争端,中美双方都要采取适当的经贸政策措施,避免把产品质量和食品安全问题政治化。事实上,目前中国是美国猪肉的第三大市场。据统计,2017 年美国农产品出口总额为 1 405 亿美元,其中对中国出口总额为 220 亿美元,其中美国的生猪产业对华出口 11 亿美元。2017 年美国向中国出口了价值近 2 亿美元的葡萄酒,增长 10%。仅加州的葡萄酒在过去几年对华出口就增加了 450%②。

二、中美关系中的共同利益

中美关系除存在矛盾的一面,还有相互需求、相互合作的共同性一面。中国同

---

① 郭维:"美国政治施压事件对人民币汇率的影响研究(2005—2016 年)",《世界经济研究》,2017 年第 1 期,第 28-40 页。

② 数据引自"戳中美国命门:大豆、猪肉等农产品为何是特朗普的'七寸'?",《澎湃新闻》,2018 年 3 月 30 日。

美国在许多问题上,特别是在维护全球和地区安全问题上,在保护国际环境等全球性问题上,在经济贸易和科技文化交流等问题上,都存在着共同利益。如何尽最大可能消除矛盾,维护和发展共同利益,是中美关系走上健康发展道路的关键所在。随着中美战略经济对话的顺利举行,双边投资保护协定谈判的正式启动,中美双方理性协商和联手解决中美经济共同存在的深层次问题,这在一定程度上有助于缓解双边经贸关系中出现的矛盾,维护双边经贸关系的稳定。

1. 中美共同政治利益

政治利益是人们在政治过程中,借助公共权力来实现的具有社会内容和特性的需要。安全利益是决定中美关系正常发展的基础。中美两国作为具有世界影响的大国和联合国安理会常任理事国,在维护亚太地区和世界的和平与稳定以及打击国际犯罪等方面都具有广泛而重要的共同利益。冷战结束,但世界并不安宁,原有的一些问题还未消除,新的冲突热点又已出现,安全因素在中美关系中仍然占有重要成份。随着美国实力的相对下降,它需要中国的合作来处理一系列的国际及地区问题。在海湾危机问题上和政治解决柬埔寨问题上就是例证。在解决核扩散和全球环境污染问题上,美国也需要中国的适度合作。在军事安全领域,代表东盟反对美国在亚太地区谋求霸权。此外,东盟与代表发达国家的美国在很多问题上也存在着诸多的矛盾,例如,在经济合作领域,东盟不赞成由美国主导 APEC,反对 APEC 只搞贸易与投资自由化而忽视经济援助和技术合作,对发达国家企图利用人权、劳工条件等压制发展中国家经济发展强烈不满。最近,美国加强了对东盟地区论坛(ARF)主导权的争夺,要求东盟部分放弃对 ARF 的控制权,致使东盟与美国在 ARF 主导权问题上矛盾加剧。在人权问题上,东盟与美欧也存在着矛盾和分歧。这些均构成了美国在亚太利益的威胁。中国的发展也是同亚太地区的安全和稳定密不可分的,中国正致力于同亚太地区的所有国家友好相处。由于中国是东盟的邻国,政治与经济影响力已经超越亚太地区,并且在反对大国霸权主义和强权政治上有共同的立场,因此,东盟高度重视发展与中国的关系。东盟在地区问题上主张发挥中国的"建设性作用"。美国与中国的关系已经成为美国亚太政策的基石。美国要想长期保持与亚太地区的利益关系,不同中国进行合作是不可能的。可见,中美有着共同的政治利益。

2. 中美共同文化利益

文化利益是人类在物质和精神活动中对精神需求的满足。具体地说,文化利益既是主体为获得经济利益而追求的精神性需要,又是主体对自身精神文化领域(如思想观念、文学艺术、教育科学等领域)需求的直接满足。前者表明文化利益是主体追求经济利益的一种手段,后者表明文化利益是主体在精神文化领域所追求的目的。经济利益决定文化利益,文化利益反作用于经济利益。但是在一定时期内,文化利益可能会保持相对独立,不受经济利益关系变化的影响,具有稳定性。一般认为,文化利益的主体包括微观主体(个人与企业)和宏观主体(地区和国家)。

中美两国在科技、教育等文化领域进行广泛合作。双边科学技术议定书涉及30多个部门和机构。中国达10万多人的留学生和学者到美国接受高级培训和从事研究工作。美国是中国学生出境留学的第一大目的地,2017年中国在美留学生约42万人,为美国贡献收入约180亿美元。根据美国方面统计,中国对美国旅行服务贸易逆差从2006年的4.3亿美元扩大至2016年的262亿美元,年均增长50.8%。根据《2017年美国门户开放报告》的数据,2016—2017学年,就读于美国高等教育机构的中国学生人数增至350 755,较上一学年增长6.8%,也有众多的美国学生和学者也来中国学习和从事语言研究、参加科研合作项目或在高校任教。2017年共48.92万名外国留学生在我国高等院校学习,在前10位生源国中,美国来华留学生人数排名第4。中美之间的科技合作和文化教育交流,不仅促进了两国科技和经济的发展,增进了两国专家、学者之间的了解,而且也有力地推动了两国政治关系的发展。

3. 中美共同经济利益

中美两国,一个是世界上最大的发展中国家,一个是世界上最大的发达国家,两国都有广阔的市场。中美两国的产业结构、消费结构存在较大的差异,经济具有巨大的互补性。中国拥有丰富的劳动力资源,广阔的市场潜力,而美国拥有先进的技术设备和管理经验、雄厚的资金实力,这些要素的结合必将推动两国经济的迅速发展。贸易结构上,中美两国的经济互补性极强。中国劳动力资源丰富,工资水平低,发展劳动密集型产品生产有比较优势。美国在战后逐步把劳动密集型产业转移到海外,而中国的劳动密集型产品又补充美国的大众市场。中国对美国商品的需求则主要集中在技术性产品上。中国是美国小麦、磷肥、木材的主要销售市场,是美波音公司的第四大用户,也是美国计算机、工业机械等产品的大买主之一。中国从美国的进口额逐年递增。此外,两国服务贸易的重要性日益增加。投资领域上,近年来,由于双边贸易额的迅速增长,美国在华实际投资规模日益扩大,美国已成为中国最大的投资者之一。中美恢复邦交 40 年,中美双向投资由几乎为零到累计近 1 600 亿美元,合作卓有成效。根据中国商务部统计,截至 2018 年年底,中国企业在美国直接投资金额 731.7 亿美元。中国企业在美国的投资迅速增长,为促进当地经济发展,增加就业和税收做出了积极贡献。美对华投资方面根据中国商务部统计,截至 2018 年年底,美国对华实际投资 851.9 亿美元。2017 年,美资企业在华年销售收入 7 000 亿美元,利润超过 500 亿美元[①]。

中美战略经济对话是调整中美两国关系的一种新机制。中美两国高度重视对话机制,把它放在重大战略层面上。这一机制由两国领导人亲自建立。可以说,中美战略经济对话首先为两个大国,特别是一个崛起中的发展中大国与一个最大的发达国家创造了对话机制,在当今国际关系上有重要意义。这一创新使中美战略合作伙伴关系有了更实质性的内容。中美两国之间存在着的共同利益要求双方经济合作。美国的全球战略需要中国合作,维护中国的发展有利于美国。因此,共同利益是对话的基础。美国需要中国的合作,首先是在全球和地区安全问题上。事实上,在经济上美国也有不少处于被动地位的问题,如《京都议定书》的签署问题,美欧农产品谈判及世贸谈判问题等。中国需要美国。对中国来说,稳定与合作之所以作为共同利益在于中国需要一个持续经济发展的外部环境。中国要成为真正意义上的世界大国,就必须与美国打交道。几次对话的成果是共同利益的表现。几次对话有不少分歧,但我们首先看到的是成果。这些成果可以包括三个方面。一是对机制的确认,双方共同认为这是一个可以利用的机制,并给予了高度的重视。第二次对话以后更多注重了中美两国对全球性共同问题所承担的责任,这一定位是正确的,也正是战略性对话的应有定位。美国关注中国国内体制改革问题和发展模式问题,如养老金问题,这确实与两国深化合作密切相关。美国与中国可能在环境、能源等方面的合作完全符合中国的需要。二是对全球性重大领域合作原则的确立,体现了两个大国的国际作用。三是对双方市场相互进一步开放的安排,当然目前主要还是中国具体金融服务领域对美国的开放。通过几次对话,这种机制的战略性逐步成为双方的共识。客观地讲,对话正在走向更加机制化、战略

---

① 中华人民共和国国务院新闻办公室:《关于中美经贸磋商的中方立场》(2019 年 6 月),专栏 2"中美经济相互融合,贸易投资惠泽双方",国务院新闻办公室网站,2019 年 6 月 2 日。

化,这是中美双方逐步达成的共识,尤其是中国努力的结果。经过几次对话,机制已经形成并明确了定位功能。第二次对话的联合情况就反映了这一点。美国开始认识到中国的一些对外经济关系问题产生于国内体制改革未完成之时。这种关注中国体制原因的思路是正确的,也同样符合中国的利益和需要。只有随着改革的深入,一些部门的开放才是可能的,特别是金融部门的开放。美国也注意到中国内需不足的重要原因是社会保障体制的不成熟,从而把推动中国社会保障体制的建设作为获得更大中国市场的途径,这同样也符合中国利益。美国政府现在更多关注长期机制性问题了。世界银行中国局局长杜大伟认为,尽管保尔森仍然与中国高层讨论人民币汇率灵活性等问题,但他更重要的是为了保持美中高层就经济关系沟通的良好势头,是深化两国经贸关系的一步。第二次对话后发表的《联合说明》体现了双方作为大国的国际义务。《联合说明》指出,在首次对话取得共识的基础上,中美两国又达成了以下新的原则共识:(1)促进经济平衡增长以实现可持续发展是双方共同的责任。(2)承认创新在实现经济繁荣方面的重要作用,鼓励以市场为导向的公平竞争,有效的产权保护,特别要促进中小企业创新的发展、管理与应用。(3)加强合作,以实现各自在能源安全、节能和能源效率方面的目标;加强在清洁能源开发、环境保护、清洁发展和应对气候变化方面的合作。(4)就透明度开展合作与交流,为市场参与者提高可预见性,增强对两个经济体的信心,同时加强透明度方面的国际义务。

第五章

——国际资本流动的共同利益分析——

第一节　国际资本流动理论的利益分析

随着经济、金融全球化的不断推进,国际资本流动对世界各国经济发展的作用日益增强,发达国家与发展中国家的共同利益及利益分配发生了变化。

一、第二次世界大战前关于国际资本流动利益的观点

早期的国际资本理论不论是重商主义的货币中心论还是古典政治经济学的货币数量论,在讨论是把贵金属货币作为一种国际间流通手段还是作为国际贸易的目的这一问题时,曾表述了资本跨国流动对本国有益或有害的观点。如早期重商主义者以货币积累作为国家富裕的途径,认为货币输出会带来本国财富减少的后果。而晚期的重商主义者则认为,货币输出会推动贸易发展,从而在贸易扩大中达到货币增多的目的;如果向国外提供贷款,则可以获得大量的利息收入,从而增加国内货币的存量。英国古典政治经济学主要代表休谟(1752)认为,单就一国考察,货币量的多寡无关紧要,货币作为交换工具,可以"使贸易的齿轮转动更加平滑自如"。李嘉图(1820)则明确提出,如果允许资本像商品一样自由流动,将不仅有利于资本所有者,而且也有利于世界消费者,人类社会将因此而获得最大的福利。

19 世纪后半期到 20 世纪 30 年代,国外对国际资本流动效应的研究有了进一步的发展。列宁(1916)鲜明地表达了对国际资本流动的经济后果的观点。他认为,资本输出会在某种程度上引起输出国发展上的一些停滞。垄断国家为获取高额垄断利润而将大量资本输出国外,造成国内投资减少,必然引起本国经济发展的

某种停滞。而"资本输出总要影响到输入资本的国家的资本主义发展,大大加速那里的资本主义的发展"。俄林(1929)根据对国际资本流动所引起的购买力转移及贸易条件的变化的考察,认为国际资本流动的结果是使借款国的购买力增加,收入水平上升;贷款国的购买力下降,收入水平下降。金德尔伯格(1937)在对第一次世界大战结束后短期资本流动全面研究的基础上提出,短期资本的流入国通过增加它在国外的短期净资产或减少它在国外的短期净负债,经济将膨胀;而流出国通过增加它在国外的短期净负债或减少它在国外的短期净资产,经济将收缩。

二、第二次世界大战后到20世纪70年代末关于国际资本流动利益的研究

1. 发展中国家利用外资的理论

第二次世界大战之后,大批发展中国家兴起,这些国家都将发展民族工业和推动工业化作为首要任务,但这些国家的工业面临基础薄弱、资金严重短缺以及经济结构畸形等问题。在这一背景下,美国经济学家讷克斯(1953)提出了关于不发达国家资本形成理论。讷克斯指出,资本形成问题是不发达国家发展问题的核心。为了打破由于贫穷造成的资本供给和需求的恶性循环,解决不发达国家储蓄能力低的问题,应借助于外国资本的引入,特别是企业的直接投资,对国内资本形成起直接的作用。罗斯托(1958)提出了"起飞理论"。他认为,国家要起飞,就需要"社会先行资本"的保障。对于不发达国家,利用外资积累社会先行资本是必须要走的一条路。钱纳里和斯特劳特(1966)提出的著名的"双缺口理论"认为,由于发展中国家储蓄能力不足,经济计划投资规模所需要的资本存在缺口,而储蓄缺口源于外汇缺口,发展中国家内部经济不平衡源于外部经济不平衡。储蓄缺口约束经济增长是因为出口创汇能力低及外汇收入过低,为此,应该引进外资和外援以填补外汇缺口。

还有一些西方经济学家从其他角度来研究发展中国家利用外资的理论。如费舍尔和福兰克尔(1972)提出的"债务周期理论"认为,一国的国际收支状况与其经济发展水平有关。随着经济的发展,其借贷地位会发生动态变化。该理论主要研究一国通过举借外债来提高国内生产力、增加出口和促成对外贸易顺差。刘易斯在20世纪70年代提出的"城市化速率论"从城市化过程不断加速的角度来论述引进外资的重要性。他认为,随着工业化的进展,城市数量及城市人口不断增加,大

量农村劳动力向城市转移,必然引起劳动力价格(工资)的下降和资本价格(利率)的上涨,从而引起资本的输入。

上述理论研究的重点在于发展中国家是否有必要引进、利用外资及外资的作用。虽然研究的角度不同,而且是比较宏观的,但得出的结论却有共同之处,即以直接投资和借贷资金形式跨国流动的资本对于主要作为东道国的发展中国家是有利的,发展中国家可以获得增加投资和促进经济发展等利益。

2. 国际直接投资理论

如果说发展中国家利用外资理论所体现的是国际资本流动对东道国带来的利益,那么资本流动对投资国是否有利,则可以从国际直接投资理论中略窥一斑。海默(1960)的"垄断优势论"提出,在不完全竞争市场条件下,厂商凭借资本、技术、管理水平及销售系统等垄断优势,在东道国投资时能克服各种不利因素限制,生产出高品质、高技术产品,控制东道国市场,谋取高额垄断利润。他认为,外国直接投资过程即是跨国公司使用和发挥其垄断优势的过程。巴克莱和卡森(1976)的"市场内部化理论"认为,通过国际直接投资,企业将外部市场进行的交易转化为在公司内部企业进行的交易,从而可以降低由于市场缺陷等原因产生的时滞和交易成本(如讨价还价、购买者不确定性及政府干预等),同时保障公司的专用技术不泄露,使企业以较低成本在国外发挥技术优势。弗农(1966)将产品生命周期划分为创新、成熟和标准化3个阶段,认为企业应根据产品所处的阶段、对技术的垄断程度及影响利润的主要因素,确定在国内生产还是对外直接投资生产。小岛清(1973)从国际分工的角度提出,应将要素价格上升、处于比较劣势的产业转移到要素价格较低的国家,利用东道国的资源优势进行生产,这样对双方国家都有利。邓宁(1976)的"国际生产折中理论"认为,只有跨国公司同时具备所有权特定优势、内部化特定优势和区位特定优势时,才会对外直接投资;否则就会因无法将优势内部利用或者没有合适的投资地点以及不能利用东道国的要素禀赋优势而只能采取出口或技术转让方式。

上述理论着重研究了国际直接投资产生的原因和机制,而没有直接论述国际直接投资对投资国和东道国所产生的效应。其研究对象是发达国家跨国公司的对外直接投资活动,即研究跨国公司如何利用所拥有的各种特定的优势、在特定的阶段、选择特定的区域,通过在东道国的直接投资活动来获得高额利润。因此,从另一个角度来讲,也可以认为,国际直接投资理论是从微观层面上研究了国际资本流动中的对外直接投资的效应。由此可以间接地得出结论:在有效利用各种优势的条件下,对外直接投资可以给跨国公司带来高额利润,并因此对跨国公司所在的母国(即投资国)有利。

3. 国际资本流动全球效应理论

20世纪60年代初,麦克杜格尔(1960)建立了国际资本流动的一般模型。以后肯普(1966)和琼斯(1967)又对麦克杜格尔的分析做了进一步的完善。该模型认为,各国的利率和预期利润之间存在的差异引起国际资本流动。在完全竞争的条件下,资本自由地从资本充裕国家流向资本短缺国家,并使资本边际生产率趋于一致,从而提高世界总产量和各国福利。麦克杜格尔的模型是一种静态分析,对货币化的资本国际运动做了高度简化,而没有区分差异较大的直接投资和间接投资。作为一种高度抽象的理论分析,该模型首次从全球角度来论述资本跨国流动的整体效应,得出明确结论:资本的跨国流动可使资本更有效地配置,资本收益更均等化,从而可以提高世界资源的利用效率。投资国把一部分资本投资到资本边际生产力较高的东道国可以得到更高的报酬;而东道国由于利用了外资,使国内其他资源得到更有效的利用,也使本国的净收益增加。因此,国际资本流动给资本流出国和资本流入国同时带来收益的增长,对双方都有利。

三、20世纪80年代以来对国际资本流动利益及其分配

20世纪80年代以来,经济、金融全球化迅速发展,其显著特点之一是国际资本流动空前繁荣、国际资本流动在世界经济体系中的作用越来越明显。经济学家们大量研究国际资本流动所产生的效应,焦点集中在直接投资对经济增长的作用以及短期资本的危害等问题上。也有的在经济、金融全球化的框架中研究发达国家与发展中国家的地位和收入上的差异及利益分配不均等问题,并探讨了造成这种情况的原因。经济、金融全球化是当今世界经济发展的主要特征,国际资本流动则是全球化的核心内容。经济学家们在研究全球化问题特别是全球化的利益分配问题时,都将国际资本流动作为主要的因素进行分析。因此,在全球化框架中研究得出的结论,在一定程度上能够解释国际资本流动利益的分配这一问题。

1. 关于外国直接投资对经济增长作用的研究

由于外国直接投资增长迅速,逐渐成为发展中国家引进外资的主要方式,很多

学者大量研究外国直接投资对东道国经济增长的促进作用,并且取得丰硕成果。如 V. N. Balasubamanyam、M. Salisu 和 David Sapsford(1996)在新增长理论的框架内检验了外国直接投资在采用不同贸易政策体制的发展中国家经济增长过程中的作用。研究证明,对外直接投资在一定程度上促进了东道国的经济增长,而且其作用在采取外向型贸易政策的国家要比那些采取内向型政策的国家更强一些。M. Obstfeld(1994)认为,资本流动可以使投资风险分散化,增进生产的专业化程度,促进资本的合理配置,从而有利于经济增长。Borensztein、DeGregorio 和 Lee(1998)通过对 1970—1989 年工业国家流向 69 个发展中国家的资本进行研究,发现外国直接投资与经济增长之间的联系非常明显。M. Klein 和 G. Olivei(2000)提出,资本的自由流动使资本能够流入缺乏资本的国家,对这些国家产生了正的产量效应。我国也有部分学者结合中国利用外国直接投资的实践进行了这方面的研究,并得出国外直接投资对发展中国家(包括对中国)的经济增长有促进作用的结论。罗云毅(1999)根据中国当前宏观经济政策和宏观经济运行的特点,对投资作为需求要素与经济增长中投资贡献率做了研究。研究表明,外商投资对中国经济发展具有一定的促进作用。李静萍(2001)利用协整与误差修正模型对经济全球化与中国经济增长的关系进行了分析,认为全球化(包括外商投资)对中国经济增长具有积极的促进作用,但国内投资仍然是我国经济增长的主要推动力。窦祥胜(2002)通过具体分析国际资本流动对东道国资本积累、技术进步、人力资本提升及制度变迁等经济增长因素的影响得出结论:在开放经济条件下,国际资本流动对资本、技术、人力资本和制度等经济增长因素的结构变迁有重要的影响,进而对经济增长有重要作用。当然,也有国外学者(Steven J. Most 和 Hendrik Van Den Berg,1996;Hai J. Edison、Ross Levine 和 LucaRicci,2002)通过不同的方法研究外资对东道国经济发展的促进作用,得出与上述相反的结论,即认为外国直接投资对东道国的经济增长没有明显的作用,而国内储蓄在促进经济增长方面似乎比外国直接投资或外国援助的作用更为重要。

2. **国际资本流动利益分配不均衡的观点**

经济、金融全球化迅速发展以来,国际资本流动不合理的格局、数次爆发的金融危机、发达国家和发展中国家获得利益与承担风险的巨大反差等问题。引起了各国学术界的关注。部分国内外学者开始将研究的视角转向当前国际金融体制下国际资本在金融霸权控制下的影响以及国际资本利益与风险不均衡问题。沙奈（1994）通过对跨国公司资本增值的经济循环全面而深入的剖析，揭示了当代资本主义的运行机制，指出当今不完善的金融全球化为资本跨国流动提供了良好的投机环境，食利资本投资吸食被投资者的生产部门创造的财富，成为独立的积累金融利润的中心和力量。Stiglitz（2003）指出，当前美国主导的全球金融体制没有有效地配置国际资金，不利于世界经济的稳定。他认为，全球金融体制应将全球储蓄分配给最贫穷的国家，使后者能够利用它来投资，并获得增长。相反，现有的体制却将全球储备分配给了最富裕的国家，这些国家的生活水平已经远远超出了发展中国家公民想像的程度。以沃勒斯坦为代表的"世界体系论"将现代世界体系分为核心地区、边缘地区和半边缘地区，即分别为最富裕的国家、最贫困的国家和介于二者之间的国家与地区。该理论认为，核心国家主要从事高垄断、高利润的生产；边缘国家生产活动的特点则是低垄断、低利润。现代世界体系的这个等级结构保证了世界财富在损害边缘国家利益的基础上进行有利于核心国家的再分配。汉斯—彼得·马丁和哈拉尔特·舒曼（1998）在对全球化的各种现象进行深入剖析的基础上指出，全球化发展的结果是"20∶80"的分配格局，即占世界人口 1/5 的最富有的国家决定着全世界社会总产值的 84.7％、贸易额的 84.2％、各国国内储蓄额的 85.5％。国内许多学者也就发达国家与发展中国家利益分配问题进行了研究。李翀（2001）在对国际资本净流量、国际金融市场上各种票据和证券的发行以及国际储备的简要分析中提出，在金融全球化的过程中，发达国家得到了大部分的利益，而发展中国家则承担了大部分的风险，发达国家和发展中国家的利益与风险是不均等的。何帆和张明（2005）认为，当前美元霸权的行使体现为牙买加体系下的"中心—外围"构架。位于中心的美国获得了铸币税以及通货稳定的收益；而外围国家则更多地承担了通货膨胀和金融危机的成本。陈志昂（2005）认为，金融全球化导致全球财富的重新分配和发展中国家的福利损失，使美国的财产性收入提高，刺激了消费和投资，扩大了美国的国际收支逆差。王传荣（2005）认为，在当今的国际分工格局中，分工收益是严重不对称的。分工收益多半被处于上游的发达国家获得，发展中国家付出的是血汗，收获的却是连生存都难以维持的低收益。此外，还有一些学者虽然没有直接研究国际资本流动在收入分配中的作用，但在经济全球化框架下研究了世界收入分配的差异，认为随着经济全球化的发展，世界各国收入分配愈加不平等。Margaret E. Grosh 和 E. Wayne Nafziger（1986）根据 117 个国家数据计算出世界收入分配的基尼系数为 0.67,表明世界收入分配的差异较大。Branko Milanovic(1999)调查了 1988—1993 年世界收入分配的情况,通过对基尼系数变化的分析得出结论:世界收入不平等的程度很高,而且这种不平等在 1988—1993 年有了很大的增长,其中主要是各国平均收入的差异。这种不平等的增长既包括国家间的,也包括国内的,但国家间的不平等更大。Branko Milanovic 和 Shlomo Yitzhaki(2001)将世界划分为三部分(即第一阶层,中间阶层,第三阶层)来解释全球收入的不平等分配。根据这一划分,76%的世界人口生活在贫穷国家,8%生活在中等收入国家(界定为人均收入在巴西和意大利水平之间),16%生活在富裕国家。Francois Bourguignon 和 Christian Morrisson(2002)调查研究了从 1820—1992 年世界各国收入的变化,指出过去的两个世纪里世界收入的不平等急剧恶化。

3. 在经济全球化框架中对利益分配不均的解释

(1) 市场作用。Samir Amin(1996)认为,新自由主义经济理论过分热衷于私有化,鼓吹"市场万能",反对国家干预,结果却迷失了方向,造成世界范围内的贫富分化以及绝大多数居民人口的贫困化,带来了世界性金融危机和政治动乱。卢新德(2003)认为,造成经济全球化利益分配不均的主要原因是全球化根植于市场化。由于世界资源的配置和收益分配主要靠市场机制,而市场机制追求的不是"社会公平",是"利润最大化",这必然会造成两极分化。发达国家掌握庞大的资本并垄断着高新技术,必然获得巨大收益。钟超(2005)提出,市场化过程中存在两个传导机制,一是价格机制,二是竞争机制。在经济全球化过程中,处于不同水平工业化的国家参与竞争时所必须遵守的国际经济规则是由发达国家主导制定的,与发达国家经济水平相适应。

(2) 要素收入分配论。张幼文(2002)运用要素禀赋论,从企业经营、全球经济运行的角度出发,在将生产要素重新定义为除劳动力和资本外更重要的有国际销售渠道、国际经营管理和全球企业网络等的基础上,分析了要素收入分配。他提出,在全球化经济与知识经济背景下,要素国际流动增强,而要素收益服从稀缺度的规律,决定了经济全球化的利益分配机制。他认为,要素禀赋结构不同导致了发展中国家的不利地位,而要素禀赋的差异决定了各国参与全球化体系利益的大小。从要素禀赋决定的国际分工中可以看到,国际投资越是发展,收益分配差距越大。

在全球化经济中,要素收入的分配转变为国家之间的分配。由于全球化经济遵循按要素稀缺性分配利益的原则,而发达国家拥有主要稀缺要素,因而获得更高的收益,发展中国家处于不利的地位。于世良、秦凤鸣(2002)也提出,发达国家是资本和先进技术的主要拥有者,这种相对优势使它们在价格制定方面具有主导权,从而使其在与发展中国家进行交换时获得更多的利益,这是导致各国间收入分配不均衡的主要因素。

(3)制度经济学研究。谢皓(2004)认为,经济全球化主要表现为全球经济的市场化,但市场也存在失灵和缺陷,为此,应建立全球性的规则和制度,但制度和规则通过规范经济主体的经济活动,从根本上决定了经济利益的分配。经济全球化利益分配不均的根源首先在于发达国家控制了制度安排下的经济贸易规则,从而可以在国际资本、技术、劳动等市场上获得收益最大化。赵学清、高玉林(2000)在分析经济全球化的实质时提出,国际经济组织的成立、国际经济协定的签订以及国际经济法规和规则的制定,几乎都是在发达国家的操纵下进行的,使发展中国家在分享经济全球化的利益时往往受到不公正的待遇。Jay Mazur(2000)认为,全球贸易和投资规则的制定权控制在发达国家手中,且又完全是为掌握资本要素的跨国公司服务。姜丹(2003)对全球化中的利益分配的研究得出结论:全球化进程中利益不平等的原因之一是缺乏以民主为基础的规则制定权。由于发展中国家无能力参与规则制定,IMF、世界银行以及WTO是全球化规则制定者,在制定规则时以发达国家为模型,将其已实行的国内规则修补后推广到全球。卢根鑫(2000)通过对制度因素介入的分析,认为虽然利用比较成本优势参与经济全球化过程是可以获益的,但获益的大小与制度因素有关,即只要某个国家影响甚至支配和控制了国际经济政治制度,其制度收益就可以内部化,而制度成本却可以外部化。

四、相关理论的评述

回顾国际资本流动相关理论的发展,比较而言,对国际资本流动利益的研究进展很大,而对利益分配的研究则明显不足。早期关于国际资本流动有益或有害的观点局限于是否有利于一国对外贸易的增加和财富的增长。俄林、金德尔伯格等人在严格的假设条件下,抽象地用两国模型来分析,忽略了导致输出国与输入国在经济结构和发展水平等方面实际差异的因素。发展中国家都未利用外资理论和国际直接投资理论进一步研究利益的分配问题。麦克杜格尔高度抽象的模型描述了国际资本流动收益的均等化过程,显然与现实情况有很大距离。20世纪80年代以来关于外国直接投资促进经济增长的研究只是单从发展中国家的角度提出,而没有将发展中国家与发达国家放在同一平台上研究利益分配的问题。关于发达国家与发展中国家利益分配不公平的观点多数是在经济、金融全球化的研究中提出来的,并在全球化的框架下分析其原因。这些结论在一定程度上说明了国际资本流动利益的分配,但这是在一个更宽的范畴内所进行的研究,而不是基于对国际资本流动实践的考证作出的专门分析。

第二节　对外直接投资的共同利益分析

在当今经济全球化趋势日益加剧的新形势下,对外直接投资作为世界经济发展中最具活力的因素,其对投资国和东道国乃至整个世界都会产生全面、深刻、复杂的影响。列宁曾经指出:"输出资本的国家,几乎总可能获得相当的利益,这种利益的性质也说明了金融资本和垄断组织的时代特性。"[①]作为发展中国家,在今后相当长的一段时间内,引进外国直接投资仍是中国参与国际直接投资的主要方式。但同时也应当看到,在中国经济开放程度不断提高、国际经济联系日益增强的大背景下,积极扩大对外直接投资规模,将对中国国民经济的持续健康发展起到更为深远的促进作用。

一、国际直接投资与利益分享

1960年,美国经济学家麦克道格尔发表了一篇题为《外国私人投资的收益和成本:理论探讨》的论文,建立了"国际投资利益分配模型"。此后,肯普等人将该模型发展成为分析资本国际流动中国家利益分配的一般理论工具。该模型认为,资本在国际间自由流动之后,将使资本的边际生产力在国际上平均化,从而可以提高世界资源的利用率,增进全世界的生产和各国的福利。

国际投资利益分配模型的假设是:(1)世界由投资国和受资国组成,资本只从

---

① G. D. A. Macdougall. The Benefits and Costs of Privte Investment from abroad:a Theoretical Approach, *Economic Record*, 1960:36.

绝对富裕的国家流入绝对短缺的国家;(2)资本收益递减;(3)资本可以在国际间自由流动。该模型如图所示。假如甲、乙两国,甲为资本短缺国,乙为资本富裕国。甲国拥有资本量 MA,乙国拥有资本量 NA。假定:(1)资本受边际产出递减规律的支配,即在其他要素不变的情况下追加资本,则每一追加资本单位产出率递减;(2)两国内均存在完全竞争,资本的收益率等于资本的边际产出率。在图 5-1 中,EO 是甲的边际产出曲线,FO 是乙国的边际产出曲线。

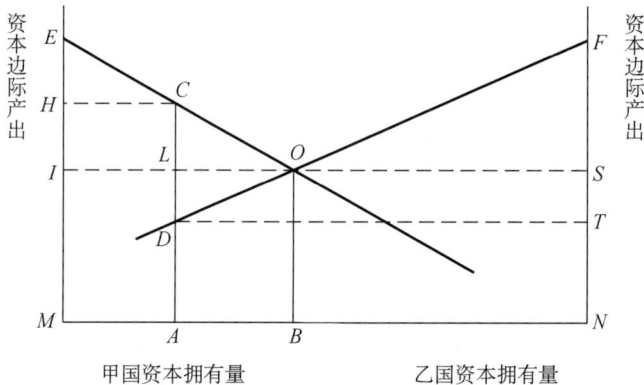

图 5-1　国际提资利益分配模型

在封闭经济条件下,甲国在国内投入其全部资本 MA,资本的边际产出率为 MH,这使国内总产出为 $MECA$,其中 $MHCA$ 为资本收入,HEC 为其他要素收入。同样,乙国在国内投入全部资本 NA,获得总产出 $NFDA$,其中 $NTDA$ 部分为资本收入,TFD 为其他要素收入。由于乙国的资本产出率 NT 小于甲国的资本产出率 MH,说明乙国是资本富裕的国家,甲国是资本短缺的国家。

在开放经济条件下,由于甲国的资本收益率高于乙国,乙国的部分资本向甲国流动。假定有 AB 量的资本从乙国流向甲国,从而两国的资本收益水平在 O 点达到均衡($MI = NS$)。这时,甲国由于外国资本的进入,使其他生产要素得到充分利用,总产出由 $MECA$ 增加为 $MEOB$,其中 $MIOB$ 为资本收入,IEO 为其他要素收入;在资本收入 $MIOB$ 中,$ALOB$ 部分为外国资本 AB 的收入,甲国在新增的产出中实际获得新增的其他要素收入 LCO。乙国由于资本输出,国内总产出由 $NFDA$ 减为 $NFOB$,但它从对甲国的投资中获得了资本收入 $ABOL$,结果,乙国的总收入反而增加了 LDO。可见,由于资本的国际转移,两国都各获得了新增的收益。而世界总的产出也因为资本的合理配置而增加,增加量为两国新增收益的总和 CDO。

资本的这种跨国移动对两国国内生产总值、国际收支和国民收入分配都会产生直接影响。甲国由于外资的引进，国内劳动力、土地等生产要素得到充分利用，资源有效配置将增加国内生产总值；但甲国在新的国内生产总值中实际获得的收入低于外国资本的收入，从长期看，将影响甲国的国际收支平衡。乙国由于资本输出，在国外投资获得了增大的资本收入，使乙国的国际收支处于有利的地位。

从国内收入分配看，资本的输入降低了甲国国内资本收益率，国内原有资本的实际收入也相应降低；而甲国劳动力、土地等其他生产要素收入却相应增加，其中既包括了因资本收益率降低而从原资本收入中转移过来的国民收入，又包括了由于外国资本投入使过去闲置的其他生产要素得以充分利用的新增收入。乙国由于输出了剩余资本，使国内资本收益率提高，国内资本的实际收入增加，加上国外投资的巨额收入，乙国资本总收入显著增加；而国内其他生产要素则由于资本投入相对减少，导致利用不足，价格相对下降，从而使其他生产要素在国民总收入分配中所占份额下降。

国际资本利益分配模型的贡献在于，它阐明了资本移动给双方当事国带来的经济利益，从而论证了以跨国公司为媒介的国际投资对世界经济发展的促进作用。尽管该模型存在着明显的理论缺陷，但仍可作为国际投资普遍发生的一般解释。借鉴国际投资利益分配模型的分析，我国在国际资本运动中，既应该积极吸收外资，也应该积极向外投资，使自己处于资本双向运动的地位。通过对外直接投资，可将国内资本、技术向收益更好的国家和地区转移，获得净增收益。这样，就可以从资本的流出与流入中获得双重利益。

二、中国对外直接投资的利益分析

1. 有利于资源的更合理配置

开放型经济要求立足全球，把国内外的各种资源（包括资金、技术、管理、人才以及自然资源等）有机结合起来，加以合理利用，以实现资源的最佳配置。只引进外国直接投资，不输出国内资金和技术进行对外直接投资，很容易对国外资金和技术产生过分依赖性，从而制约国内资金运用能力和技术创新能力，也不利于获得在全球范围内资源配置的经济性，经济效益难以提高。如果把外国的优惠政策也看作是一种资源，那么对外直接投资几乎是可以最大限度地对其加以直接利用的唯一途径。

2. 有利于扩大利用外资

通过对外直接投资,特别是在国际金融业发达的国家和地区投资,将可获得融资便利。由于国际游资数额巨大,金融业竞争激烈,加之在境外从事直接投资的中国企业与国际金融界的联系较多,融资渠道畅通,因而便于筹措资金用于国内建设。我国企业在对外直接投资中,除少量投资额是以现汇形式支付外,大部分资金是在当地或通过国际市场筹集的。通过对机器、设备、原材料等有形资产和技术诀窍等无形资产作价进行对外直接投资的情况也占有一定比重。应该看到,对外直接投资也是一种利用外资的形式,所不同的是利用外资的场所在国外而不是在国内。

对外直接投资从短期看可能是资本流出,但从长期利益考察,在投资资本的收回、返回国内的投资和汇回国内的利润的共同作用下,对外直接投资有利于促进资金流入。对外直接投资不仅不会挤占国内资金,而且在一定程度上还能够增加我国的资金,因此,对外直接投资是利用外资的有效手段,有利于带动我国产业结构调整和升级,促进出口。近年来,随着经济的发展,国内很多传统加工业的市场趋于饱和,生产能力过剩,这迫切需要进行产业结构调整和产品调整。通过对外直接投资,一方面可以消化传统技术和转移过剩的生产能力,促进产业结构和产品结构的调整;另一方面,将具有比较优势的传统工业和劳动密集型技术扩散到发展中国家去,可以带动我国的技术、设备、劳务和商品的出口,推进传统工业向更高层次发展,促进经济的良性循环。特别值得一提的是,对外直接投资有利于提高我国制成品、特别是机电产品的出口比重,从而改善我国出口商品结构。实践证明,对外直接投资能够有力地推动我国机器设备和中间产品的出口。一般来说,对外直接投资可通过三种途径带动设备和中间产品的出口。一是以我方设备作价入股进行投资。我国海外投资中以设备进行投资的比重平均达到50%左右,从而有力地带动了我国设备的出口;二是通过设备更新和配套要求带动出口,特别是经营期限长的海外企业,其在设备维护和更新过程中往往有相当部分要从国内采购;三是通过向海外企业供应原材料和中间产品等也可以增加出口。

3. 有利于国际经营人才的培养

进行对外直接投资,到境外开办企业,派驻海外企业的经营管理和技术人员可以直接在复杂的国际市场上得到锻炼,有利于在激烈竞争中培养熟悉国际业务、并能按国际惯例办事的各类人才。

4. 对外直接投资还有利于引进国外先进的技术

通过直接投资方式在发达国家购并高新技术企业,或者与当地拥有先进技术的高新技术企业合资设立新技术开发公司,雇佣当地工程师、科研人员、管理人员和熟练工人,利用当地的先进设备,可以直接吸引许多在国内难以获得的先进技术和管理经验。这些建立在信息资源集中地的国外分支机构,还可以将从当地获得的大量技术市场信息及时、准确、直接地传递到国内公司总部,有助于国内企业及时了解世界前沿技术动态和国际市场行情,从而优化国内企业的各种经营活动。我国是一个发展中国家,经济正处于起飞阶段,有必要根据自身的比较优势,在世界技术一体化的格局中寻找技术创新的源头,并通过相应的转移机制,向国内转移国外的先进技术,提高技术进步对经济发展的贡献度。在这方面,一些沿海发达地区的大型企业已经率先行动起来了。20 世纪 90 年代末以来,上海市的一些企业到西方发达国家设立研究与开发型企业,以获得国外先进技术为主要目标。上海复华实业股份有限公司在美国、日本等国设立高技术合资企业,开发与生产 UPS 产品和计算机软件,并将先进技术转移到国内,加速国内产品的更新换代。中国最大的集成电路生产企业——上海华虹微电子公司在西方发达国家设立研究与开发型企业,以提高整个公司的新产品开发能力。再如著名的民营企业——万向集团收购了美国纳斯达克上市公司——UAI,其主要目标是获得和跟踪 UAI 在制动器方面的先进技术。

当然,如果一国境外直接投资的规模、结构、方式等与本国经济发展不相适应,则会对一国宏观经济运行产生负面影响,这主要表现在:第一,如果一国将过量资本输往国外,会引起国内投资急剧减少,甚至会导致国内产业的"空心化",尤其是发展中国家的资金实力有限,如果过多抽调国内资金用于境外投资,势必会妨碍国内经济的正常发展。第二,由于国际投资环境复杂多变,许多因素难以预测,因而境外投资的风险比国内投资大,既有政治风险,又有商业风险,还有汇率和利率风险等。如果投资者对这些风险的性质和程度判断不准或防范不力,就会造成重大损失。第三,由于国内投资和生产要素的外移,可能会相应减少国内的就业机会。

但是,总的来说,大力发展对外直接投资,能使中国分享更多的国际经济利益。

中国对外直接投资与吸收外资相比明显滞后,这与中国经济的发展速度及中国在世界经济格局中的地位是不相称的。要改变这种状况,从主观上要提高对跨国投资重要意义的认识,要看到经济全球化的大环境下,在国内吸引外资与对外直接投资同样都是利用国际资本的手段。"引进来"和"走出去"应该并重,"走出去"实质上是国内吸引外资向国外的延伸。在目前对外直接投资大大滞后于吸收外资的状况下,我们更应该大力发展对外直接投资。那种认为中国尚不具备扩大对外直接投资的条件和优势的悲观观点是不足取的,另一种认为中国应该按吸收外资的规模立即发展对外直接投资的盲目乐观的观点也是有害的。我国对外直接投资尚处于起步阶段,实现吸引外资与对外直接投资并重的战略转换需要一个过程,一步到位的转变是不现实的。我们应该积极稳妥地实施对外直接投资的发展战略,增强海外企业的优势,调动国内企业的积极性,增强其发展对外直接投资的实力。国家应该建立相应的部门协调、引导对外直接投资活动,并制定相应政策,扶持跨国企业,创造对外直接投资的国内环境和客观条件。这样,中国才能抓住机遇,迎接经济全球化的挑战,参与国际分工,分享更多的国际资本运动带来的利益。

第三节　金融危机下的国家利益与各国共同利益

全球金融危机使世界各国清醒地认识到,只有立足于全球经济发展和金融稳定的大局、切实加强货币政策的国际协调、共同承担风险,才有可能渡过难关,实现全球经济的复苏和恢复国际金融秩序的稳定,是世界各国共同利益的根本所在。但全球金融危机爆发以来,世界各国在货币政策协调上存在着巨大的分歧,应对金融危机的协调与人们的期望值相差甚远,国际协调与国家利益独立的矛盾也进一步显现出来。在当前国际金融危机仍未缓解和全球经济形势变数增多的情况下,如何处理好国际协调与国家利益的关系、把握货币政策的导向和推动国际金融体系改革依然是世界各国面临的问题。

一、国际协调与国家利益的博弈

全球金融危机爆发以来,世界各国为应对金融危机的持续蔓延和深化,加大了经济、金融领域国际协调的力度,拓宽了协调与合作的范围。然而,在经济衰退和金融危机面前,国际协调与国家利益博弈相碰撞现象的存在,是客观现实的反映。2008 年 11 月和 2009 年 4 月的 G20 伦敦峰会上,国际社会就加强国际协调共同应对金融危机、反对贸易保护主义、进一步提高中国等发展中国家在国际货币基金组织的投票权和发言权达成共识①。同时,中国提出的各国共同承担责任应对金融危机,以及解决全球经济发展的失衡问题,保证发展中国家充分享受全球化带来的机遇得到普遍认同。因此,从世界各国共同利益层面看,在应对国际金融危机和推动国际金融体系改革过程中,各国利益与权益的平衡,需要通过国际协调来实现。然而,在现实国际经济与金融环境下,由于西方一些国家的国家利益被无限"放大",各种关乎国家利益的重大分歧难以调和时,国际协调的难度进一步加大,在一定程度上限制了国际协调的有效性,形成了国际协调同国家利益博弈的碰撞。不可否认,全球金融危机的蔓延,在客观上给世界各国经济与金融带来了严重的冲击,每一个主权国家的国家利益都受到伤害。在金融危机加剧和经济衰退预期加重的背景下,采取适度的措施和手段应对并不为"过",也十分必要。但另一方面,如果是在国家利益对抗性竞争中运用转移危机的政策手段,在损害他国的前提下推行具有强烈保护主义色彩的金融货币政策,就另当别论了。按照博弈论(Game Theory)理论的核心内容,在当前国际金融危机环境下各国货币政策的选择是各国不同利益的博弈,同时也是在国际协调与合作下参与国际事务中各国共同利益的博弈行为。国际协调与合作是为了实现世界各国共同利益,而国家利益的博弈反映的是国家核心利益不受到伤害。从当前不同货币政策取向和摩擦引发的国家间利益博弈现象看,如果不同货币政策博弈波动面扩大,只顾及国家利益至上而不考虑世界各国共同利益,国际协调的难度就会越来越大,国际社会非均衡局面也会进一步扩大。由此,当前有关国家货币政策的主流导向引发的一些问题值得认真思考。当然,从博弈论的观点出发,在金融危机情形下的国际协调与国家利益博弈的碰撞,并非金融危机特定的产物,其发轫的内在根源在于世界各国在通过相互协调与合作的过程中为国家利益的实现而产生的普遍现象,体现的是国家利益与世界各国共同利益的深层次关系。因此,在国际社会中国际协调与国家利益博弈的碰撞不仅由来已久,而且将永远存在下去。

自 2007 年美国次贷危机全面爆发后,美联储便开始了直接购买商业票据的货

---

① 王东:"金融危机下国家利益与世界各国共同利益的博弈",《当代经济》,2009 年第 17 期,第 4-8 页。

币政策操作,并将其债权转给美国财政部,再由财政部以减免企业债务的形式,向这些企业和金融机构注资入股。由此可见,美国"救市"计划的部分是依靠货币和财政政策的联合行动,在很大程度上是以减免票据、券债等债务的形式推行"救市"计划。特别是继 2009 年 3 月 18 日美联储宣布购买 3 000 亿美元的长期国债和 1.25 万亿美元的抵押贷款证券后,3 月 23 日美国又推出银行"解毒"计划,以处理金融机构的"有毒资产"问题,其目的均是为了进一步释放流动性,货币政策的重心向"定量宽松"政策倾斜。美联储陆续出台回购国债和回购"有毒资产"的非常规货币政策的同时,欧洲央行、英国央行、日本央行等央行自行实施的购买公司债货币政策也已相继出台,由此美国等西方国家货币政策的重心向"定量宽松"政策倾斜更加明显。美国等西方国家"定量宽松"货币政策,是通过扩大货币的发行量大规模增加对资本市场货币的供应,以及维持金融业表面的稳定和流动性,是典型的"定量宽松"货币政策的体现。这一货币政策的核心,即为缓解货币市场流动性紧缩,"有限度"地对货币的发行"松绑",增加货币市场上的货币供应量,扩充资本市场规模,加大流动性;政策的导向是在金融与经济双重危机情况下,通过货币政策手段"激活"资本市场,并以此带动实体经济的恢复;政策的实质是所谓"定量宽松",就是货币当局"开闸放水",开动印钞机大量发行货币的一种借口,2009 年以来,美国等西方国家借用"定量宽松"货币政策的说辞来印钞票购买国债行为的实质,正是这一货币政策最核心内容的体现。因此,"定量宽松"货币政策被一些经济学家认为是货币当局采取的一种"保护主义"政策,与贸易保护主义的性质有相近之处,同属于经济领域的"保护主义",体现的是国家核心利益,而不是世界经济与国际金融全局理念。

"定量宽松"货币政策,通常是在经济和金融状况恶化、降息空间没有余地的情况下,利率调节难以发挥显著作用时推行的一种政策。今年以来,西方各国通过购买各种债券,向货币市场注入大量流动性的干预方式与前期利率杠杆的"传统手段"不同,是货币政策的"非传统手段"。经济学界普遍认为,当前西方国家的"定量宽松"政策是在前期"传统手段"效果不显著,甚至"失灵"的特殊条件下"极端"的选择。全球金融危机爆发以来,美国、欧洲、日本等西方国家陷入了实质性的全面危机,连续降息的宏观经济调控"传统手段"一度被西方各国频繁使用,但不仅至今效果仍不显著,而且降息的空间已经微乎其微了,降息这一宏观经济调控"传统手段"已然使用殆尽。因此,利率杠杆的"传统手段"在用尽后,西方各国政策的选择余地越来越少,在极度困难的情况下西方推行的"定量宽松"货币政策自然浮出"水面",被多数专家和学者定论为当前西方经济与金融环境的产物。由此,一方面表明不仅当前西方经济与金融恶化状况仍未改善,而且目前可选择的刺激经济和活跃市场的"良药"已经不多,一旦连"定量宽松"政策都难以奏效,达不到政策目标,西方国家经济与金融形势何去何从将令人担忧;另一方面表明当前西方国家经济与金融政策并非协调一致,"定量宽松"政策只是西方各国根据各自的现实经济与金融状况采取的中短期行为,一旦形势发生新的变化,西方各国经济与金融政策上的"摇摆性"将进一步体现,经济与金融政策的导向将有可能"迷失方向",西方国家将如何协调经济与金融政策,能否在政策上达成共识令人怀疑。

在当前全球经济衰退和金融危机尚未见底的情况下,西方国家经济刺激计划中的金融政策以及"定量宽松"货币政策的出台,内容和性质具有一定的针对性和较强的保护行为的操作性,且最为核心和耐人寻味的是国家利益博弈的政策取向。另外,如果美国等西方国家不适度掌握货币的投放量,极有可能会"培育"出新的资产"泡沫",并引发新的类似于通胀、货币和信贷等的危机。事实上,美国等西方国家金融危机的蔓延过程更像是不断"转嫁"危机的过程。相继出台的一系列救市方案和政策手段,既有"转嫁"危机的贸易保护主义色彩,又有货币政策上不负责任的放任货币贬值的嫌疑,是国家利益至上理念的充分体现,与世界各国不断开展的国际合作背道而驰。从经济学的博弈论(也称为对策论)含义看,不同政策的出台是带有一定的对抗性,在现实经济生活中不同政策的博弈无处不在。因此,在某种意义上,应对金融危机不同货币政策的博弈,在当前金融危机的环境下经济领域的博弈更为盛行,其中西方"定量宽松"货币政策倾向,就是经济学博弈论的典型理念,在国际社会引起强烈反响。由此可见,尽管全球性金融危机超越了国家范畴,国际协调的加强显得更加必要,但在共同应对金融危机的国际协调中,由于牵扯到各方利益问题以及错综复杂的国际关系,货币政策的国际协调与国家利益的博弈和碰撞在现实国际社会中表现得更为突出。货币政策的国际协调与国家利益的博弈和碰撞,在当前的国际环境下将如何演变和发展,在一定程度上取决于国际金融与经济形势的发展变化。如果国际金融与经济形势继续恶化,特别是如果西方国家迟迟不能从危机中摆脱出来,西方国家将有可能进一步扩大金融与货币政策保护主义的范畴,加大国家利益博弈的政策力度,由此在全球范围的国际协调与国家利益的博弈和碰撞将更加激烈,甚至有可能在国际金融危机进一步深化的情况下"升级"。国际协调与国家利益的博弈和碰撞,是贯穿于国际社会各个领域的普遍性和综合性现象,是较为隐性和富有弹性的范畴,需要从国际协调与国家利益的各个角度去加以思考,对错综复杂的国际经济关系进行更深层次的揭示。因此,既要反对国家利益的无限"膨胀"和利益上的患得患失,实现世界各国共同利益,又要最大限度地维护本国利益,这是当下世界各国不可回避的重要选择。

二、不同货币政策下国家利益的博弈

与此同时,同样是应对金融危机和刺激经济的货币政策,却有着截然不同的性质,当前西方"定量宽松"货币政策与中国"适度宽松"货币政策,不仅在实质上有着本质的区别,而且也是国家利益博弈战略不同货币政策的选择和取向。"定量宽松"货币政策与"适度宽松"货币政策最大的区别在于四个方面的不同。

一是实质上的不同。"定量宽松"货币政策是货币当局针对市场流动性萎缩注入的一剂"强心剂",是应对经济和金融危机过程中任何举措都难以发挥作用的无奈之举,所谓的"定量"是发行货币的"定量",货币发行的变量是依据货币的发行能否缓解危机的恶化,而不考虑潜在通胀的风险;而"适度宽松"货币政策是从宏观调控的货币政策角度适度增加货币供应量,是扩大消费,为经济的复苏注入活力,力度的调整是可控的,货币供应的变量是依据市场的发展变化而定的,适时把握潜在通胀风险的因素。

二是政策导向的不同。"定量宽松"政策是货币当局通过印钞票扩大市场投放量,政策的导向是加速货币贬值,货币的发行量如果大幅度高于商品流通所需要的数量,货币的贬值在一定的期间内将难以控制;而"适度宽松"货币政策的导向是推动货币信贷的积极性和消除货币投放存在的障碍,从而促使加快货币投放的规模和速度,并从银行自有资金或财政收入中拿出适量的资金有计划地向市场注入资金。

三是最终效果的不同。"定量宽松"政策最终效果的侧重点往往体现为经济的"虚拟"扩展,对实体经济的作用并不大,缺乏持久性;而"适度宽松"货币政策最终效果的侧重点是体现在实体经济上的,具有较强大的长期性和稳定性。

四是潜在风险程度的不同。"定量宽松"政策潜在的风险体现在货币市场货币供给大于货币实际需求,必然导致货币市值或购买力下降,风险的性质是社会总需求大于社会总供给的通胀风险,其潜在的风险有可能在全球范围扩散;而"适度宽松"货币政策虽然也存在着潜在的通胀风险,在财政方面通常表现为财政收入下降和财政支出上升,在银行方面通常表现为信贷投放增长过快,但在通胀下行趋势已经确立和财政积累充分的情况下,只要政策力度适当并灵活调控则其通胀风险相对较小。

因此,当前西方国家盛行的"定量宽松"政策是一种不负责任的短期行为,而现阶段,中国采取的"适度宽松"政策与"定量宽松"政策有着实质性的区别,这种不同性质货币政策的博弈将有可能延续一段时间。

由此可见,在全球金融危机和西方经济状况持续恶化的环境下,不同货币政策的博弈,最大限度地维护国家利益和实现国家利益的最大化,是当前各国面临的、不可回避的新问题。因此,处理好国际协调与合作同国家利益的关系,维护本国利益的同时加强必要的国际协调,不仅是国际社会和世界各国利益的诉求,也是各国利益的所在。从国际关系的角度看,国际协调与合作同国家利益存在着相同的利益对立与依存关系,国际社会中的每个主权国家利益主体与共同利益都离不开双方的存在与合作,共同利益是通过国际协调与合作实现的,也是通过博弈来完成的。特别是随着经济全球化的不断发展,在各国之间的经济、金融相互依赖程度进一步深化的情况下,经济、金融领域相互协调、合作与日俱增。人们不得不接受这样一个事实,没有广泛的国际协调与合作就不可能创造出最大限度的价值,世界各国在追求和实现国家利益的同时,必须学会从全球整体角度审视国际协调与合作同国家利益的关系问题,维护国家与人类的共同利益。

三、国际金融体系改革的博弈

两次 G20 伦敦峰会提出,改革国际货币基金组织(IMF)等国际金融机构体制,使它们符合世界经济发展现状并加大新兴和发展中经济体的发言权。这一观点的提出,使改革当前国际金融机构体制的呼声再次高涨。而回顾以往的历史,每次重大的国际经济、金融危机的发生,必然酝酿着国际经济、金融的重大变革,导致国际经济、金融体系和格局发生重大变化,甚至是重组。

2009 年 4 月初召开的 G20 伦敦峰会上,各国承诺向国际货币基金组织 IMF增加 5 000 亿美元的"可贷资金",这一方面是为共同应对金融危机采取的举措,另一方面是为今后推动 IMF 特别提款权(SDR)构成进行改造的重要步骤。G20 伦敦峰会前夕,中国人民银行行长周小川提出的在 IMF 现有的 SDR 基础上构建"超主权国际储备货币"的建议,一方面是针对西方"定量宽松"货币政策的回应,另一方面也是对 IMF 现有 SDR 改造的构想。与此同时,G20 伦敦峰会上中国承诺向 IMF 增资,这是中国为实现与国际金融机构建立良性互动的体现,也是国际金融体系改革博弈的体现。

国际经济、金融所经历的全面危机,对于国际金融体系的改革,国际社会普遍给予了极大的关注,而提高新兴与发展中经济体在国际金融体系中的发言权和地位成为改革的焦点。但美国、欧元区与新兴市场国家也必将在救市的风险和成本分担,刺激经济增长的货币政策,以及国际金融机构体制变革等方面展开激烈的博弈。

国际金融体系的改革,必然要涉及各方利益,并触动美国等西方发达国家在国际金融领域的主导地位。因此,国际金融体系改革的争论也逐渐演化成国际间的博弈。另外,从当代国际金融体系的建立及其演变过程来看,国际金融体系改革的内容和方向在很大程度上仍然依赖经济和金融的实力,换句话说,谁拥有强大的经济和金融实力,谁就拥有更多的发言权,甚至左右改革的方向,并主宰国际金融体系。正是基于上述的现实情况,当前国际金融体系改革的博弈主要体现在三种力量和三个方面的较量:一是长期主导国际金融体系的美欧发达国家内部的权利和利益分配的博弈;二是已经崛起的新兴和发展中经济体国家与发达国家之间,要求改变现状和维持原有秩序不变的博弈;三是在国际协调中各种力量平分秋色的博弈。事实上,由于各国国情有所不同,金融危机带来冲击也各不相同,因此,对国际金融体系改革的关注点也不尽相同。如美国就对现行国际金融体系的改革相对"冷漠",美国最关注的是如何推动各国进一步联手扩大市场资金投入以刺激经济复苏,而并非金融体系的改革;德、法等欧洲各国与美国不同的是,他们较为热心于国际金融体系和全球经济结构的改革,强调加强金融监管,对国际金融体系中美国方式的自由资本主义模式进行全面改革;中国、巴西、印度、俄罗斯等新兴和发展中经济体国家,则对提高新兴与发展中经济体在国际金融体系中的发言权和地位、改善国际金融和经济环境、反对贸易保护主义、刺激经济恢复等现实问题更为关注。

国际金融体制改革取决于主要大国相对实力的变化。而在现有国际经济、金融格局没有发生根本性变化的前提下,特别是美国经济及其对金融市场的影响力没有失去的情况下,国际金融体系的改革仍将面临重重困难。回顾历史,自二战后"布雷顿森林体系"建立以来,国际金融领域也曾有过多次改革,但都是修修补补或是改良,并未触动体系的根基。与此同时,国际金融领域不止一次因各种原因爆发金融危机,令世界各国都深受其害——西方国家并没有因资本主义优越性而摆脱繁荣与衰退轮回的"宿命",也没有因主导国际金融体系而避免金融动荡;相反,金融领域却问题成堆,甚至到了难以维持的境地。而新兴经济体和发展中国家也没有因西方体制下的金融秩序而置身事外免于冲击;相反,却一次次受到伤害。其实,国际金融体系中的问题很早就曾引起国际社会的关注,尤其是 1998 年亚洲金融危机爆发后,更是引起了有关国家和地区以及国际金融机构的重视,并多次呼吁对现有国际金融体系进行全面的改革,但西方国家却反应冷漠,直到此次全球金融危机,西方国家受到重创,才真正感受到现有国际金融体系弊端的严重性和改革的迫切性,改革也终于被提上议事日程。但是,要进行国际金融体系的改革,就离不开对国际金融权力机构——国际货币基金组织和世界银行中发言权和地位的调整和整合,就必然要改变维持了半个多世纪的不合理与不协调状况,这无疑会触及到各方的实际利益,困难可想而知。正因如此,尽管目前需要有关国际金融会议和有关国家对国际货币基金组织和世界银行的发言权和地位进行调整已达成共识,但可以预见,未来一旦改革进入实际性的操作阶段,各种力量在权利和利益分配上的博弈将会更加激烈。

目前,国际金融体系改革遇到的难点依然是解决失衡问题,其中包括两个重要方面。一是全球经济、金融失衡。全球经济、金融失衡是一种常态,这种失衡的主要表现就是各国国际收支出现不平衡。一个有效的国际金融体系必须解决的问题就是,当国际收支出现根本性不平衡时,调整责任的认定及调整责任的分配。在"布雷顿森林体系"乃至"牙买加体系"之下,调整责任都是由不平衡的双方国家共同承担的。不同之处在于,在"布雷顿森林体系"下,美国作为不平衡的一方,经常实质性地承担了部分调整责任,到了"牙买加体系"时,美国就从来没有承担过这种责任。二是国际金融体系中发言权与地位分配失衡。在现有的全球经济、金融管理机构中,特别是作为国际金融体系重要管理机构的国际货币基金组织和世界银行里,新兴市场经济国家与发展中经济体的意见始终得不到尊重,利益也未能得到公平的体现,导致新兴市场经济国家与发展中经济体在历次金融危机中处于极为被动的境地,甚至不得不任由发达国家"摆布",或者在国际金融机构"援助"条款中接受苛刻的附加条件。因此,目前国际金融体系改革中,新兴市场经济国家与发展中经济体希望建立一个以民主原则为基础的金融体系,通过增加发展中国家在国际金融体系中的分量,改善国际金融体系中发言权与地位分配长期失衡的状况。另外,还需要注意的是,由于当前金融自由化和金融产品过度创新增大了金融风险,使金融体系出现了更多新的不稳定因素。各国政府在进一步完善本国金融管制、维持金融秩序稳定的同时,也必须加强国际合作与协调调整,推动国际金融体系的改革。因此,国际金融体系的改革应该是一个循序渐进的过程,各国的协调与合作需要找到一个各国利益的平衡点,使国际金融体系的重新构成相对合理,而不是一味强调谁来主宰国际金融体系。

第四节　国际资本流动与人类共同利益

在建立国际投资秩序的过程中,必须要协调保护好投资者及其投资的利益,提高投资待遇标准和维护东道国外资管辖权、尊重东道国发展目标之间的关系。而要协调好发达国家之间、发达国家与发展中国家之间的利益,唯一的出发点就是以人类的共同发展为前提来建立多边投资规则。

一、人类共同利益原则

所谓人类共同利益就是指那些超越国界、超越民族、超越意识形态的,带有人类整体价值观念的利益。这些利益的损害将是对全人类的生存的共同损害。

1. 全球化背景下人类共同利益的凸现

在全球化浪潮的推动下,国际关系日益成为一种相互影响、相互交织和相互依存的体系,国际社会也日益成为一个整体。在这种情况下,"全球问题"广泛的凸现出来。所谓全球问题,就是涉及整个人类的利益并需要在全球范围内给予重视及通过协调一致的国际行动加以解决的一系列重大问题。这些全球问题主要包括环境问题、资源问题、人口问题、国际经济秩序问题和反对恐怖主义问题等。这些以全球方式存在并且需要各国共同解决的问题折射出全人类共同利益的重要性。正如人们所言,世界各国人民都是地球村的村民,一条航船上的乘客。共同利益把整个人类紧紧地联系在一起,在一些共同问题上,人们需要超越社会制度和意识形态的障碍,克服民族利益的限制,以全球的视野来认识和考察国际社会中那些关系到整个人类社会生存和发展的共同利益。

2. 人类共同利益与国家利益的协调

当今时代,主权国家不仅是国际社会的基本主题,也是国际法的基本主题,各主权国家为维护自身经济、政治利益和军事安全而进行的斗争和合作是国际关系最重要的组成部分,国家利益仍在国际关系中占据主导地位。但是,如上所述,当人类进入全球化时代,国家利益同全人类利益并行不悖的存在和发展已成现实。因此,我们所追求的是国家利益和全人类共同利益的和谐统一。这种健康的意识提倡各国在制定本国政策时,既要考虑全人类的共同利益,又要避免"一损俱损"局面的出现,真正达到"双赢"和"多赢"。

二、以人类共同利益原则评定现行国际投资秩序

为建立一个统一的国际投资秩序,国际社会做出了长期的尝试和努力。一方面,为了协调世界范围内的国际直接投资的流动,世界银行、联合国、WTO 都做出了很大的努力,并达成了一些有关投资的协议。其中,最有成效的就是在乌拉圭回合谈判中达成的《与贸易有关的投资措施协定》。另一方面,经合组织于 1995—1998 年间发起了旨在制定一项综合的高水平的多边投资协定(MAI)的谈判,但最后 MAI 于 1998 年宣告失败。这两项协定在国际社会建立统一国际投资秩序的历史中占有至关重要的地位,因此,本书拟从这两个方面出发,以人类共同利益原则评定这两项国际投资协定。

1. 以人类共同利益原则评定《与贸易有关的投资措施协定》

乌拉圭回合谈判开始后,美国为了适应国内跨国公司向外扩张的需要,以激进的态度主张在 GATT 的体制下规制所有投资措施,并提出了包括 13 类与贸易有关的投资措施的清单,这对发达国家跨国公司进入东道国特别是一些对外国直接投资实行干预政策的发展中国家的国内市场,实行全球采购、生产和销售是非常有利的。因此,这一提议得到了一些发达国家的支持。而发展中国家引用 GATT 第 18条,"幼稚产业保护条款",为自己采取的投资措施辩解。由于双方的针锋相对,以及发达国家内部意见的不一,"最终谈判的焦点是是否可以保留国有化要求、外汇平衡要求和进口要求"。经过激烈谈判,最终双方达成 TRIMs,禁止成员国对外资准入设置当地成分要求、出口实绩要求、外汇平衡要求、当地销售要求等投资措施。

由此可见,在《与贸易有关的投资措施协定》的产生过程中,就存在着各方利益的冲突,集中表现为发达国家与发展中国家之间的利益冲突。为了接受 TRIMs,发展中国家必须作出重大的政策调整,而它们的努力却没有得到应有的回报,也就是说,发展中国家在乌拉圭回合中并没有获得应有的利益,发达国家和发展中国家在利益分配中处于严重的不均衡状态。TRIMs 的实施给发展中国家带来了很大的挑战,其中在涉及禁止当地成分要求的问题上发达国家与发展中国家之间产生了很大的分歧。许多发展中国家认为此项措施违背了他们的利益。尽管近年来许多国家已经减少了当地成分的使用,但是当地成分要求仍然在发展中国家和工业国家中使用着,尤其是在自动化部门中使用,而自动化部门又大多数分布在发展中国家。因此,自从 TRIMs 实施以来,发达国家就自动化部门向发展中国家提出了很多异议。

为了解决发展中国家在 TRIMs 实施中遇到的这些问题,2001 年 7 月的 WTO 会议把条款 5 下的过渡期延长到 2001 年年底,并且允许在一定要求和一定条件下可以再延长两年。尽管这在短期内是有效的,但是这些延长条款却不能解决 TRIMs 的根本性问题,即 TRIMs 没有给予发展中国家足够的政策空间来使他们能够自由选择能够增加价值、提高就业以及增强竞争力的发展政策。

2. 以人类共同利益原则评定《多边投资协定》

20 世纪 90 年代,经济合作与发展组织(OECD)进行了一次多边投资立法努力,试图制定一个全球性、综合性多边投资协定。但是制订一项多边投资协议的谈判努力却最终于 1998 年 12 月宣告失败,OECD 成员国三年艰苦谈判努力最终只产生了一项多边投资协议草案(Multilateral Agreement on Investment,简称 MAI 草案)。导致 MAI 谈判搁浅的原因有很多,但 MAI 失败的一个最重要的原因就在于其内容没有准确反映不同国家投资政策的需求,没有适当考虑权利和义务的平衡问题。由此可见,MAI 谈判失败的根本原因在于违背了人类共同利益原则,没有同时反映不同国家的利益需求,没有谋求国家间利益的适当平衡。

第一,北北利益冲突,发达国家内部利益协调尚待时日。

《多边投资协议》是一个高标准的投资协议,而 OECD 的成员国又都是发达国家,各个国家一方面呼吁放松投资管制,提出许多高度自由化的规则,另一方面出于自身利益的考虑,不愿意全面消除现有的投资措施,结果导致大量的例外清单。

例如,美国一方面提出自由准入和禁止履行要求等许多高度自由化的规则,另一方面却提出种种例外要求,其中不少例外要求为其谈判方所反对。这些例外要求包括国家安全例外、少数民族扶持例外、为保证美国履行既已缔结的双边投资条约和北美自由贸易协定下的义务的例外、政府补贴和政府采购计划例外等。不仅美国,其他 OECD 成员国也存在例外清单的问题。又如,欧盟基于自身的特殊利益需求,提出"区域经济一体化组织"的例外。该要求遭到美国的强烈反对,美国认为,该例外会造成国民待遇和最惠国待遇的巨大漏洞。

从例外规则及其引发的矛盾可以看出,发达国家之间同样存在着经济发展水平不同以及各自利益重点不一致的问题。在多边投资协议草案的一系列问题上,这些发达国家都表现得相当的谨慎,都在权衡高度自由化投资规则给本国可能带来的利弊得失。由此可见,至少到目前为止,并不是所有发达国家都能接受高度自由化的投资规则,经济发达程度的高低水平决定着这些国家不可能在同一水平线上接受同一规则。MAI 的流产表明发达国家之间就应当确立什么样的综合性多边投资规则的问题还没有形成协调一致的立场。

第二,南北利益冲突,MAI 忽视了发展中国家的利益。

尽管 OECD 在制定 MAI 时就拟向发展中国家开放,但是 MAI 草案的核心规则只是强调对投资者及其投资的保护而没有规定投资者应在东道国承担的义务,由于发展中国家往往是发达国家直接投资的输入国,因此 MAI 草案更多考虑的是发达国家的利益而忽视了发展中国家的利益。其高标准的规则明显不符合发展中国家经济发展水平和经济承受能力。

在投资者及其投资待遇的问题上,草案规定发展中国家一旦加入 MAI,就要立即实行国民待遇,并将之适用于外资准入阶段。这显然严重限制了东道国控制外资投资进入领域和审查外资对东道国经济可能造成的消极危害的权利;在履行要求的问题上,MAI 草案关于履行要求的禁止种类远远超过了《TRIMs 协议》所规定的,其已将触角升至服务贸易领域和贸易无关的领域,例如,技术转让。另外,MAI 草案禁止履行要求的规定适用于投资设业前后的各个阶段。这种彻底取消履行要求的规定对东道国引导和管理外资的权力造成了重大冲击,显然这种要求在现阶段不能被发展中国家接受;在争端解决的机制上,MAI 草案引入了"投资者对国家"的程序,这就意味着投资者可以不必依靠其母国政府而直接将争端提交国际仲裁,并且无须经过东道国政府的同意,即投资者和国际仲裁机构被赋予对东道国立法权的审查权和否定权,这是发展中国家所不能接受的。

上述分析表明,MAI草案中的核心规则没有准确反映不同国家投资政策的需求,没有兼顾南北利益,在追求最大的投资自由化和对投资者更全面和完善的保护的过程中,忽视了东道国利益,超越了发展中国家所能提供的市场开放和放松管制的程度,没有贯彻人类共同利益原则,也难以被发展中国家所接受。

第六章

——国际技术转移的共同利益分析——

第一节　国际技术转移理论的利益分析

　　技术转移是拥有技术的一方以一定的方式将技术让给另一方使用的过程。技术由科研院所、高等学校转移到企业,是技术的纵向转移。技术由一厂商向其他厂商转移,是横向转移。对发展中国家的国际技术转移(International Technology Transfer)已有较长的历史。跨国公司在世界技术存量中所占比重很大,因而自然成了国际技术转移的重要主体。对国际技术转移的研究只是近几十年的事。从1961年以来,有关国际技术转移的理论、经验、案例研究不断增加。技术的定义有广义和狭义之分,技术还有多种不同的分类,但关键是知识和生产,最关键的是生产中有用的知识技术不同于科学,科学是尚未应用于商业化过程的知识(Smith,1980)。技术转移的定义亦很难下。一方面,技术转移可能只是由一个区位向另一个区位运动,或由一种用途转变为另一种用途,或两者兼而有之(Smith,1980);另一方面,技术转移必须是理解开发所引进技术的能力的转移。在技术转移受方不能完全脱离外部帮助,操作、保持、吸收工艺、改进、扩大和开发最初转移来的技术之前,一项技术的转移是不完全的。从这种意义上看,技术转移不仅仅是获得一种生产知识,而且是建立国家的技术能力。技术转移之所以难下定义,主要是因为技术是知识,而不是产品。因此,不同的研究者对技术转移的研究目的和范围都各不相同。

　　对外直接投资理论一般都强调技术是一种可以在国外开发利用的厂商、产业或国家特定优势。因此,在新技术中,一般使用局部均衡理论解释跨国公司活动和对外直接投资(FDI),因而没有形成独立的国际技术转移理论。跨国公司在利用其技术优势时,通过对外直接投资、转包合同、许可证或其他途径将技术转移到另一个国家。在一般厂商理论的寡占市场结构和交易成本概念基础上就足以解释跨国公司国际技术转移行为。有3类经济学家采用局部均衡理论广泛地探讨了国际技术转移问题。第一类是国际贸易经济学家,将跨国公司当作技术的生产者,将所转移的技术在国际市场上按商品进行交易。海默、卜夫斯和赫勒纳等就是这类经济学家。第二类是产业经济学家。主要根据厂商理论对产业和跨国公司国际技术转移备选方式选择进行案例研究。第三类是发展经济学家,其中许多人也是国际贸易专家。他们研究技术转让的适用性和技术转移对东道国金融流量、技术和经济发展的影响和意义。

G. K.赫勒纳(Helleiner,1975)《跨国公司在欠发达国家技术贸易中的作用》是最早对跨国公司技术转移、技术概念和问题进行全面探讨的论文。该文一开始就分析了国际技术市场不完善的性质及其对技术转让成本条件方式的影响。他将技术区分为生产技术和消费技术两大类;他指出,跨国公司是生产技术和消费技术的主要生产者和转让者;他认为,在技术转移中,产品生命周期理论是不适用的,跨国公司不仅要赚取垄断利润,而且还要将不适用或不必要的技术转移到东道国。

虽然对跨国公司和技术转移的研究大多数是使用局部均衡新技术理论,但有些理论导向的国际贸易经济学家在一般均衡框架内构造新古典动态模型来考察技术转移对资源配置和经济福利的影响。R.芬德雷《相对落后性、直接对外投资和技术转移:一个简单的动态模型》(Findlay,1978)和S.达斯《外部性、通过多国公司(MNCs)的技术转移:一种理论分析》(Das,1987)这两篇文章就另辟蹊径,探讨了这两个问题。芬德雷的论文假设,技术变化率是发达国家(Dcs)和发展中国家(TDCs)技术缺口、对外国直接投资开放度的增函数。由于对国内外资本增长率做了一些假定,芬德雷得出了一些有关长期稳态增长路径的有趣结论。例如,如果技术转移率太高,对外国技术的最终依赖度将提高;如果进行了人力资本投资,那么依赖度将下降,许多模型讨论了最佳增长中的对外直接投资动态。基本思想就是设定包括以国内资本和国外资本为独立变量的总生产函数。有一种技术转移函数抓住了这样的思想:对外直接投资对产出的贡献离不开与之相联系的硬、软新技术;找到一组差分方程的最优解就产生了增长路径。人们对解的稳态性也作了研究。T.科伊祖米、K. J.科佩基(1977)发现,由于在生产函数中明确引入技术转移,因而在稳态增长模式中,资本密集度成了一个战略变量(Koiznrni and Kopecky,1977)。他俩证明,假定技术转移在跨国公司生产函数中采取管理投入形式,长期内可以期望从对外直接投资中产生积极的就业效应(Koiznrni and Kopecky,1980)。达斯的论文证明,尽管通过跨国公司进行的技术转移不可能都是使该产业中国内厂商受益,但是东道国会受益是不容置疑的。1989年得出了这么一个结论:外来投资对总生产函数产生了两种相反的力量,即技术的改进和资本边际生产率的下降。相对实力决定着东道国是否应该鼓励更多的外来直接投资(Tsai,1989)。

实际上,外来直接投资、技术引进对东道国国内技术进步的效应存在"二律背反"现象。引进外来直接投资未必能带来先进技术。很多学者对跨国公司在发展中东道国的研究开发(R&D)活动已进行了探索。尽管大多数跨国公司属研究开发密集型企业,但是其国外子公司并未大张旗鼓地开展研究开发活动。此外,海外研究开发主要是为了开发满足当地市场需要的技术,而不是基础研究。海外研究开发(FR&D)开支与国外子公司的销售重要性之间存在正相关关系。如果国外子公司销售额很大,将生产开发活动定位在靠近海外市场的区位就有更大的动力。

有关具体产业和单个国家技术转移的案例研究很多,如乌苏伊详尽地研究了日本厂商对拉美国家某些重要产业的技术转移,巴拉逊对美国跨公司向发达国家、发展中国家的5个主要工业的技术转让进行了案例研究。有关对具体发展中国家的技术转移,不仅发表了大量论文,还出版了许多专著。可是这些案例研究大多集中在制造业,尤其是制药、石化、纺织、半导体和汽车;农业技术转移的案例研究少,服务业技术转移的案例研究更少。要确认和收集农业技术方面的信息和服务技术信息,相当困难。但农业技术转移对发展中国家经济增长和服务部门(尤其是电讯和金融部门)的快速增长和国际化是最重要的。金融机构和金融工具由发达国家转向发展中国家,或许是对国际技术转移有趣的案例研究。

国际技术转移包括社会技术(如军事、邮政、警察、公共教育制度)的国际转移。社会技术的国际转移比实物技术(如电讯系统)的国际转移更复杂,因为社会技术可表述性差,更多地依赖于社会环境、体制。研究社会技术的国际转移有助于加深对实物技术国际转移问题的研究。至于经营性"专有技术"的国际转移,1983年韩国李春浩在新加坡ESSO案例研究基础上,对软技术转移进行了有趣的研究。转移过程分3个阶段,第一阶段是将经营性"专有技术"实物性地由地区总部转移到新加坡子公司。第二阶段是人事和管理文化的当地化过程。最后是一体化、吸收（即为社会吸收，与整个社会整合）和专有技术扩散到其他厂商。技术转移不仅影响接受方厂商，而且影响接受国经济。有人认识到，决定国际竞争力的不仅有技术进步，而且有以全新的厂商内和厂商间组织和生产管理方法为特征的组织创新（Hoffman，1986，1990）。组织创新的重点在于灵活性、质量和合作。20 世纪 70 年代以来微电子技术快速发展，生产技术规模中更明显。计算机辅助设计（CAD）和计算机辅助制造（CAM）养育了新的自动化技术和新的灵活制造系统（FMS）。这种系统具有制造灵活"及时性系统""订货生产系统""多余时间最小化""完善的质量和全额质量控制""多技能熟练工人""合作性生产商—供应商的关系"等特点。

组织创新或软件技术由一厂商转移到另一厂商，或由一国转移到另一国，是一个远比产品技术或工艺技术转移更复杂的过程。这也反映了组织文化的差异。有的研究者证明，组织创新的跨国界转移花的代价高于技术创新，所需时间亦比技术创新跨国界转移多。跨国公司组织创新转移的成功与否主要取决于这种国际转移的形式，人际关系的协调和创造宜人的工作环境（Kogut，1993）。日本跨国公司首先证明，在提高效率和生产率过程中，生产管理和组织变革与加工或工艺技术一样重要，甚至更重要。关键的问题是，日本厂商先进生产管理和组织系统是否具有文化特定性。早期的研究对此作出了肯定的回答（MuraKama，1983）。不过，近来的经验表明，日本生产管理和组织是可以表述出来的和可以转移的（Hoffman，1990），可是，使研究者得出这一明确结论的证据并不充分。

对于管理科学家和职业经理人员来说，研究现实生活中的技术转移结构也可能重要。想研究国际技术转移成功或失败的原因的经济学家，对研究结果可能会感兴趣。20 世纪 70 年代，伯尔曼和沃伦德对技术转移结构的研究很有代表性；他俩考察了技术由一跨国公司转移到其国外子公司的过程，提出了一个技术转移矩阵（建议与计划、产品设计、工厂设计与建设、动工、价值工程与控制、生产发展和外部支持），相应的国际技术转移的载体是文化、指令、会议、参观和交流、设备和通讯。

总之，跨国公司是国际技术转让的主体。全球近 4 万家跨国公司，在海外拥有近 30 万家子公司，跨国公司资金财力强大，技术力量先进。跨国公司奉行全球化发展战略，为了保持原有的所有权特定优势（尤其是技术优势），发掘区位优势和培育新的技术优势，都十分重视研究开发。世界最大 500 家跨国公司垄断和控制了国际技术贸易的90％。随着跨国公司海外直接投资的增加,与对外直接投资相伴而行的跨国公司内部国际技术转让或转移迅速成了最主要的国际技术转移形式。据统计,美国目前的技术收入中有80％来自美国跨国公司与海外子公司之间的技术转移,维农的技术生命周期理论和邓宁的技术转移选择理论和巴克来、卡森、拉格曼等的"国际技术转移内部化理论"从不同方位和角度探讨了跨国公司国际技术转移的动因。

第二节　FDI的技术转移利益分析

一、FDI技术转移对东道国的意义

跨国公司是现代管理技术和组织创新的产物,它的出现和发展迎合了现代科学技术发展的需要,便利了科学技术在世界范围内的传播和转移。为了保持其所有权特定优势(尤其是技术优势),发掘区位优势和培育新的技术优势,跨国公司在实施全球化发展战略的过程中大都对研究开发十分重视。据资料显示,世界最大的500家跨国公司垄断和控制了国际技术贸易的90％,跨国公司已成为国际技术生产和传播的重要机构。随着跨国公司对外直接投资(即FDI)活动的增加,技术转移已成为跨国公司经济活动的重要内容。

对于东道国而言,接受FDI带来的技术有利于促进本国技术进步,增强技术能力,加快经济发展。特别是对于那些欠发达的东道国,如果依靠自己的能力进行研发创造新技术,将受到时间、资金、人力资源等条件的限制;而通过FDI引进技术可以回避自主研发所带来的较大风险,降低成本,填补国内一些技术的空白,加快企业技术改造。更重要的是,FDI技术转移还能对东道国起到"示范作用",即作为技术领先者的跨国公司在技术转移的过程中对东道国企业的技术进步和管理水平的提高带来了积极的影响,这是一种外部经济性,或者说是技术的溢出效应。新增长理论的代表人物罗默、卢卡斯认为引进外商投资,可以使一国的技术水平、组织效率提高,产生正的外部性[1]。尼厄·沃尔士建立的模型表明,通过外商直接投资,

① PAUL M. R. Increasing Returns and Long Run Growth, *Journal of Political Economy*, 1986(5):30-33.

知识能够得到跨地区的间接性转移，并成为发展中国家经济增长的关键①。根据美国经济学家的计算，在 1971—1990 年，美国国内研究开发资本储备每增加 100 美元，则 77 个发展中国家的国内生产总值将增加 22 美元。如果把经济发达国家作为一个整体的话，则 1990 年发达国家的研究开发溢出收益使发展中国家的国内生产总值增加了 210 亿美元。

FDI 的技术外溢效应可总结为 4 种情况：外资企业出现后所带来的种种压力，促使东道国企业充分发挥现有技术的效率，提高产品生产质量；外资企业带来的市场竞争压力，迫使东道国竞争对手谋求提高技术水平，进行技术创新，并引起当地企业的模仿；外资企业将相关技术提供给上游或下游的企业客商；通过人员流动实现技术溢出，外资企业培训的工人、管理人员进入东道国内资企业或自创企业，成为推动当地技术创新和传播管理知识的推动力量。随着跨国公司国际技术转移的速度和规模不断扩大，发展中国家有可能从其技术转移中获得更多的溢出效益，因而有利于发展中国家的经济发展。

二、东道国接受技术转移的原则

跨国公司通过 FDI 进行技术转移对于东道国的发展具有重要的意义，但这并不意味着跨国公司的技术转让对东道国总是有利。在这一过程中，东道国应考虑以下几个方面的问题。

1. 技术的适用性

要素比例问题对发展中国家来说是十分重要的，因此在引进技术时要考虑技术使用性的问题，根据本国的要素引进适合的技术。如果一个国家的非熟练劳动力占较大比例，那么在引进技术时要偏重于那些使用非熟练劳动力的方向。如果引进的项目是属于资本密集型的，就会限制当地的劳动可吸收程度，对就业产生了负面影响。但发展中国家要引进一些合适的技术，还存在着相当大的困难，这是因为：

（1）发达国家与发展中国家的技术水平相差很大，所以，发展中国家所要求的那些技术可能早已在发达国家过时而被淘汰。

---

① WALZ U. Innovation，Foreign Direct Investment and Growth，*Economics*，1997(1)：24-25.

（2）在发展中国家，政府出于扩大投资与社会保障的目的，一方面会通过降低利率刺激投资，另一方面为保障劳动者利益而通过政策提高劳动力成本，这两方面的措施在客观上促使企业引进节省劳动力的资本密集型技术。

（3）与劳动密集型技术相比，资本密集型技术可以产生较大的垄断优势，有较高的获利率，从而导致跨国公司寻求资本密集新技术的开发，同时也抑制了发展中国家适用的技术引进。

（4）劳动密集型产品的生产需要自我约束较强的熟练劳动力和管理者，这对于非熟练劳动力资源丰富的发展中国家而言是比较困难的，这就促使跨国公司的FDI项目尽量选择资本密集型技术而减少对熟练劳动力的需求。

（5）由于在技术市场上的信息不透明导致了技术市场的市场失效和市场不完全，技术的买方（东道国）对所要购买技术不能十分了解，跨国公司因而转移给发展中国家许多不适用技术①。

虽然存在着上述困难，但这并不表明东道国寻求引进合适技术是难以实现的。实证材料表明，大约有半数的跨国公司在进入发展中国家时对技术做了改进，以便适应发展中国家的情况。而且，由于竞争压力的增强，越来越多的跨国公司正有意识地向发展中国家转让适用性更强的技术。

2. 技术转移价格及条件

东道国在引进跨国公司技术时往往得不到理想的价格及条件，归结其原因主要包括两个方面：一是由于技术市场的不完全性，东道国缺乏一些必要的信息，如正在供应的技术，供应商面对的生产成本、交易成本及其在其他国家销售技术或技术力量的机会，其他国家对同一技术提出的条件等。二是技术买卖双方谈判实力悬殊。东道国无法充分了解所要购买的技术，而作为卖方的跨国公司技术交易合同签订之前，当然不会给出有关该技术的充分信息。市场的不完全和信息的不对称导致了东道国接受转移技术定价时处于不利位置。对此，东道国应采取积极的措施以改善这种不利地位，这些吸引外商技术的政策包括东道国提供高素质的专业人员、受到很好激励的熟练劳动力，地方供应商充足的能力以及重视、满足跨国公司实施可能不符合东道国资源配置的组织方法。同时，一国购买相似技术或通过其他途径购买或创造相似技术的能力将影响其谈判能力和地位。

---

① 吴彬：《跨国公司经济学分析》，香港天马图书有限公司 2002 年版。

在技术转移协议中,跨国公司可能还会给东道国强加限制性条件,如限制接受技术一方自由购买和销售、使用这种技术的产品。东道国在接受技术时要明确自己的权利和义务,相应地实施非约束或非捆绑技术战略。因此,东道国应尽可能将技术要素(技术诀窍和资本物品)与所有权、管理区分开来,同时将技术要素分成几个部件。如将其分为核心技术和外围技术,买方就能更好地利用外围或边缘技术市场的比较竞争性。另一种非捆绑性战略是将一个工程的前投资、投资和经营或营运阶段相互区分开来,将其分为独具特色的几个阶段①。为了使限制性经营习惯出现概率最小化,东道国的注意力主要应该放在出口限制、捆绑性投入品条款、产量限制和许可证标志到期后的财产权上。许多东道国都制定了确保引进适用技术的政策,并且建立专门机构来调查和核查即将转移或引进的技术。例如,允许引进只有从当地来源或供应源得不到的技术;为了确保进口技术的转移和采用,进口技术的外国跨国公司子公司必须提供培训当地员工的服务②。

3. 技术引进的战略性

跨国公司投资的产业重点往往与东道国经济结构调整优化目标不一致,FDI偏向于那些利润丰厚、见效快的行业,而不愿涉足周期长、风险大却是国民经济发展必需的行业和部门,进一步加剧了东道国产业结构的失衡和不合理程度。因此东道国在引进技术时,一方面要合理配置资源,避免重复引进、重复建设,积极改造传统产业;另一方面应该从长远角度出发考虑本国产业结构调整的需要,选择有利于优化产业结构的FDI项目,促进东道国新兴工业的发展,进而推动东道国产业结构的升级。发达国家跨国公司对亚洲"四小龙"的直接投资和技术转让与这些国家和地区所推行的高技术战略相呼应,积极推动了其产业结构由劳动密集型产业向资本到技术密集型产业转变,进而促进了产业结构日趋升级。另一方面,海外直接投资极大地推动了东道国传统工业的技术改造,进而有助于东道国产业结构的调整。20世纪90年代,英国汽车工业的复兴就主要得益于美、日跨国公司(如通用、本田等)大规模的资本注入和技术改造。

由于FDI对东道国技术升级、管理技能和企业家精神培养的作用不是静态、单

---

① UNCNC. *Transnational Corporation & Technology Transfer Effects and policy Issues*, New York United Nation, 1987.

② 王学鸿:"东道国对跨国公司国际技术转移的政策选择及其效果剖析",《云南财贸学院学报》,2001年第1期,第20-23页。

体性的,而是动态、累积性的。这种技术转移表现出了一种潜在的风险:技术转移的不完全性造成本地企业对外来技术具有很强的依赖性而难以形成具有自身特色的独立技术产品。对此,东道国应考虑以下问题。

(1)技术引进走引进、改良、吸收、创新之路,采取吸收性技术革新的战略。战后日本技术引进的经验是:把引进重点放在生产技术和实用技术方面,对来自各国的条件各异、互不协调的新技术加以组合;重软轻硬,引进不带硬件的专利使用权、图纸设计方法及相关技术诀窍;注重技术研究成果工业化并重视民间应用,通过研究改革并加以创新,从而抢先占领新产品市场。

(2)鼓励本国自己发展技术,替代进口技术的一种途径就是进口国自己生产该技术。这样做的代价可能很高,至少在短期内如此,但是如果自己开发的技术最终能提高资源配置效率,那么这种政策是切合实际的。

三、影响技术转移的因素

跨国公司的技术转移效应受到了东道国人力资源、政策法规、管理水平等因素的限制。有研究表明,外国直接投资对本国技术和生产增长的促进作用是有条件的。Rodriguez Clare 所做的模型表明,当跨国公司与本地企业之间联系比较微弱时,FDI 与本国增长之间是呈负相关的。FDI 技术转移中的一个弊端,即跨国公司的技术对于本地的工人来说是一个黑箱,虽然这些工人学到了一些生产操作的技能,但由于他们并不参与生产和设计的全过程以及软硬件设施的建设,因此他们无法获得相应的技术。这些研究证明技术转移效应会受到东道国某些因素的影响。

(1)在影响跨国公司向东道国转移技术时,政府显然起着多方面的作用。制定正确、科学、合乎实际的技术引进政策对东道国成功地引进技术,是极为重要的;但是正确、科学、合乎实际的技术引进政策的实际执行措施及其绩效,使这些政策及其措施相互配套,也是非常重要的。具体地看,宏观经济政策必须与具体管理政策相协调,世界著名的国际经济学家、国际投资和跨国公司问题专家邓宁为此列出了东道国为使其引进技术的收益最大化可能采取的 20 种政策选择。

(2)国有企业在东道国的技术转移和扩散中起着重要的作用。在引进一种新技术时,国有企业能与外国企业或跨国公司建立合资企业,或与外国公司直接缔结战略联盟,开发新技术。此外,在购买大宗资本物品或以许可证贸易引进新技术的过程中,国有企业的谈判能力相对比较强。

(3) 人力资源中熟练劳动力、专业人才、职业经理人的比重和分布制约着技术引进后的使用效率和技术溢出效应。FDI 产生技术外溢效应主要是通过 3 种途径:一是外部压力;二是技术转让;三是人员流动。无论是技术水平的提高还是竞争能力的增强都直接与人员素质相关。从一定意义上说,人员因素是 FDI 企业技术外溢效应中最至关重要的因素,它不仅直接对技术外溢的效果施加作用,而且能影响其他两种传播途径。而东道国国内人员流动的级差格局以及人员流向的单一特点,将会在一定程度上阻碍技术的有效扩散,削弱其外溢效应。"如果当地人只能作为廉价劳动力为外国资本家工作,那么外国企业可能给本国带来的好处就会白白浪费"①。

跨国公司作为技术输出方通过技术转移可以获得高额的收益,同时扩大技术的应用范围,进一步开发新技术,最终目的是为了获得利益最大化。而东道国引进技术的目的是为了实现本国的经济和社会发展战略,提高技术水平,推动技术进步,其原则是以尽可能低的成本获取尽可能大的收益。双方在技术转移的过程中进行反复博弈,最终达成共同认可的有约束力的协议,分享合作带来的收益。在这一过程中,东道国要保持清醒的头脑和发展的眼光,采取综合措施以获得一个相对有利的地位,合理、有效地利用引进技术,充分发挥技术溢出效应所带来的外部经济性,以实现引进技术的收益的最大化。

第三节 发展中国家参与国际技术转移的利益分析

一、开放经济条件下国际技术转移的发展趋势

1. 国际技术转移的系统性和网络化

根据经济合作与发展组织(OECD,1993)的研究表明,开放经济条件下,重要的技术变迁主要发生在以下几个方面:产品复杂性的增加;自动化程度的扩散;对标准化技术的偏爱;避免拥挤;对化学物质组成的控制;信息的扩散和放大。这种

---

① LUCAS R. E. On the mechanic of economic development. *Journal Monetary Economic*, 1988,(10):17-20.

趋势的一个结果是复杂的过程被分解,如计算机和汽车行业中组装和零部件的生产是分开的。由于产品复杂程度的增加,生产者只能在产品生产的某方面具有专长,如零部件生产或组装。随着这种劳动分工程度的增加,单个的厂商很难既掌握核心技术又掌握非核心技术。由于生产可以被分解,厂商可以只引进某些零部件生产,但价格高度依赖核心技术的设计者和生产者。随着企业必须掌握的技术数量的增加,迫使企业朝着技术多样性的方向发展。由于企业掌握所有的核心技术和非核心技术变得越来越困难,企业为了获得能够发展的技术和知识必须加入联盟。

所有这些技术变迁使技术转移变成了一个更加复杂的过程。因为一次性的技术引进对于赢得系统利益是十分困难的,它们需要与核心技术的供给者保持长期的联系,尤其重要的是需要连续不断地进行投入和反馈。这个过程的组织基础是创新网络(一种介于市场和层级之间的组织形式)。虽然处在创新网络中的企业在形式上是独立的,但是它们之间有着密切的关系,它们之间相互交换有关设计和提高工序的知识,而且这种交换不是买者和卖者之间的技术信息的交换。在创新网络运行机制的作用下,国际技术转移的系统性和网络化特征越发明显。

2. 国际技术贸易的内部化和生产网络的全球化

在过去的 100 年里,世界贸易量比 GDP 以更快的速度持续地增长,进入 21 世纪以后,在全球多边贸易体制的推动下,贸易开放度提高的速度更加迅速,而且涉及越来越多的发展中国家。伴随全球经济一体化,区域经济合作以及信息技术的迅速发展也为全球货物贸易、国际直接投资和服务自由化过程提供了方便。但目前的贸易自由化主要属于优先贸易自由区,即区域集团内成员的贸易自由程度较高,而对贸易区外的国家则设置壁垒实行差别待遇。但无论是在世界贸易组织内还是地区集团内,贸易自由化都使公司或行业内部的技术流动变得更加方便,因此,这也加强了跨国公司的业务。由于跨国公司的市场支配力以及为了维持垄断优势,国际技术贸易的大部分被跨国公司所掌握。据 UNCTAD 的研究报告,大约 1/3 的国际贸易发生在跨国公司内部,大约 2/3 的国际贸易与跨国公司的国际生产网络有关。而且,非安全距离的交易和安全距离的交易之比由 1982 年的 1.6 上升为 2002 年的 1.9。结果,这种倾向导致了跨国生产网络的产生。这些跨国生产网络创造出只有在考虑到跨国公司的战略时才能理解的贸易形式。经济全球化的浅层次融合,在历史上就已经存在了,但作为一个深融合过程,它创造了采购和贸易的新类型,这是全新的内容。

跨国公司国际技术贸易的内部化和生产网络的全球化,对东道国的贸易发展起着非常重要的作用。跨国公司使国际直接投资和国际技术贸易之间的联系更加密切,这种密切的联系创造了一种新的情况,即进入外国市场不是通过贸易而是通过国际直接投资。许多案例表明贸易类型和国际直接投资的类型之间的联系越来越密切,而且大部分的国际直接投资定位于技术输出国的市场,可见国际直接投资也是国际技术贸易驱动的。如果不考虑因果关系机制,国际直接投资和国际技术贸易之间的关系似乎变得越来越密切。跨国公司战略在决定贸易类型方面重要性的增加,将对一个国家的生产类型和出口组成产生影响,使这两者相分离。国际直接投资和国际技术贸易之间相互作用强度的增加并不意味着两者之间就是和谐的。

3. 国际技术转移要求加强知识产权保护

技术使用过程中的非竞争性使新技术很容易被盗用。因此,技术易模仿的特征要求加强对技术在转移过程中的保护。由于产品的技术和工程特征决定了新产品被模仿的路径,所以,除了新技术的技术特征以外,还有另外两个因素对技术的可盗用性和可转性产生影响,即智力产权的保密性和国家创新体系的结构特征。这三个方面共同严重影响着技术转移政策,决定着发展中国家对新技术的使用方式。新技术更加依赖潜移默化的知识和(或)标准化的知识的事实,对于技术转移具有重要的影响。新技术的知识基础可以被归结为两种:潜移默化的和标准化的。如果知识基础是潜移默化的,那么边学边干是主要的学习方式;如果知识基础是标准化的,则必须通过正规的学习过程才能掌握技术。有的学者认为,对新技术知识基础的这种两分法是错误的,潜移默化的知识和标准化的知识不是相互独立的而是相互补充的一个整体,新技术也体现着潜移默化知识和标准化知识之间的互补性,这种互补性不是静态的而是动态的,它们两者之间的关系将永远被重构,这两种知识的互补形式也是永远处于一种变迁的状态中。还有人提出了第三个假设,即认为新技术越来越依赖标准化的知识,同时需要新的潜移默化的知识来掌握标准化的知识,潜移默化的知识不是消失了而是被重新定位。

过去,发展中国家一般注重的是保护企业的产权,但对智力产权体系的保护则被忽略。对企业产权的保护有助于工业化进程,但对智力产权的保护却没有刺激发明和技术转移。然而最近的 10～15 年产生了一种相反的倾向,即强调贸易国之间的知识产权。因此,根据 WTO 与贸易有关的知识产权协定,许多发展中国家修改了它们的知识产权法,拓宽了它们对技术保护的范围和时间。一种观点认为,强调知识产权将促进国际直接投资和技术的流动。例如,专利被认为是对发明者从事发明创造及其发明商业化的一种重要激励。另一种相反的观点则基于技术努力完全盗用性、溢出和失控的泄露的不可能性假设,认为知识产权应当是一种松散的状况。对于这两种观点,许多经济学家都在进行研究,还没有得出最终的结论。但一般较为一致的观点认为,我们对知识产权与技术能力和技术转移之间关系的认识还较为模糊。

二、国际技术转移对发展中国家的利益影响

1. 国际技术转移对发展中国家产生溢出效应

国际技术转移对发展中东道国的影响分为两种,即通过能力的提高和生产力的提高而产生的直接影响;通过训练本国的供给者、通过增加竞争压力或使知识和技术在当地扩散把影响传递给其他企业而产生的间接影响。直接影响一般是一次性的变迁,不是最重要的,更重要的是它的动态效应,是它通过知识和技术在当地扩散所激发的产业重构。这使问题的研究应该超越一般静态的成本收益框架而研究溢出问题。

溢出效应对于技术创新者来讲是一种无法被直接弥补的利益损失,也可以被看作是一种非自愿的技术扩散。根据定义它创造了一种私人回报和社会回报的两分法。社会回报可以定义为私人回报率加上由于溢出效应产生的企业间边际成本的减少。当市场价格不能完全反映创新投资的利益,或者当一个企业的思想被另一个企业免费获得的时候,溢出效应就发生了。溢出效应在某种程度上反映了东道国企业搭便车,使用跨国公司的研发技术和实际生产知识的程度。

基于溢出效应能够给当地经济带来利益的预期,许多国家都为外国的投资者提供了很多方便,如定出免税期、进口免税、提供基础设施等,期望通过技术转移的动态外部性提高东道国的经济效率。溢出效应对技术努力的影响的经验估计是很少的,大部分工作主要集中于溢出效应对生产力的影响。在文献调查的所有例子中,研发的社会回报率高于私人回报率,这展示了研发溢出效应的程度。格瑞奇

(Griliches)总结认为溢出领域的主要问题仍主要存在计量问题。关于溢出效应的大部分研究都涉及发达国家,而且这些研究得出了一个互相矛盾的结论,一些研究认为溢出效应对企业研发具有互补效应,另一些则认为是替代效应。这些研究都没有在深层次上揭示溢出效率的性质,但是许多证据还是支持溢出利益假说。穆南(Mohnen)基于对研发溢出效应的一个全面了解,得出结论认为国际研发的溢出效应在国家之间是可以传递的,而且两个国家之间的关系经常是单向的。行业内的溢出效应主要是通过外国投资对当地消费者和供给者的影响实现的。这些溢出效应是来自跨国公司的竞争刺激了当地企业去增加他们的竞争力,跨国公司的培训泄露到当地经济中。这种在当地环境条件下的示范作用对当地企业模仿外国投资者是至关重要的。

2. 参与国际技术转移增加了发展中东道国的投资支出

由于技术中包含许多潜移默化的知识,加上技术变迁具有本地化特性,使得技术转移变得更加复杂。正如格兰特(Grant)和格里高利(Gregory)指出,随着技术越来越成熟,制造过程也就越来越难转移。这主要是由于在操作、寻找错误、过程控制、机器安装、问题解决、设备设计、设备检测等方面存在潜移默化的知识。技术转移要想获得成功,需要在学习上投资,以便获得潜移默化的知识。由于技术的本地化特征,对技术的新应用就是一种新投资,而不管这种技术是否新颖。

技术转移不是把硬件从一个地点转移到另一个地点,也不仅仅是把信息和权利转移给其他厂商。转移者必须为其转移的技术提供相关的服务,以使转移更加方便和有效。科凯特(Ctractor)指出,使技术转移发生的服务租金,如技术、管理、市场和研发帮助等方面的支出,是技术转移成本的一个重要组成部分。曼斯菲尔德(Mansfield)和提思(Teece)则把为传播和吸收所有相关的无形知识的成本定义为转移成本,它与技术成本有所区别。

通常存在四种类型的成本:工程前的技术交换成本;与产品设计、工艺和转移工程相关的成本;转移过程中研发人员成本;启动前训练、学习和调试成本。对技术转移成本测量的经验研究还很少。因此,在发展中国家参与国际技术转移的过程中,专利和专有技术的转移成本必然导致项目总成本上升。

3. 国际技术转移推动了发展中国家人力资本要素的积累

人力资本是把技术转化为产品的主要执行者,人力资本技术能力的积累是追赶过程的中心问题。然而非常明显的是,在过去的许多年中,发展中国家在进行技术转移分析时却没有把这个因素考虑进去。之所以忽略技术的这个特殊的性质,主要是由于按照当时的观点,它们把技术当作商品。技术分析的重点是技术选择和研发问题,而研发之所以重要是因为当时的观点认为创新是研发的线性结果。基于这些认识,当时的技术转移政策主要集中在对研发成分的转移和对适合政策标准的技术转移的控制问题上。把技术仅仅理解为是一种商品,这使政策低估了技术的复杂性。技术是体现在人力资本结构中的,人力资本是创新行为的主要执行者,随着技术能力研究的出现,也开始对人力资本水平上的技术积累进行系统研究。

许多研究表明,人力资本学习的主要模式是适应性学习。有许多种不同的能力和学习轨迹与学习相关。技术能力的概念是获取、使用、适应、改变和创造技术所需要的大量知识和技艺的总和。韦思特豪(Westphal)和吉姆(Kim)把技术能力定义为有效使用技术知识的能力。技术能力中的一个重要概念是学习,贝尔(Bell)认为通过学习,人力资本可以获得技术知识和技术技艺。

技术能力方法虽然很有价值,但其本身也存在局限性,它更多的关注技术能力是什么,而不是人力资本的技术能力是如何获得的。人力资本要素的技术能力(管理、市场、组织、金融)是企业能力的重要组成部分。企业需要互补性能力和资产,如组织弹性、金融、人力资源、质量、服务支持、信息管理和协调能力,来创造和提高它们的技术能力。随着国际技术转移的发展,发展中国家已经越来越重视人力资本对于吸收国外先进技术的重要意义,并且越来越努力加强人力资本要素。

第四节　中国与发达国家技术转移共同利益的实现

习近平强调,关键核心技术是国之重器,对推动我国经济高质量发展、保障国家安全都具有十分重要的意义,必须切实提高我国关键核心技术创新能力,把科技发展主动权牢牢掌握在自己手里,为我国发展提供有力科技保障[1]。技术转移体

---

[1] "习近平主持召开中央财经委员会第二次会议强调:提高关键核心技术创新能力,为我国发展提供有力科技保障",《人民日报》,2018年7月14日1版。

系是连接知识创新体系和技术创新体系的桥梁和纽带,也是国家创新体系的重要组成部分。技术转移体系完善与否和功能强弱,目前已成为制约我国国家创新体系建设的重要因素。

一、我国技术转移的现状

总体来看,我国的技术转移工作经过 20 多年的发展,已经初步建立起相对完整的技术转移体系。特别是 2007 年科技部、教育部、中国科学院共同实施"国家技术转移促进行动"以来,一系列政策和措施的落实有力地促进了我国技术转移的发展。技术转移的法律制度框架逐步形成。推动科技成果转化、促进技术转移是我国科技、经济社会发展中的重大问题,也是科技体制改革的重要内容之一。1985 年 3 月发布的《中共中央关于科技体制改革的决定》明确提出"开拓技术市场,促进技术成果商品化",对我国技术转移的基本制度和框架的建立起到了关键的奠基作用。其后相继发布的《中华人民共和国科技进步法》《中华人民共和国科技成果转化法》《中华人民共和国合同法》《中华人民共和国专利法》等法律以及有关部门的规章和地方政府制定的《技术市场条例》等,也在不断充实着我国技术转移工作的法律制度和框架。"国家技术转移促进行动"开展以来,技术转移方面的法律制度建设明显加快,技术转移的法律制度框架逐步形成。一是为加强技术转移机构建设,科技部制定了《国家技术转移示范机构管理办法》,对技术转移机构的功能和业务范围以及国家技术转移示范机构的评定与管理、扶持与促进等做了明确的规定。同时,为引导国家技术转移示范机构向专业化、规模化方向发展,科技部火炬中心制定了《国家技术转移示范机构评价指标体系》,加强对示范机构的评价和考核。二是加大对技术转移的税收优惠力度。2008 年 1 月 1 日起施行的《中华人民共和国企业所得税法》规定,在一个纳税年度内,居民企业技术转让所得不超过 500 万元的部分,免征企业所得税;超过 500 万元的部分,减半征收企业所得税。而在此之前,企业技术转移所得享受税收优惠的标准是 30 万元。

技术成交的规模和质量明显提高。据统计,我国技术市场合同成交额在开放市场初期只有 7 亿元,到 2007 年达到 2 226.51 亿元。我国的技术合同成交额突破 1 000 亿元用了 17 年,但从 1 000 亿元增长到 2 000 亿元只用了 4 年。据《全国技术市场统计简报》公布,2007 年,全国认定登记技术合同 220 868 份,同比增长 7.00%;成交总金额 2 226.51 亿元,同比增长 22.00%;平均每份技术合同成交金额突破百万元大关,达到 101 万元,同比增长 15.00%。2008 年,全国技术市场共认定登记技术合同 226 343 份,成交金额 2 665 亿元,分别较 2007 年同期增长 2.50%和 19.70%;平均每份技术合同成交金额由 2007 年的 101 万元上升到 118 万元。2008 年,北京技术市场共转让技术 52 742 项,占全国技术交易合同数的 24.41%;成交额 1 027.22 亿元,占全国技术交易合同成交额的 38.47%。2009 年,受金融危机影响,北京市 1—9 月份成交的技术合同为 31 605 份,比 2008 年同期下降 3.61%;成交额达到 898.14 亿元,同比增长 15.00%,其中,技术交易额 676.60 亿元,增长 19.60%,占技术合同成交额的 75.33%。上海市 2009 年 1—7 月份经认定登记的技术合同为 14 690 份,同比增长 9.00%;成交额为 272.98 亿元,同比增长 19.50%;平均单项技术合同成交额为 185.83 万元,比 2008 年全年平均单项技术合同成交额增长 9.80%。2017 年,按照实施创新驱动发展战略的总体部署,我国技术市场流动性增强,技术交易规模和质量持续稳定提升。2017 年,我国技术市场交易额稳步增长,全年共签订各类技术合同 36.8 万项,成交金额13 424.2 亿元,比上年分别增长 14.7%和 17.7%。合同成交金额占全国 GDP 的比重继续增加,达到 1.62%。平均每项技术合同成交金额 365.2 万元,同比增长 2.6%。可以看出,无论是全国还是地方,我国技术成交的规模和质量都有明显提高(如图 6-1)。

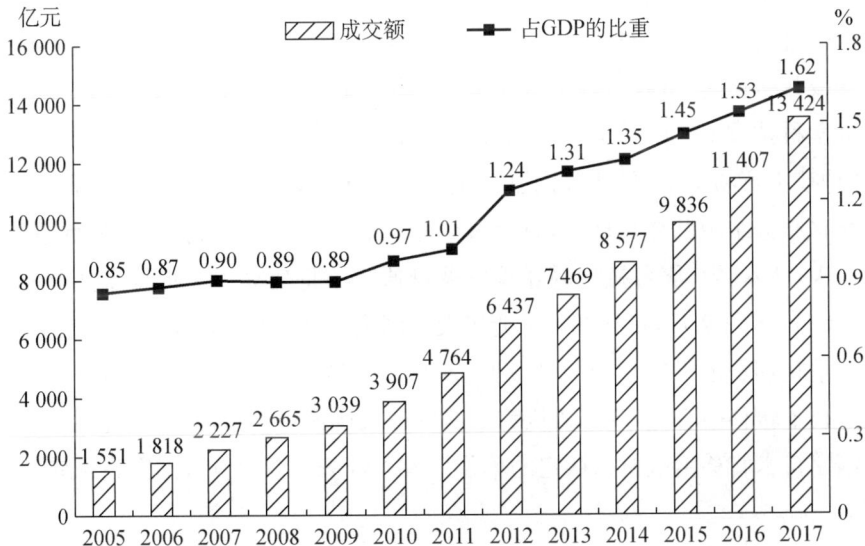

图 6-1　全国技术合同成交金额及其占 GDP 的比重(2005—2017 年)

2017 年,技术开发和技术服务合同成交额呈现增长态势,技术转让和咨询合同成交额较去年有所下降。四类合同中,技术服务和技术开发合同成交额分别位居第一、二位,成为技术交易的主要类型。其中,技术服务合同成交额实现五连冠,继续占据四类技术合同首位,达到 6 826.2 亿元,比上年增长 16.7%,占全国技术合同成交额的 50.8%;技术开发合同成交额达 4 748.5 亿元,比上年增长 36.5%,占全国总数的 35.4%。技术服务与技术开发合同的签订项数和成交金额继续保持在占全国总数的 80% 以上。在各类技术服务合同中,一般性技术服务为其主要形式,成交额达 6 674.3 亿元,占技术服务合同成交额总数的 97.8%,比去年略有下降。技术咨询合同共成交 26 735 项,同比增长 9.4%,成交金额为 449.3 亿元,比去年减少了 4.1%,占全国技术合同成交总额的 3.3%。

技术转移服务机构建设快速推进。我国作为发展中国家,国际技术转移不仅仅是技术引进,更为深刻的内涵是在于通过对先进技术的引进、消化、吸收从而达到掌握甚至创新的目的,并在此基础上进行再创新与提高。改革开放以后尤其是 20 世纪 80 年代中期,我国经济高速发展,国际技术转移获得较大发展。主要是以技术引进为主,几乎没有技术输出。20 世纪 90 年代末至今,我国国际技术转移才真正踏入到正常轨道上来,不仅有技术引进,而且也有技术输出。2006 年,李国杰院士作出了"技术转移是我国创新体系最薄弱环节"的判断[1]。我国从 20 世纪 80 年代开始建立第一批技术转移服务机构,经过 20 多年的发展,已建成大大小小的技术市场近百个,其中包括中国浙江网上技术市场、北方技术交易市场等 10 个国家级常设技术市场;依托国内重点大学、科研机构的国家级技术转移中心 10 家;国家级大学科技园 69 个;专业为中小企业提供中介服务的生产力促进中心 1 532 家;各种技术贸易机构、科技咨询服务机构 6 万多家,从业人员达 130 万人。国内技术转移服务组织已初具规模,且在继续壮大。尤其是"国家技术转移促进行动"开展以来,技术转移服务机构的建设发展迅速。一是建立了一批技术转移示范机构。2008 年 8 月 7 日,科技部确定清华大学国家技术转移中心等 76 家机构为首批国家技术转移示范机构。2009 年 9 月 24 日,又确定了太原技术转移促进中心、武汉大学技术转移中心等 58 家机构为第二批国家技术转移示范机构。到目前为止,获得国家技术转移示范机构认定的单位已有 134 家。2016 年,国家技术转移示范

---

[1] 李国杰:"技术转移是国家创新体系最薄弱环节",《中国科学院院刊》,2006 年第 5 期,第 369-370 页。

机构增加到 453 家[①]。二是区域技术转移服务联盟发展迅速。在已有的长三角、东北、环渤海、北京等技术转移联盟的基础上,济南都市圈、上海、广西、珠三角等技术转移服务联盟相继成立。"十二五"至今,在科技部火炬中心指导下,我国已初步形成了国家技术转移集聚区、国家技术转移南方中心、国家技术转移东部中心、国家技术转移中部中心、国家技术转移西南中心、国家技术转移西北中心、国家技术转移东北中心、国家技术转移海峡中心、国家技术转移苏南中心、国家技术转移郑州中心、国家海洋技术转移中心等 11 家国家技术转移区域中心的"2 + n"总体格局,在探索技术转移服务模式、服务区域科技成果转化等方面发挥了巨大作用。三是创新驿站建设开始起步。创新驿站网络是欧盟大力支持的跨国技术转移、国际产学研合作和协助中小企业技术创新的计划。目前,该网络已包含了遍布于 33 个国家的 71 家创新驿站。创新驿站已成为世界公认的规模最大和效果最好的技术转移网络之一。2007 年 5 月,国内首家创新驿站"青岛创新驿站"在青岛技术产权交易所揭牌成立。上海青浦、浙江德清等创新驿站也相继建立。2017 年,高等院校和科研机构通过技术转让、技术入股、产、学、研合作等方式,签订技术合同 104 836 项,成交额为 1 222.6 亿元,增幅达到 14.8%。其中,高校作为卖方,技术合同成交额同比下降 1.2%,科研机构同比增长 22.9%。

二、中美技术贸易

由于众所周知的原因,在新中国成立后的很长一个时期里,中美经济贸易交往处于隔绝状态。辗转到 20 世纪 70 年代,时任美国总统的尼克松访华之后,中美经济贸易交往才逐渐恢复和扩大,但在较长的一段时间内中美之间贸易与交流仍然没什么起色。直到 1979 年中国领导人邓小平访美,中美之间建立大使级外交关系,而且中国也开始实行改革开放政策,积极引进国外先进的技术与设备,"忽如一夜春风来",中美技术贸易开始走上轨道。从衡量中美双方技术贸易水平的重要统计指标——中美技术与设备进出口合同及金额来看,30 多年来,中美之间技术贸易保持了扩大的态势,但也经历了许多起伏和波折。美国对华技术出口方面,合同成交项数由 1979 年的 5 项增加为 1999 年的 1 804 项,增长了 360 多倍,合同总金

[①] 数据引自郭曼,朱常海,邵翔,石宁宁:"中国技术转移机构的发展策略研究——基于能力升级的视角",《中国科技论坛》,2018 年第 1 期,第 16-23 页。

额也由 1979 年的 0.183 亿美元增加为 1999 年的 33.415 美元,增长了 180 多倍。按合同金额排序,美国在我国主要技术进口国家和地区中所列位次也由最初的第五位上升为第一位。具体来说,1979 年,美国对华技术与设备出口金额占当年我国技术进口总额的 0.7%,排位居日本、德国、法国和瑞典之后;到 1985 年,其金额达到 7.108 亿美元,我国技术进口总额的 22.2%,排位仅次于德国;1987 年,其金额略有下降,为 6.735 亿美元,占当年我国技术进口总额的 27.18%,仅少于日本的 7.061 亿美元;1990 年,美国对华技术出口合同项数和金额骤降了一半多,为 3.227 亿美元,占当年我国技术进口总额的 25.3%,由于其他国家下降比例更大,美国对华技术出口排名首次升至第一位;1991—1995 年,美国对华技术与设备出口增长处于相对停滞的状态,5 年对华出口金额为 49.392 亿美元,占同期我国技术进口总额的 14.8%,排名落到第二位,居日本之后;1996 年,美国对华技术出口略有增长,为 21.3 亿美元,但由于德国对华技术出口有了惊人的增长,达到创纪录的 49.07 亿美元,美国排名进一步跌至第三位;1997 年,加拿大对华技术出口突飞猛进,达 28.047 亿美元,而美国对华技术出口与上年相比却下降了约 15%,为 18.163 亿美元,但由于德国对华出口与上年相比大幅下降约 3/4,美国保住了第三名的位置;1998 年,美国对华技术出口有了大幅度增长,达到约 30 亿美元,占当年我国技术进口总额的 18.3%,排名回升到第一位;1999 年,美国对华技术与设备出口同比增长了约 11%,占当年我国技术进口总额的 19.5%,维持了第一名的地位。2001—2011 年,中美高新技术产品进出口贸易总额从 171.1 亿美元增长到了 1 348.6 亿美元,年均增长 22.9%。其中,中国对美国高新技术产品出口额从 77.9 亿美元增长到了 1 058.8 亿美元,年均增长 29.8%;中国从美国进口高新技术产品由 93.2 亿美元增长到了 289.8 亿美元,年均增长 12.0%。尽管中美高新技术产品贸易增速较快,但低于中国高新技术产品贸易整体增速。2001—2011 年,中国对美国高新技术产品出口、进口增速分别低于中国高新技术产品出口、进口整体增速 1.4 和 11.5 个百分点①。从中国在美国高新技术产品贸易中的地位来看,中国已成为美国高新技术产品出口第三大市场、进口第一大来源地。2011 年,中国占美国高新技术产品出口总额的 6.1%。从 2001 年的第 10 名上升到了 2011 年的第 3 名,排名上升 7 位;中国占美国高新技术产品出口的比例也从 3.3% 上升到了

---

① 顾学明,崔卫杰:"中美高新技术产品贸易现状、问题及建议",《国际贸易》,2012 年第 9 期,第 23-30 页。

6.1%,提高了 2.8 个百分点。2017 年,美国对华技术贸易出口额超过 1 270 亿美元,为美国历史最高。在 2007—2017 的十年当中,美国出口到中国的商品增长率达 86%,而到世界其他地区的出口增长率仅为 21%。2016 年,美国对华技术服务贸易出口额首次超过 500 亿美元,贸易额总计 520 多亿美元,仅略低于当年对加拿大的服务贸易出口额。在 2007—2016 年的十年间,美国对中国的技术服务贸易出口增长率超 300%,而对世界其他地区的出口增长率约为 50%。2016 年,美国出口到中国的技术服务贸易额增长了 12%,而出口到世界其他地区的技术服务贸易额却缩减了 0.6 个百分点。据中国有关方面统计,美国是中国第一大版权引进来源国,2012—2016 年,中国自美国引进版权近 2.8 万项。中国对美国支付的知识产权使用费从 2011 年的 34.6 亿美元增加至 2017 年的 72 亿美元,6 年时间翻了一番。其中 2017 年中国对美支付占中国对外支付知识产权使用费总额的 1/4[①]。美国在高新技术产品贸易方面拥有巨大竞争优势,但美国政府基于冷战思维,长期对华实施严格的出口管制,人为抑制了美国优势产品对华出口潜力,造成美企业丧失大量对华出口机会,加大了中美货物贸易逆差。据美国卡内基国际和平基金会 2017 年 4 月的报告分析,美国若将对华出口管制放松至对巴西的水平,美国对华贸易逆差可缩减 24%;如果放松至对法国的水平,美国对华贸易逆差可缩减 35%[②]。

我国对美技术出口方面,虽然整体技术水平起点较低,但由于我国积极引进和消化吸收国外先进科学技术,并结合自身的优势进行改造和创新,近年来,技术水平有了很大的提高,我国对外技术出口增长速度很快,技术出口金额在近年也达到了一定的水平,与之相联系,我国对美技术出口也有了较快的增长。美国在我国技术与设备出口主要国家和地区中分别列于第二位和第五位。但是,我国的技术出口与发达国家和地区相比仍然处于较低水平,表现在:一是技术出口总规模不大;二是项目规模普遍较小;三是技术层次较低(但近年高新技术出口增长很快)。据联合国数据库数据表明,2002 年,中国高新技术产品对美国出口额仅为 161.65 亿美元,2015 年,中国对美国高新技术产品出口额增长到 1 259.41 亿美元。2017 年,我国高技术产品进出口总额达 12 575.5 亿美元,2017 年,我国高技术产品出口的

---

① 数据来自中华人民共和国国务院新闻办公室:《关于中美经贸摩擦的事实与中方立场》(2018 年 9 月),国务院新闻办公室网站,2018 年 9 月 24 日。

② 卡内基国际和平基金会:《美国对华出口的政治障碍与美中贸易赤字》,2017 年 4 月 10 日。

前 5 大贸易伙伴仍然是我国香港地区、美国、韩国、日本和荷兰,所占比重分别为 23.8％、19.9％、5.9％、5.3％和 4.8％。高新技术产品进口排前 5 位的分别是我国台湾地区、韩国、日本、美国和马来西亚,所占比重分别为 19.4％、17.8％、9.1％、8.2％和 5.4％[①]。早在 2003 年,中国就已成为美国高新技术产品进口的第一大来源地,并一直保持到现在。2001—2011 年,中国在美国高新技术产品进口中的比重也在逐年上升,从 7.0％增长到了 28.9％。

从美国在中国高新技术产品贸易中的地位来看,美国是中国高新技术产品出口第二大市场、进口第四大来源地。2011 年,美国占中国高新技术产品出口、进口总额的比例分别为 20.0％和 7.2％,在中国高新技术产品出口市场和进口来源地中位居第 2 位和第 4 位。在过去 10 年,美国在中国高新技术产品出口中的占比及排名呈现出了"先升后降"的特点。美国占中国高新技术产品出口的比重先从 2001 年的 20.9％上升到了 2003 年的 24.3％,排名也由第 2 位上升到了第 1 位[②]。

综观起来,中美之间技术贸易有着如下一些特点:第一,美方对华技术出口优势明显,历年均为净出口,累计出口顺差金额巨大。其原因显而易见,一方面,我国整体技术水平起点较低,虽然自改革开放以来不断引进和吸收国外的优秀技术成果并在此基础上不断创新,技术水平有了一定的提高,但与国外相比差距依然巨大,同时对先进技术的需求也在不断扩大;另一方面,美方拥有世界领先的科技实力,拥有大量先进而成熟的技术产品,在全球范围内也是一个技术净供给者,其技术出口份额在全球技术出口中占很大的比重。第二,美国在我国技术进口主要国家和地区中位居前列,其技术出口合同金额增长相对稳定,不像其他国家和地区那样大起大落,波动幅度很大。这种情形首先从一个侧面反映了美国本身经济技术实力的强大,加上其经济以内需为主导,出口依存度较低,其技术出口对国内经济景气的拉动效应相对较小,因此它在推动技术出口方面不那么积极。与之相比较,其他国家和地区如日本、德国等由于经济的外向性较明显,出口依存度较大,技术出口对经济的拉动效应大,它们在促进技术出口方面要积极得多。当它们采取各种措施扩大技术出口时,其对华技术出口份额一时间会大幅上升,但由于它们的技术竞争优势相对较弱,措施不得力时又可能会大幅下降。虽然在对华技术出口方

---

① 数据来自中华人民共和国科技部:《2017 年我国高技术产品贸易状况分析报告》。
② 顾学明、崔卫杰:"中美高新技术产品贸易现状、问题及建议",《国际贸易》,2012 年第 9 期,第 23-30 页。

面受到来自其他国家和地区的激烈竞争,但美国对华技术出口却总能保持相当的份额,这是其雄厚科技实力的一个体现。应当说,这还是美方对华技术出口实施了管制的结果,否则其份额还会更高。第三,美国对华技术出口占其对华总出口的比重较小,与其技术大国的地位并不很相称。由于中美科技实力相差悬殊,两国之间的贸易以部门间贸易为主。美方的先进技术产品本是其比较优势所在,故按照比较优势原理,其对华技术出口应在美方对华出口中占主导地位。这与美国对华技术出口严格的管制措施有关。冷战时期,在美国提议下为防止苏联发展高端武器,17个西方国家于1949年11月在巴黎成立了巴黎统筹委员会(简称"巴统"),限制成员国向社会主义国家出口高技术和战略物资。被列为禁运对象的不仅有社会主义国家,还包括一些民族主义国家,总数30个左右。1950年7月,"巴统"贸易管制范围扩大到中国,我们被迫走上了独立自主、自力更生的艰苦道路。1972年,美国总统尼克松访华后,美国放宽对华出口控制,同年"巴统"组织同意改变我国出口许可地位,允许获得与原苏联同等待遇。从1981年起,我国可从美国和其他西方国家得到较为先进的技术。1985年12月,基于"巴统""绿线"政策,我国开始与法国等发展军售关系。1989年后,"巴统"决定取消此前对我国出口控制的放宽,欧盟国家追随美国对华奉行军事制裁政策,刚刚起步的中欧军售即告终止。巴黎统筹委员会解散后,1996年7月,美国等33个国家的代表在荷兰小城瓦森纳签署了新的协议——《瓦森纳协定》,继续限制并且不断强化所谓敏感技术出口。可以说,从冷战时期的"巴统"到后来的"瓦森纳协定",西方国家对高技术出口的控制不仅没有削弱,反而是在不断加强,其本质是最大限度地维护其国家战略安全和经济利益。《瓦森纳协定》对中国产生了重大的影响,当某一成员国拟向中国出口某项高技术时,美国甚至直接出面干涉。如,2004年捷克拟向中国出口"无源雷达设备"时,美便向捷克施加压力,迫使捷克停止了这项交易。《瓦森纳协定》还阻碍中国加入全球生产体系,如中国半导体产业迅速发展,但缺乏核心技术和关键装备。国内企业在国际市场采购设备都先后遭遇到了《瓦森纳协定》的限制,加之产业自身限制,使得中国半导体设备制造业同国际先进水平还有2—3代的差距,落后国际先进水平5—10年左右[1]。

　　中美两国之间的技术贸易虽然屡经波折,摩擦不断,但仍然可以说是在逆境中

---

[1]　华夏幸福产业研究院:《中美高技术贸易不得不说的一大障碍——〈瓦森纳协定〉》,2018年10月29日。

艰难前行。中美技术贸易的发展,既顺应了经济全球化的时代潮流,又对中美两国经济贸易发展发挥了积极、有益的作用。例如,美国航空工业技术与计算机技术的对华转让,加速了中国航空制造领域和计算机领域的产业化过程,同时美国企业在这两个领域也获得了更多的对华贸易机会。对我国来说,积极扩大中美技术贸易尤其是技术引进,不仅可以节约我国宝贵而有限的研究与开发经费,而且可以弥补我国基础研究的不足,通过学习、模仿、创新,在短时间内使我国整体技术水平进一步得到提升,进一步减小与国外的差距,不仅可以使我国企业提高生产效率和生产能力,增强在国内、国际市场的竞争力,而且有助于我国适应国际间产业结构调整浪潮的要求,促进我国产业结构的优化和升级。此外,还可以缩小美方贸易逆差,减少中美贸易摩擦,减轻美国国内的贸易保护主义压力。因此,我们应当积极采取各种既可能又可行的措施来推动中美技术贸易向前发展。

首先,一如既往地通过各种途径和渠道与美方沟通,尽可能对美方施加积极性影响。概括地说,可以采用"上拉下推"的策略:一方面,利用官方渠道对美方国会和政府中与出口管制政策的制定和执行相关的部门和机构进行说服工作,增强美国官方对我国的了解和信任感,从上面来拉动美方对我国的技术出口:另一方面,利用民间途径从下面进行推动,即通过美方与我国有密切经济贸易关系的企业、受到出口管制政策影响而失去许多对华贸易机会的企业和企业团体、有影响力的在美华裔人士和企业家等对美国政府和国会进行游说,施加影响。

其次,继续深化我国体制改革,进一步完善我国法制体系,大力加强知识产权保护,为不断促进中美技术贸易,扩大技术引进提供必要和健康的内部制度环境与宽松的外部条件。美国曾抓住我国在知识产权保护工作中出现的问题大做文章,所以我们尤其要注重知识产权的保护工作,不仅要加强对与技术贸易直接相关的版权、专利权、集成电路布图设计和未公开信息等知识产权的保护,而且也要加强对与技术贸易不直接相关联的其他知识产权的保护,严格按照 WTO《知识产权协议》规则行事,不给美方任何可以利用的借口。改革开放以来,特别是十八大以来,中国不断加大知识产权保护力度,坚持对国内外企业的知识产权一视同仁、同等保护。2018 年 6 月国务院新闻办公室发表《中国与世界贸易组织》白皮书,强调加强知识产权保护是中国的主动作为。加强知识产权保护是完善产权保护制度最重要的内容,也是提高中国经济竞争力最大的激励。中国推进知识产权保护,不仅符合自身发展需要,也有助于进一步完善法治化、国际化、便利化的营商环境。白皮书指出,加入世贸组织后,中国建立健全知识产权法律法规,与多个国家建立知识产权工作机制,积极吸收借鉴国际先进立法经验,构建起符合世贸组织规则和中国国情的知识产权法律体系。白皮书还提到,近年来,我国重新组建国家知识产权局,完善执法力量,加大执法力度。加大行政执法力度,针对重点违法领域,开展专利"护航"行动等专项行动,有效保护了知识产权。从 2001 年起,中国对外支付知识产权费年均增长 17％,2017 年达到 286 亿美元。2017 年,中国发明专利申请量达到 138.2 万件,连续 7 年居世界首位,申请者中近 10％为外国单位和个人;国外来华发明专利申请量达到 13.6 万件,较 2001 年 3.3 万件的申请量增长了 3 倍。世界知识产权组织日前公布,2017 年,中国通过《专利合作条约》(PCT)途径提交的国际专利申请受理量达 5.1 万件,仅次于美国,居全球第二位。2018 年,我国知识产权使用费进出口总额超过 350 亿美元。专利、商标质押融资总额达到 1 224 亿元,同比增长 12.3％。

再次,我国企业还可以采取在美进行企业购并、美国企业建立战略联盟和在美国设立研究机构等方式来扩大技术引进。通过企业购并,可以将被购并美方企业的资产、人员连同技术一起收入我国企业门下,绕过美方出口管制政策的约束,减少引进技术的阻力;与美国企业建立战略联盟,可以发挥双方的技术研究与开发优势,并通过技术换技术,互通有无,达到获得先进技术的目的;我国在美国上市的企业还可以采用在美国技术密集的地区设立研究机构的方式,聘用美国技术研究人员,就近吸收先进技术和工艺。

最后,继续利用发达国家在技术出口方面的竞争关系,争取美方对我国的技术出口。通常可以采取国内外通行的国际公开招标方式,广开技术引进的门路,吸引各国的企业来投标。有时候,当美方看到其他国家有向我国出口某些技术的意向时,也就是美方不出口还有别国出口时,有可能网开一面,允许美国企业向我国出口这些技术。

我们不但要大力引进先进技术,而且要继续努力吸收消化引进的技术并在此基础上积极创新,缔造和完善我国的科学技术创新体系,创造出具有自主知识产权的新技术和新产品,以此来增强我国的技术出口能力,扩大我国的技术出口份额。从某种程度上可以说,技术引进的可能性与技术出口能力成正比,我国的技术出口能力越强,我国在技术引进方面的谈判能力就越强,就越能够削弱美方技术出口管制政策对我们的不利影响。

　　美国前总统克林顿曾指出,一个强大而稳定的中国,有益于美国的战略利益,也有利于维护世界的和平与稳定。越来越多的美方人士认识到,中国的强盛是不可能被"遏制"的,继续执行"遏制"中国的政策,只会把美方原本可以获得的好处拱手让人,只会损害美国的利益。在这一方面,美国有着惨痛的教训。例如,仅美国在核能技术、集成电路技术、程控交换机技术与设备及先进机床设备方面的对华出口管制,就曾使美国企业丧失了总计达上百亿美元的贸易机会,失去了原本可以增加的数十万个工作职位。中国有句古话:"以史为鉴,可以知兴衰"。显然,扩大中美技术贸易,是符合中美双方的长远利益的。中间有不和谐音是难免的。只要美方抛弃"冷战"思维,只要中美双方加强对话,促进沟通,增强彼此的信任,误会是可以消除的。不管某些人乐意还是不乐意,时代潮流是不可逆转的。同样我们可以说,中美技术贸易应当有一个美好的前景,也一定会有一个美好的明天。

第七章

——国际人力资本流动的共同利益分析——

第一节 国际人力资本流动理论的利益分析

人力资本对经济持续增长所创造的贡献已经在很多领域被证实。对服务贸易理论的研究,也正是因为人力资本这一特殊要素的引入,才使其可以被纳入传统国际贸易理论的分析框架。对人力资本同现代国际服务贸易的特殊关系进行分析,有助于政府选择正确的发展路径,通过实施教育培训政策影响本国生产要素的积累,推动服务增长,提高服务贸易的竞争力。

一、人力资本同服务贸易的联系

人力资本是指人们在学校教育、培训、医疗保健、迁移和信息取得等方面的投资所形成的资本。人力资本同实物资本相对。实物资本是有形资本,包括厂房、机器、设备、原材料、土地、货币和其他有价证券等。而人力资本则是体现在人身上的资本,即对生产者进行普通教育、职业培训等支出在生产者身上的凝结,它表现为蕴含于人身上的各种生产知识、劳动与管理技能和健康素质的存量总和。[1] 有形商品生产的三要素是土地(自然资源)、资本和劳动力。服务生产的三要素是资本、劳动力和知识技术。[2] 其中,知识技术最重要,它表达了服务向消费者提供的核心效用,如医疗、教育、咨询等。由于服务具有不同于有形商品的特殊性,即生产消费

---

[1] 谭永生:《人力资本与经济增长》,中国财政经济出版社 2007 年版。
[2] 陈宪、程大中:《国际服务贸易》,高等教育出版社 2003 年版。

一体性,因而服务的核心效用必须以服务的提供者——人为载体。这样,各种要素以人为中心的组合形成了一个相对独立的、重要的生产要素——人力资本。在服务的生产过程中,人力资本是最核心的生产要素。同时,从需求方来看,人们对消费服务所能达到的满足程度也取决于消费者自身的素质和知识水平(即人力资本状况)。正因为人力资本对服务生产的重要意义,人力资本对发展国际服务贸易也起到了极为重要的促进作用。(1)人力资本带来了科学技术的迅速发展,提高了服务的可贸易性。如咨询、银行服务、视听娱乐等也可通过多媒体远程交互信息系统实现交易。(2)人力资本总体水平的提高加快了服务产出的效率和质量,如零售服务中高水平的供应链管理可以改善整体零售服务的质量。因为各国人力资本水平存在差异,国与国服务贸易的相互需求越来越大。

加入人力资本来分析国际贸易理论是否适用于服务贸易,原因有两点:(1)服务生产与有形商品生产的差异和人力资本在二者中的不同运用相关。(2)人力资本对服务的供给和需求都很重要,而国际贸易理论对实践的全面解释也是考虑了供给和需求两个因素。此外,基于要素分析的比较优势理论和基于竞争力分析的竞争优势论,较为全面地解释了国际贸易实践,因而本书也试图从这两个角度来分析人力资本在解释国际贸易理论适用于服务贸易中所起的作用,并在此基础上提出有关提高中国服务贸易竞争力的启示。

二、服务贸易比较优势与人力资本

服务贸易比较优势的分析是按照国际贸易理论中比较优势理论发展的逻辑线索展开的。这就是绝对优势论、相对优势论、要素禀赋论(H-O模型)和产业内贸易理论。

1. 绝对优势、相对优势论

以亚当·斯密和大卫·李嘉图为代表的英国古典经济学家先后提出了绝对优势理论和相对优势理论。在对各国劳动的衡量尺度一致的假设前提下,他们认为劳动生产率不同的国家,可以发展自己的绝对优势和相对优势,进行完全专业化的分工,专门生产自己具有绝对优势和相对优势的产品,通过国际贸易,各国都能从中获利。也就是说,劳动生产率的差异导致了成本的差异,从而导致分工与交换。在服务的生产中,人力资本作为生产要素可以直接改变劳动生产率。人力资本水平高,服务生产的熟练度强,服务供给能力大。因此,如果某一国家密集拥有某一服务行业的人力资本,那么该国在这一服务行业的劳动生产率一定拥有绝对或相对优势。例如,韩国向世界出口其美容医疗服务,菲律宾向世界出口其家政服务(菲佣)。考虑绝对优势和相对优势理论以完全竞争的市场结构、生产规模报酬不变、资源和生产要素不能在国际间流动等为假设前提,劳动生产率差异导致成本差异进而引起分工和交换的结论在服务贸易中同样起作用。这里的劳动生产率优势在商品贸易里是指生产单位商品所耗费的劳动时间最少,成本最低;在服务贸易里是一定量的人力资本创造的服务产出最多,质量最高。

2. 要素禀赋论(H-O 模型)

要素禀赋论将劳动生产率一致作为分析问题的出发点。它假定两个国家用两种资源生产两种产品,各国以自己相对丰富的生产要素从事商品的专业化生产和国际交换,就会处于比较有利的地位。如果两国生产要素存量的比例不同,即使两国相同生产要素的生产率完全一样,也会产生生产成本的差异,从而使两国发生贸易。一句话,H-O 模型认为是资源存量的差异导致成本差异,从而导致分工与交换。服务生产也需要多种要素,但其中最重要的还是融资本、劳动力和技术为一体的人力资本要素。如果两国生产同一种服务产品,但同一技术水平上的人力资本存量有差异,那么人力资本存量多的国家,人力资本价格就相对较低,该国生产这种服务就具有比较优势。也就是说,有形商品生产中的要素价格与资源禀赋稀缺性的关系在服务生产中同样成立。比较优势来源于价格差异,价格差异来自两条路径。一是绝对优势论和比较优势论中所说的劳动生产率差异,二是 H-O 模型中所说的要素存量差异。在服务的生产中,劳动生产率很大程度上取决于人力资本的技术含量,同时,人力资本作为要素投入在服务生产中最重要。因此对于服务而言,上述决定价格和比较优势的两方面都同人力资本有十分重要的关系。事实上,高收入国家人力资本存量丰富,人力资本技术含量高,因而在金融、工程咨询、信息处理等资本、技术密集型的服务上相对价格较低,具有比较优势,而发展中国家劳动人口多,但人力资本技术含量较低,因而在工程承包等劳动密集型服务上价格较低,具有比较优势。

3. 产业内贸易理论

绝对优势、相对优势论和 H-O 模型能很好解释贸易为何在不同产业间发生,那么,同一产业内贸易又如何解释呢?产业内贸易分同质产品的产业内贸易和异质产品的产业内贸易。在传统的国际贸易理论里,我们用规模经济的存在来解释同质产品的产业内贸易,用产品牌号、规格、服务特点上的不同来解释异质产品的产业内贸易。服务贸易同样存在产业间贸易和产业内贸易之分。例如,A 国向 B 国出口旅游服务,从 B 国进口教育服务,旅游和教育属于完全不同的服务部门,所以是产业间服务贸易。那如果 A 国向 B 国出口视听服务,同时也从 B 国进口视听服务,这就属于产业内服务贸易。

规模经济在服务业中的实现不同于制造业。由于生产和消费的不可分离性,服务不可能像货物那样集中生产。很多服务是在很大区域内为消费者分别设置很多进入点,因此实现规模经济的方式同有形商品生产有很大不同。制造业可以将生产资料集中于某一地进行大规模生产,然后通过运输将产成品送至最终消费者那里。而服务生产需要尽可能地靠近消费者,如银行服务、零售服务等。所以,服务业要实现规模经济,只有对无形资产与管理资源的规模使用,才能解决服务业经营管理大规模性和分散性的矛盾。从这个角度来看,人力资本的水平很大程度决定了大范围使用、调配和管理资源的能力。

服务业异质产品的产业内贸易是我们所常见的。例如,娱乐服务中的音乐会或杂技表演,每个国家都会拥有高水平的乐队或杂技团,但仍有互相交流的必要和可能。因为每个国家的乐队或杂技团各具民族特色和演奏特色,使消费者无需出国,就可以领略到异国风情,受到多元文化的熏陶。这种服务贸易的发生主要是由于贸易国在人力资本上拥有某种差异性的文化。

上述各时期的贸易理论都因人力资本的介入较好地解释了服务贸易的发生。可以看出,服务贸易的比较优势是以人力资本为基础的。

三、服务贸易竞争优势与人力资本

缺少竞争优势理论的贸易理论是不完备的。比较优势理论指导一国根据自己的现有条件生产什么,出口什么;而竞争优势理论则指导我们如何生产才能在国际贸易中占据有利的地位。国际贸易理论中的竞争优势论以美国哈佛商学院迈克尔·波特教授提出的"国家竞争优势论"为代表。他认为国家竞争优势在微观上是企业内部的活力和创新力,中观上,在产业发展的过程中,研发、销售和服务等各环节的创新带来的高附加值是产业获得竞争优势的关键;在宏观上,他强调国家应从全局的高度,根据一国范围内可以调度的资源,将局部优势整合为综合竞争优势。同货物贸易相同,服务贸易的比较优势也是动态的。传统的比较优势是由要素禀赋和交易条件决定的静态优势,但任何一个国家的比较优势都不是一成不变的。① 随着时间的推移,旧的比较优势将逐渐消失,新的比较优势将不断产生。比较优势只有在不断的动态变化中才能转化为竞争优势。服务贸易的比较优势是以人力资本为基础的,因而人力资本在服务贸易比较优势转化为竞争优势的过程中具有重要作用。如何使用人力资本获得服务贸易的竞争优势? 一是通过人力资本积累,二是合理利用人力资本的高度流动性。

1. 通过人力资本积累获得的服务贸易竞争优势

在生产上,一国可以通过人力资本积累改变该国要素禀赋的状况。由于服务业同人力资本高度相关,因而当一国人力资本积累速度快于物质资本的积累速度时,三次产业中的服务业将快速发展,服务贸易随之增长。同时,服务产业的内部结构也会由于人力资本的积累而获得提升。也就是说,该国因为人力资本这一生产要素的增加,服务生产和贸易的比较优势会由劳动力密集型服务部门或资本密集型服务部门转向人力资本密集型的服务部门,现代服务业将取代传统服务业成为该国服务贸易的优势产业,原先传统服务业也会由于人力资本状况的改善而提高竞争力。除此之外,人力资本边际报酬递增的规律使人力资本增加带来的产出增长远远大于物质资本增加后的产出增长。因而一国人力资本的积累还会促进物质资本的积累,进而推动该国产业结构的平衡发展和演进。人力资本积累促动下的物质产出和服务产出的互动增长又反过来提高服务业和服务贸易的整体竞争力。② 从需求的角度来看,人力资本积累可以改善国内服务需求的结构、服务市场的规模,进而提高服务业和服务贸易的竞争力。同有形商品生产相比,服务生产更强调需求方的因素。注重人力资本积累的国家,居民素质和受教育程度和收入普遍提高。这样,在服务生产中需求方更多的合作会导致更高的服务生产效率;服务需求偏好会呈现出多样性和层次性。整个国家服务业会由于需求的推动获得更快的发展。也就是说,人力资本与收入高度相关,收入与需求密切相连,所以,服务需求的放大和需求结构的多样化,成为服务贸易量扩大和贸易模式多元化的推动力,

---

① 江永红:《中国可持续发展背景下人力资本研究》,经济科学出版社 2007 年版。

② 申朴:《服务贸易中的动态比较优势研究》,复旦大学出版社 2005 年版。

人力资本则是形成这一推动力的催化剂。

2. 通过充分利用人力资本流动性获得的服务贸易竞争优势

服务贸易的发生往往与要素的移动同时进行。无论是过境交付、境外消费、商业存在还是自然人移动,都要涉及劳动力、资本、信息中的一项或多项移动。服务贸易生产要素的移动比货物贸易频繁得多。一是服务要素的流动性强,二是生产服务的每种要素都可以单独流动,特别是人力资本这一要素,任何一种服务提供形式都必须包含人力资本。因而在服务贸易自由化的过程中,服务贸易参与国可以运用竞争优势观点,从国家全局的高度,充分利用国内、国外流动的人力资本要素,结合本国国情,提高本国服务贸易竞争力。上述分析对我国服务贸易的发展有着重要的启示。人力资源丰富是中国服务贸易发展的静态比较优势。就短期来说,发挥比较优势在很大程度上就意味着发挥劳动力的数量优势,意味着发展"劳动密集型服务业",通过逐渐积累资本,提高资本-劳动比,为比较优势的动态转换和贸易模式的演进升级创造条件。就长期而言,避免比较劣势、增强国际竞争实力在相当大程度上意味着克服人力资本"低水平陷阱",大力发展"知识技术密集型服务业"。由短期比较优势发展为长期竞争优势,其关键在于通过适当的途径和机制把丰富的处于自然状态的人力资本开发转换为具有现实生产能力和知识技能的雄厚人力资本。

第二节　国际人力资本流动实践的利益分析

伴随着"人力资本"概念的提出,人力资本的作用在经济学界受到广泛的关注,成为研究经济增长与经济发展的一个新的重要领域。一些学者认为,人力资本的外流是国家经济发展受限的重要因素。还有学者认为,人力资本的国际流动不仅会带来国家间收入的永久性差异,还会带来国家间经济增长率的永久性差异。因此,人力资本的国际流动可能成为不同国家经济增长率差异的重要解释变量。人力资本国际流动的重要性越来越受到学者们的关注。

一、人力资本国际流动的方向与原因

人才流动长期以来就是一个备受争议的世界性难题,它对于整个世界经济以及流出国、流入国的影响至今仍无定论。20世纪下半叶以来,国际迁移呈现多元化的特征,最显著的特征就是高级人才在国际移民中的比例上升,其流动方向主要是从发展中国家流向发达国家,随着经济全球化,高素质人口迁移的比例还将继续扩大。Allan M. Williams(2005)根据智力的国际分配的静态影响对人力资本的国际流动进行了分类,将人力资本的国际流动分为智力交换、智力流失、智力溢出、智力浪费、智力流通等。其中,智力流失是人力资本国际流动中最受争议的焦点,因为人力资本永久性地从发展中国家向发达国家的流动将会给整个世界经济的均衡发展带来深远而复杂的影响。这也是本书探讨的重点。

1. 人力资本流动的方向和流量

20世纪90年代以来,有关高技能人才的国际流动没有确切的数据,但是有证据表明,越来越多的人才从亚洲、非洲和南美洲的发展中国家流向美国、加拿大、澳大利亚和西欧的发达国家,智力流失成为人力资本国际流动最主要的形式。具体说来有以下特征:

(1) 发达国家是主要的人力资本流入国,其中美国是最大的流入国,此外,加拿大、德国、法国和英国,以及亚洲的一些新兴工业国家如新加坡也是人力资本净流入国。到2000年,发达国家高技能的外国移民在本国高技能劳动者总数中占据有很显著的比重。

(2) 发展中国家为主要的人力资本流出国。非洲大陆是智力流失最为严重的地区。1999年,在40%的非洲国家中,超过35%的高校毕业生定居在国外。中南美洲、加勒比海地区的小国流失将近1/3的高技能人才。亚洲是智力流失人口最多的地区,印度是其中最主要的流出国,亚洲的其他国家,如巴基斯坦、中国、泰国、斯里兰卡和越南,同样面临着智力流失带来的各种问题。

2. 人力资本国际流动的主要原因

人才跨国流动的产生和发展的根本原因是国际分工和世界经济一体化的发展,是经济发展客观规律的作用。具体来说,人才跨国流动的原因可以概括为两个方面:人才流动的个人动机,包括对好的经济收益、个人发展前景和工作环境等的预期;人才流动的外在因素,包括各国政治、经济环境的差异,对生产要素流动的控制程度和政策,以及跨国公司在世界各地的投资和贸易行为等。

(1) 人才跨国流动的个人动机。

第一,追求经济收益因素。从微观角度看,每一项流动决策的作出都取决于流动主体对流动收益和流动成本的衡量。经济学家们很早就注意到,经济因素是影响流动决策的最根本因素。舒尔茨的人力资本理论指出,"薪金意味着价格,它们隐含着市场规律。对于特殊的高技术薪金,市场会扩展到国际范围。作为对该市场上薪金的一种反映,人们会在国际之间进行流动。因此,有些人才资源的配置是在国际范围内进行的".[①] 也就是说,人力资源在国际间具有很强的流动性,发展中国家薪资报酬若不向发达国家看齐,其人才就有移居发达国家和地区以享受较高待遇的可能,这反映出人才的经济人本性。因此,追求更高的预期收益是人才国际流动的一个根本动力。当然,这个预期收益不仅仅考虑的是工资待遇,而是综合考虑了流动成本,就业概率,在迁移地生活的各种收益、成本和风险,包括心理因素等的综合结果。人才国际流动实际上就是由预期收益推动的一个"自我选择"的过程,当预期收益减去各种成本之后所得的净收益大于在国内的预期收益时,人们就会选择流动。发展中国家的人才大量流向发达国家正是因为人们看到在国民收入高、社会福利好的发达国家可以获得更多的预期收益。

第二,追求成功因素。除了获得更高的经济收益,追求事业和学业上的成功也是人才流动的一个重要因素,尤其是对于科学家、学生及其他学术研究人员而言。人才总是流向有利于其事业发展和自身价值充分体现的地方。美国等发达国家经济实力雄厚、科技投入大,占有世界上大部分的科技资源并汇集了世界级优秀科学家和著名学府。发达国家的平均研发支出占国内生产总值的 2% 以上,占世界研发总支出的 84.4%,而发展中国家则平均只有 0.6%,仅占世界研发总支出的 15.6%[②]。科技教育投入上的巨大落差造成了世界科技资源分布的极度不均,正是发达国家丰富的科技和教育资源对其他国家尤其是发展中国家的科学家、学者和留学生形成了巨大的吸引力,吸引着他们纷纷奔向美国等发达国家工作或求学。这些地区知识总体水平高、信息传播速度快、学术交流与合作频繁,具备知识生产的良好环境特质,在这种环境中无论求学还是进行科研都更容易有所成就。诺贝尔奖的大部分得主都是美国人就是一个最好的证明。

第三,追求工作环境因素。工作环境尤其是创业环境则是影响创业人才流动的一个直接因素。创业者是拥有资本和商业创意,以建立某种商业组织或从事某

---

① 西奥多·W.舒尔茨:《论人力资本投资》,北京经济学院出版社 1990 年版,第 184 页。

② 联合国教科文组织网站 http://stats.uis.unesco.org/unesco/tableviewer/document·aspx? FileId = 76。

种商业活动为目的的人。他们是一群特殊的人才,不仅拥有高等学历,更具有商业创造和资源运用的特殊才能。良好的投资环境、充足的风险资本、完善的资本市场、优惠的税收政策以及公众资金的支持等对创业者最具吸引力,也是良好创业环境的最基本特质,是创业成功的必要条件。许多发展中国家甚至欧洲发达国家的优秀创业者之所以竞相前往美国,就是因为美国拥有创业环境上的优势。美国硅谷就是最好的例证。美国硅谷被公认为世界"创业精神"的典范。自 1980 年以来,中国人和印度人在硅谷创立的技术公司已达 3 000 余家。除亚洲人之外,大量欧洲创业者也汇聚硅谷,这与欧洲缺少风险资本和冒险精神等有很大关系。

(2) 人才跨国流动的外在动因。

第一,国家间环境差异因素。世界各国政治、经济环境存在的差异是导致人才跨国流动的显著宏观因素。一般来说,人们总是倾向于在和谐稳定的社会环境中工作和生活,国内政治动荡、经济环境不稳定是许多优秀人才纷纷离开母国的一个不可忽视的原因。当一个国家出现较大规模的社会动乱甚至爆发战争时,势必会有大量的人才迁居国外,最典型的表现便是二战期间科学家迁居美国。在第二次世界大战期间,由于战乱以及纳粹德国迫害犹太人的疯狂举措,许多犹太商人和科学家纷纷离开作为主战场的欧洲而避居没有战火蔓延的美国,仅德国和奥地利就有近 200 名科学家移居美国,其中包括 20 世纪人类最优秀的科学家爱因斯坦。大批外来人才的流入,给美国节省了巨额智力投资,促进了美国社会经济的发展。二战以后,美国成为了全球第一经济大国。从二战以后美国吸引人才的现实来看,留学、移民、工作签证被认为是美国在激烈的国际人才竞争中制胜的三大法宝,而高度发达的教育与科研体系、良好的工薪待遇与工作及生活条件、高度开放与包容的社会环境以及个人成才的广阔空间与机遇则是美国成功吸引外国人才的关键优势因素。

第二,国家间人才政策差异因素。人才跨国流动是人力资本在世界范围内的重新配置,因此,必定会受到各国对人才控制程度与政策的影响,即人才跨国流动规模必然会受到各国对人才流动政策的影响。在全球范围内的人才竞争中,无论是发展中国家还是发达国家都制定了一系列优惠的政策,增强对高级人才的吸引力;相反,有一些国家由于采取严格的限制人才流动的政策,使人才的国际流动相当困难。例如,以前的德国、法国都是经济和技术发达的国家,但由于它们一直采取较为严格的移民政策,流入这两个国家的高技术人才相对较少。而与它们相对的美国由于采取了多种优惠政策吸引国外的高技术人才,流入了大量的高技术人才。

第三,跨国公司全球扩展因素。人才跨国流动与跨国公司的全球扩展也紧密相关。自20世纪50年代以来,美国跨国公司开始向外扩张,西欧、日本的跨国公司也迅速崛起并不断通过兼并、收购和新建分公司或子公司向海外扩张。跨国公司海外业务的蓬勃发展形成了对新的高级管理人员和关键性技术人员的巨大需求。在发展初期,为了满足公司总体战略需要、保持公司文化的一致性、维持公司在东道国的技术优势和垄断地位,跨国公司通常采用内部人员转移的方式,即由总公司或母公司外派高级管理人员和关键性技术人员到东道国当地分公司或子公司。如此一来,就引起了管理人员及技术人员在各国间的流动,这种人才国际流动的方式不是个人选择的结果,而是公司决策的结果。但是,随着经济全球化的发展,跨国公司在世界各国进行投资和贸易,几乎遍布世界各个国家和地区的所有经济领域和产业部门,左右着世界经济。且跨国公司在世界各地的投资促进了人才的跨国流动,人才国际化也日益成为普遍的现象。

二、人力资本国际流动的利益影响

关于人才跨国流动的效应,世界各国政府及学术界一般持有两种态度:"国际模式"和"本国模式"。具体来说[1]:

持"国际模式"观点的人认为人才在国际间流动是人力资本在世界范围内的重新配置,有助于资源的有效利用,对整个世界来说是有利的,而对人才流失国并不发生损害。他们认为对"人才外流"问题毋需大惊小怪,将全世界整体作为一个人力资源供需市场来看,人才流动是人才市场供求自然调节的结果,只要能够为全人类贡献其才能,无论人才流动到哪个国家都是件好事。退一步而言,人才的跨国流动对人才外流现象比较严重的发展中国家也有益处,外流人才可以成为母国与国际间经济、文化、科技、教育合作的桥梁;若限制人才流动或强制旅外人才回国,可能会因国内经济发展程度或科技水平等因素所限,而不能使之发挥所长,反而会造成人才的浪费。当然,持这种观点的学者多半来自从人才跨国流动当中获益匪浅的人才净流入国。

---

① 陈韶光、袁伦渠:"人才国际流动的效应分析",《管理世界》,2004年第10期。

持"本国模式"的学者则认为由于劳动力市场的不完整性、人才的跨国流动将使发展中国家的福利受损。"人才"是一个国家的人力资本,人才外流就如同资金外流或资源被掠夺,对流出国来说是重大损失。从国与国之间的角度来看,发展中国家的人才大量流入发达国家,就如同穷国以人才援助富国,将造成国际间人力资本分布的严重不均,加剧了富国更富、穷国更穷的"马太效应"。持有这种观点的人士多数为在人才跨国流动机制中处于劣势的发展中国家学者,他们主要从国家利益出发,坚决主张人才回流。

应该说,以上两种观点都是有失偏颇的。人才跨国流动是人力资本在全球市场的重新配置,作为生产要素的自由流动,这无论是对人才的流入国还是流出国来说,都是既有利也有弊的。因此,在分析人才跨国流动的效应时,不能只强调其中的一面而忽视另一面。

1. 人力资本国际流动对整个国际的利益影响

人力资本的流失将会造成流出国人均收入增长率的永久性的降低;而对于流入国来说经济增长的影响则不明确,它将会随着两国间人力资本平均水平比率的变化而变化。进一步的研究表明人力资本的流动将会造成国家间经济增长率永久性的差异。还有一些学者提出利用"S 型"的生产函数模型来分析智力流失对整个国际福利的影响。这个模型描述在不同的发展水平上人力资本有不同的边际回报率,可以是递增、递减或者微不足道。发展中国家在"S 型"的生产函数的下端,新增一名高级人才带来的边际回报率会递增;相反,发达国家可能处在"S 型"生产函数的上端,在拥有大量的高素质人才的前提下,额外增加的人才可能会带来递减的边际回报率。在极端的情形下,最不发达国家(LDC)处在"S 型"生产函数的最开始端,它们拥有的高级人才的数量很少,还不满足产生边际回报率的最低门槛,这时人力资本的边际回报率是微不足道的,然而增加一定数量的高级人才,越过人力资本的"门槛"能够带来显著增加的回报率。因此,高级人才在发展中国家比在发达国家更有价值。发展中国家人才数量的减少甚至可能导致其生产函数倒退到"S型"的最开始端,从而落入人力资本稀缺的陷阱。智力流失并不能带来"双赢"的效应,在很大程度上它是"你赢我输"的,一方福利的提高是基于另一方福利的减少的。发展中国家是智力流失的受害国,并且负面的影响并不仅仅限于经济,它还涉及社会生活的方方面面。发展中国家与发达国家越来越悬殊的贫富差距,以及发展中国家的各种严重社会问题对发达国家本身来说也并不是一件好事。

2. 人力资本国际流动对流出国的利益影响

对于发展中国家来说,人力资本外流的收益主要取决于外流的人才把他们在其他国家所学的先进思想和技术带回国并应用到实践上,但是事实上发展中国家与发达国家之间的人才流动大多数是单向的,发展中国家的移民更倾向于留在发达国家工作和生活。例如,1990—1991 年,79％的印度留学生与 88％的中国留学生在获得 PhD 学位后继续在美国工作;相对而言,只有 11％的韩国留学生与 15％的日本留学生在获得科学与工程博士学位后到 1995 年还在美国继续工作。因此对于发展中国家来说,智力流失也许会带来很大的负面效应。

(1) 对财政收入的影响。智力流失给发展中国家的财政收入带来较大影响,一方面人才的流失会减少税收收入的税基,另一方面高等人才往往是国家征税税率最高的对象,因此,国家财政税收会随着高等人才的流失而流失。据统计,尽管美籍印度人只占印度总人口的 0.1％,但是他们在美国的收入等于印度国民收入的 10％,相应的研究表明有近 1/3 的个人所得税随着移民的离开而化为乌有。其他发展中国家也面临着类似的问题。

智力流失除了对个人所得税会产生直接的影响,还有会对其他种类的税收产生间接的影响。高素质人才的流失使得直接税更难征收,政府更加依赖于间接税。像很多发展中国家一样,印度在更大程度上依赖于间接税,约有 65.6％的税收收入来自间接税。此外,智力流失还会造成征税的扭曲。政府为了挽留人才而降低个人所得税的边际税率,使得低收入者相应要承担更重的负担,从而削弱了税收作为社会调节器的作用。

(2) 对教育体制的影响。在绝大部分的国家里,国家都会划拨大量的财政收入以资助一部分的教育费用,而这一部分的资金几乎完全来自纳税人。智力流失意味着发展中国家的人才在接受纳税人的资助完成高等教育之后离开自己的国家,一方面没有把积累在自己身上的知识回馈给本国,造福本国人民;另一方面也意味着没有对本国履行纳税的义务以资助下一代的教育。由于智力的流失带走了很大一部分的政府财政收入,政府将缺乏足够教育更多的公民的资金;更为严重的是,因为对教育的投资随着智力流失而化为乌有,政府和纳税人将会越来越缺乏投资教育的激励,从而越来越弱化一个国家的教育体系。同时,由于国内缺乏良好的教育条件,更多的学生会选择在海外接受教育并留在海外生活,从而使得本国的教育体系陷入一个恶性循环:智力流失——缺乏对教育投资的激励、减少教育投资——教育条件恶化——学生外流、智力流失——教育条件进一步恶化。

(3) 对人才体系建立的影响。哈佛大学的教授 Mihir Desai 认为,损失大量的"最优秀和最聪明"的人才会给一个国家带来难以估量的负面影响,这些损失会伤害所谓的"协助性因素"——高技能人才、普通工人、企业家和资本提供者的整合。更进一步,受过高等教育的人才的大量流失甚至会导致一个国家无法满足达到形成人才群体"关键性集合"的最低需要,从而无法形成国内完整的人才体系。经济学家 Thomas Schelling 在研究了"关键性集合理论"后指出智力流失有可能导致一国陷入一个恶性循环:高素质人才的流失会导致越来越多的人才的流失。这是因为人才需要群体的协助和配合,首先,人才本身需要其他的人才的配合,互相协助才能共同完成工作,对社会有所贡献。现代科学技术多元化、宽领域、综合性和边缘化的特征决定了单独一个人有限的精力、能力和知识结构很难完成一项科研;其次,人本身需要归属感,受过高等教育的人需要归属于一个知识层次较高的团体,他希望他身边的人的能力和知识结构与他相当。当这些条件不满足的时候,他就需要离开,去国外寻找这样的群体。因此,每个人的去留都有连锁反映,个人的离开导致这样的团体的数量和规模越来越小,因而人力资本的流失会导致越来越多的人力资本的流失,从而影响一个国家完整的人才体系的建立。

(4) 对国家制度革新的影响。经济学家贝克认为,发展中国家人力资本的流失不仅仅是"智力的流失",而且是"变革的流失",这些知识分子本应该帮助国家改革和振兴的。他们的离开在一定程度上带走了"中产阶级对政治稳定而有力的影响"。同时,经济、社会和教育的进步尤其依赖足够数量的高素质人才来组织人力资本的最有效使用,并对未来国家适用的制度有基本的展望,人力资本的流失无疑限制了国家制度革新的步伐。

3. 人力资本国际流动对流入国的利益影响

(1) 对流入国的正面效应。对流入国的正效应,主要表现在三个方面:①流入的国外人才所从事的往往是流入国人才供给不足的工作,这是对流入国人才的有效供给,能够缓解这些国家人才匮乏的困境。②人才的流入会增加流入国的人力资本总量,为这些国家节省了大量的教育培养经费。在没有增加投入的情况下能够获得较高的收益,这无疑将有利于流入国经济长期的发展。作为人才流入国美国,近30年来通过各种方式和手段获得了来自数十个国家的数以百万计的专门人才,仅在教育费用上,美国就省下了3 000亿美元,这相当于3 000亿美元流入了美国。③国外人才的流入会促进流入国经济的快速发展,增强流入国的竞争力。以美国为例,美国经济的高速发展以及世界经济强国的形成,在很大程度上得益于从其他国家吸引的高层次人才。据一项调查表明,美国每年因人才流入获得的效益达60亿美元,而发展中国家因人才流失造成的损失每年则高达80亿美元。从1949—1969年,美国从发展中国家获得14.3万高级人才,这些人在20年内至少为美国创造了1 000亿美元的财富。1969—1979年,流入美国的各类专门人才达50万,其中37.5万来自发展中国家。1987年,在美国各大学深造的外国留学生达30万,其中60%攻读理工科,有25%的外国留学生在取得科学家或工程师职位后定居美国,从而纳入了美国的"人才库"。① 2004年,全世界近40%的国际学生来美学习,2006—2007学年美国接受国际学生58.3万人。外国学生在美国高校毕业后,多数留在美国继续深造或工作,其中有一半人定居美国,这些人很多成为美国科技界的中坚骨干力量。事实说明,美国的开放政策、教育和科学水准吸引了世界各国的科学家、艺术家,而各国移民是美国经济、文化建设的强大推动力,以科技研究和艺术创作的丰硕成果为美国作出重大贡献。在美国科学研究领域,许多移民做出了重大贡献,分别获得诺贝尔生理学或医学奖、物理学奖、化学奖和经济学奖。自1901年至2016年,各国共有911人和组织获得诺贝尔奖,美国获奖者有350个,其中100多名生于美国之外的其他国家。获得1907年物理学奖的艾尔伯特·迈克尔森(Albert Michelson)是第一个获得该奖的美国人,生于普鲁士;获得2016年经济学奖的本特·霍尔斯特罗姆(Bengt Holmstrom)生于芬兰,现执教于麻省理工学院。历年来,英国籍和德国籍的获奖者也很多,需指出的是,其中很多人获奖时都在美国工作。2016年荣获诺贝尔科学奖的9个人均在美国名牌大学执教,均非生于美国,而是分别来自英国、土耳其、芬兰和爱尔兰。美国各种奖项评选结果也往往说明移民之中出类拔萃者大有人在:普利策音乐奖获奖者之中,移民的比例多年来总是很高的。历届国家图书奖获奖者也包括多名华裔作家。为40岁以下美国优秀经济学家颁发的"约翰·贝茨·克拉克奖章",35%获得者是外国生人,

---

① 陈昭锋、黄巍东:"海外科技人才聚集创业的途径研究",《科技进步与对策》,2001年第6期。

来自印度、土耳其和乌克兰等国。美国乔治·梅森大学美国经济和全球化项目联合主任丹尼尔·格里斯沃尔德(Daniel Griswold)在《移民丰富了美国文化并增强了我们在世界上的影响》一文中写道:"我们是一个移民国家。接连不断的移民潮使我们国家在人口上保持年轻,丰富了我们的文化,增强了美国在全球经济中的贸易和投资能力。移民使我们的经济保持灵活,使美国生产者能降低物价,适应消费者的需求。1997年,国家科学院一项权威性研究下结论称,移民给美国经济提供了'意义重大的绝对好处。'"[1]Farhad Manjoo 在《纽约时报》发表《硅谷为何没有移民就无法工作?》一文,用事实说明,硅谷不能没有移民[2]。Shaywitz 指出,美国价值最高的初创企业中,有51%是由移民创办的[3]。近年来,美国政府以"国家安全"为由,对中美人文交流人为设限。2018年4月,在美国国立卫生研究院的调查要求下,美国安德森癌症研究中心解除了与三位高级研究人员的关系,并称这三位华人研究人员"严重违反了规则"。2019年5月,美国埃默里大学(Emory University)开除两名资深华裔生物学家并关闭了他们的实验室。在这一背景下,有识之士均对此忧心忡忡,丹尼尔·格里斯沃尔德写道:"如果我们以安全的名义给前来工作、为他们自己及其家庭创建更好的生活的移民关上大门,这是一个国家的耻辱……如果我们愚蠢地把有技能、有教育的移民挡在边界之外,硅谷及其他高科技部门将会失去机能。"[4]耶鲁大学校长苏必德发表声明,强调国际学生和学者是受欢迎和尊重的,开放是美国顶尖大学取得卓越成就的关键,也必须始终是耶鲁大学的标志[5]。

(2) 对流入国的负面效应。人才的跨国流动对于人才流入国的影响也存在着一定的负面效应,主要表现在就业和工资水平上。由于人才是一种高级生产要素,所以,人才的流入就会对流入国本国的劳动力市场产生影响。根据经济学的一般理论,如果供给增加,需求不变,那么,价格就会下降。在劳动力市场上就表现为工

---

[1]　Daniel Griswold, Immigrants Have Enriched American Culture and Enhanced Our Influence in the World, *Cato Institute*, February 18, 2002.

[2]　Farhad Manjoo, Why Silicon Valley wouldn't work without immigrants, *New York Times*, Feb. 9, 2017.

[3]　David A. Shaywitz, Immigrants Make Silicon Valley Great, *FEE*, September 23, 2016.

[4]　Daniel Griswold, Immigrants Have Enriched American Culture and Enhanced Our Influence in the World, *Cato Institute*, February 18, 2002.

[5]　"美国学术交流审查加剧引发学术界不安,耶鲁大学校长声明:'开放'才是'卓越'的关键",《央广网》, 2019年5月26日。

资水平下降。另外,流入的国际人才会对本国本土的同类工人的就业产生"挤出效应""替代效应",从而影响本国国内相关人员的就业。

第三节　中国与发达国家人力资本流动共同利益的实现

近十年来,跨国公司正在改变本土从事研发活动的方式,加快向海外转移研发基地的进程。联合国贸发会议对 2004—2005 年研发支出最多的跨国公司调研表明,有一半以上企业在中国、印度或新加坡开展研发活动。跨国公司海外研发费用占其研发总支出的比重,瑞典已经从 1995 年的 22% 提高到 2003 年的 43%,美国从 1994 年的 11% 提高到 2002 年的 13%。外商投资企业在发展中国家研发费用中所占份额,已经从 1996 年 2% 上升到 2003 年 18%。发展中国家如印度和中国已能够普遍地参与研发国际化过程①。全球科技创新一体化趋势日趋凸现,创新全球一体化进程中跨国公司科技资源密切互动必然伴随国际间人力资本频繁流动,在这一背景下我国人力资本国际流动呈现出一些新的特征,影响着我国创新体系的建设。

人力资本国际流动的相关理论研究主要集中表现为:(1)探讨人力资本国际流动的动因。人事配置不当、人际关系失调、成就需求动机、两地收入差别、工作机会增减、迁移成本等因素导致国际间人力资本流动,而且这种流动随科技创新全球一体化进程提速愈演愈烈②。(2)研究人力资本国际流动的利弊。目前存在两种观点:一是主张"本国模式",如 Bhagwati(1974),Mcculloch(1975)等学者认为由于劳动力市场不完整性,人才流失将使发展中国家福利受损,对企业而言,会造成组织机构不稳定,损害企业凝聚力,降低工作效率,增加企业培训成本;对国家和社会而言,严重的智力流失将会造成发展中国家关键性专门人才供给减少,从而使整个社会经济付出较高代价③。二是持"国际模式",如 Grubel(1985),Stark(1998)等认为,人力资本在国际间流动反映了边际生产力不同,有助于资源的有效利用,增

① 　江小娟:"利用全球科技资源,提高自主创新能力",《经济改革与发展》,2006 年第 7 期,第 38-40 页。
② 　Meclelland D C. Achievement and Entrepreneurship: A Longitudinal Study, *Journal of Personality and Social Psychology*, 1965(1): 389-392.
③ 　刘健、牛强、李国平:"我国智力外流的新特点及其对策研究",《科学学研究》,2005 年第 3 期,第 352-356 页。

加世界福利,对人力资本流失国没有损害,反而人力资本回流带来"增智效应"有利于满足"人才"个人自我发展意愿和组织(企业组织、科研组织、政治组织)创新,使整个社会肌体充满活力①。(3)研究针对人力资本国际流动的具体措施。通过提高人力资本经济收益、非经济收益、构筑利益共同体、创造和谐环境、弘扬民族传统文化等一些具体措施防止人力资本流失②。人力资本国际流动问题正成为国内外研究热点,目前关于人力资本国际流动的相关分析缺乏特定的权变环境,针对性不强,导致争议较多。本书研究视角将在科技创新全球一体化这一特定背景下,着重探讨我国人力资本国际流动新特征对我国创新体系的影响及相应引导机制的设计。

一、我国人力资本国际流动的新特征

伴随科技创新全球一体化进程提速,科技资源通过跨国创新网络紧密互动促进人力资本在全球范围内频繁流动。在这一背景下,我国人力资本国际化流动出现了新特征。近十年来,我国高端人力资本流失相当严重。美国硅谷20万名工程技术人员中,有6万名是中国人。2001年,美国从海外引进11 595名持有H-1B签证的高科技人才中,中国人占10%。最近,美国提出未来10年至少从国外招揽100万高科技人才。英国、德国、日本等发达国家都推出各种优厚的移民、留学政策,从其他国家掠夺高端人力资本。伴随科技创新全球一体化进程推进,高素质人才迁移比例还将继续扩大。我国人力资本国际化流动"暗流"是继"明流"之后的又一种人力资本流动方式。我国人力资本通过出国留学、外派劳务、技术移民等方式大量流向国外是一种"明流"。1978年以来,公派出国留学生中毕业回国服务的尚不足一半,有些年份尚不足1/3。这是人力资本"明流"的主要表现。近年来,随着跨国公司实施人才"本土化"战略,我国人力资本出现"潜流"现象——虽然人仍在母国工作,却为跨国公司或国际集团服务。跨国公司将人才战略定位于从国际市场争夺转向就地掠夺,对高科技人才的争夺变成"零距离""面对面"争夺。一是设立研究机构吸引大批优秀人才。国家人事部研究报告显示,目前已有来自14个国家400多家世界500强企业在华建立了研发机构,主要集中于计算机、通信、化工、电子、汽车、医药等行业。二是设立"管理学院"或"培训中心",加快人才"本土化"

---

① Grubel H. G. *Economics of the Brain Drain in International Encyclopedia of Education*, Oxford, 1985.
② 陈韶光、袁伦渠:"人才国际流动的效应分析",《管理世界》,2004年第10期,第147-148页。

培养进程。如摩托罗拉大学,每年吸收我国一大批年轻学员展开培训,向他们灌输摩托罗拉企业文化及其业务知识。三是不仅挖掘"现有人才",而且物色人才苗子。如摩托罗拉公司 2000 年在我国启动"希望之星奖学金",将单纯的人员资助转变成人才培养。

我国人力资本在大量外流的同时,近几年又出现回流趋势。由于国内经济处于上升趋势,再辅之以我国政府为留学回国提供了众多优惠政策,使得我国留学回归率稳步增长。1978—2005 年,留学回国人员总数达 17.9 万人,其中,2005 年度各类出国留学人员总数为 11.85 万人,各类留学回国人员总数为 3.49 万人,比 2004 年增长 41.5%。这是改革开放以来中国年度留学回国人数首次突破 3 万人。2008 年 12 月 23 日,中共中央办公厅转发《中央人才工作协调小组关于实施海外高层次人才引进计划的意见》,组织实施海外高层次人才引进计划,大力引进海外高层次人才回国(来华)创新创业。截至 2016 年年底,我国出国留学人数累计达 458.66 万人,留学回国人员总数达 265.11 万人,"千人计划"引进海外高层次人才 6 000 多人。新华社将其评价为"一个民族史上罕见的人才回流潮"。在这些归国人才中,更是有众多的重量级大咖,2017 年,蜚声中外的"大师"、世界著名计算机学家姚期智放弃外国国籍,转为中国科学院院士。总体而言,回国服务人员占出国留学人员比例不断上升。而且,中国近年来吸引来华留学人数也明显上升。国家留学基金委公布的统计数据显示,1999 年以来,来华留学人数基本以每年平均递增 20%速度增长,2002 年,全年在华的各类外国留学人员共计 175 个国家 85 829 人,与 2001 年相比,国别增加了 6 个,人数增加 38.7%,2004 年来华留学人数更是突破了 11 万。据统计,2017 年共有来自 204 个国家和地区的各类外国留学人员在全国 31 个省、自治区、直辖市的 935 所高等院校学习,其中硕士和博士研究生共计约 7.58 万人,比 2016 年增加 18.62%。来华留学规模持续扩大,我国已是亚洲最大留学目的国。2018 年,共有来自 196 个国家和地区的 492 185 名各类外国留学人员在全国 31 个省(区、市)的 1 004 所高等院校学习,比 2017 年增加了 3 013 人,增长比例为 0.62%(以上数据均不含港、澳、台地区)。

二、人力资本国际流动对我国创新体系的影响

通过人力资本国际流动促进先进知识和技术流入我国,极大地带动我国相关产业发展。同时,我国人力资本国际流动存在较大风险,给我国创新体系的发展带

来严峻挑战。人力资本外流按其是否回归可分为两种类型:一种是过渡性外流,即赴国外留学取得学历或完成规定学业即返回国内者或者工作一段时间后再返回国内者,大多数公派留学者属于此种类型,对外提供设计咨询类劳务或由国内单位外派工作者也属于此种类型;另一种是永久性外流,即赴国外留学后定居国外工作或以技术移民身份出国工作者,这可谓之真实的人才流失。两种人才外流对中国创新体系的影响完全不同。过渡性人力资本外流对我国创新体系建设具有推动作用。如前所述,最近几年,出国留学人员出现回流趋势,一批在国外研发机构工作和留学的人员回国创业,其中有不少是相关领域中的杰出人才。这种趋势在未来一段时间还会持续增强。这些专家学者对本领域前沿技术及发展方向有比较清晰的把握,有些还是科技经营复合型人才,他们的回流更能带动更多的国际型研发人员来中国创业和工作。永久性人力资本外流制约中国创新体系发展。目前,中国流向国外的人员大多是高层次高素质人才,其中相当多数甚至是高级人才队伍的精英。中国学生出国留学人数近十年间一直呈正增长,除2007年、2013年和2016年,其余每年增长人数均超过3万人。增长率在2009年达到近十年的最高值27.53%,之后每年都有小幅度的下降,2013年的增长率的下降幅度较大,跌至3.6%,这两年又回升到10%以上。2015年度为历史上出国留学人员增加数量最多的一年,较2014年增加6.39万人,比上一年度增长13.9%。而2016年度出国留学人数、增长率又回落至个位数,收缩至3.97%。20世纪90年代以来,国内知名大学优秀毕业生大量流失国外,对中国未来科技发展潜力造成深远影响。仅北京大学1998年自费出国留学生就有600余人,分别占该校物理、化学、生物本科毕业生的50%、35%、32%,被戏称为"为外国办的中国大学"。清华2017届本科毕业生选择了出国(境)继续深造(读研/读博)的占28.2%,也就是平均4个人里就有1个会出国;2017届2 436位硕士毕业生中,8.9%选择继续深造,其中6.3%选择出国(境)深造;2017届毕业的博士生为1 296人,清华博士生的深造(一般是博士后)比例高达33.3%,其中国内21.1%,出国(境)占比12.1%。北京大学2017届本科生2 645人,硕士生3 604人,博士生1 213人,本科生选择深造比例高达75.16%,其中,出国(境)留学816人,占比30.85%;硕士生深造比例相对较少,为8.97%,出国(境)留学197人,占比5.47%;博士生深造比例为31%,出国(境)留学222人,占比18.3%。中国赴美留学生增长率在2008/2009学年接近30%,之后缓慢下降,在2014/2015学年降至10.79%,而每年净增长人数在2012/2013学年达到

41 568 人,之后缓慢下降,预计近几年净增长人数约为 2 万人上下。现在中国国内一流大学和研究机构优秀的年轻科研人员留不住、优秀青年人才短缺现象非常严重。中国高级科技人才流失,包括某些学科领域甚至失去学术带头人,不能不使中国的科学研究和技术开发受到冲击,降低中国科技竞争力和国际竞争力。瑞士洛桑国际管理学院《2000 年度国际竞争力报告》中,"合格工程师可获得程度"一栏中国位居倒数第 1 位,"合格信息技术人员可获得程度"中国位居倒数第 2 位,表明中国关键性技术人才异常紧缺。这与大量高级人才外流的严峻现实形成强烈反差。当前跨国公司在华设立研发机构已成为其对华投资新趋势,研发领域主要集中于软件、通讯、生物、化工等高科技领域,以从事计算机、软件、通讯行业的机构为最多。跨国研发活动具体方式为:在独立业务部门或合资企业内部设立研发部门进行开发活动;与我国高校、科研机构合作开展研发活动;作为独立研发机构开展研发活动。跨国公司在我国直接开展研发投资活动,吸引我国高科技人力资本流向合作型跨国研发机构,对世界先进技术起着开放、合作、交流、扩散的积极作用。为我国创新体系及早融入并适应全球科技创新体系提供了有利条件,为我国技术的"引进-消化-吸收-创新"提供了保障。然而,跨国公司将人才战略定位于从国际市场争夺转向就地掠夺,直接冲击着我国科技创新体系。我国资深工程师、科研带头人等高端人才跳槽到跨国公司在华研发机构,势必会带走所拥有的研发资本,从而导致我国企业、科研院所关键科研岗位空缺、核心竞争力丧失、人才培养成本剧增、阻碍了我国科技创新体系的建设与完善。有关资料表明,2002 年北美约有 130 万IT 职位空缺;美国各行业创造了 160 万个技术岗位,但有近一半岗位空缺;德国需招聘两万名外国信息技术人才;未来欧洲,2006 年仅网络人才就将短缺 150 万人。欧美 IT 人才的巨大缺口若获得填补,势必在他国设立研发机构,就地招揽人才。而 2006 年我国 IT 业人才至少短缺 30 万人,按照目前 IT 业人才培养速度,今后每年至少仍然还有 20 万余人缺口。全球集成电路产业发展迅猛,全球集成电路人才分布状况也处于发展变化当中,就人才的数量与质量来看,无论是人员的知识层级,还是整体素质,美国都属于第一梯队,相比其他地区都高出一筹。日韩两国属于第二梯队。当前从中国大陆的人才发展状况来看,主要处于第二梯队的末尾部分。经过多年的发展,我国培养出了一批人才队伍。但是无论数量还是质量,都还不足以支持当前产业快速发展的需要,不仅缺乏高端人才,集成电路领域的基础性人才同样缺乏。根据工业化和信息化部软件与集成电路促进中心(CSIP)2017 年 5

月发布的《中国集成电路产业人才白皮书(2016—2017)》,目前我国集成电路从业人员总数不足 30 万人,但是按总产值计算,需要 70 万人,芯片人才缺口 40 万,人才培养总量严重不足①。因此,在未来很长一段时间全球范围内高科技人才仍旧紧缺,欧美在华设立研发机构导致我国人力资本"暗流"必将对我国科技创新体系产生严重冲击。

三、我国人力资本流动引导机制设计

如前所述,人力资本国际流动对我国创新体系的影响,既存在有利一面,同时也会对我国创新体系产生严重打击。如何设计科学有效的人力资本流动引导机制,趋利避害,推动我国科技创新体系全面建设,显得尤为重要。对企业而言,建立科学合理的人力资本激励机制是有效用人、留人的关键所在。在企业所有的制度安排中,最根本最核心的是产权制度,这就要求企业从产权安排和公司治理高度确立人力资本产权地位,保证其主体权能权益实现,设计和完善科技入股、民主控制的股权激励实施方案。在此基础上建立一系列绩效考评奖酬制度,及企业文化、团队精神等非正式制度安排。从而激发高科技人才的主观能动性、创造性、归宿感。从世界各国吸引人才、争夺人才的举措来看,人才聚集效应是人力资本流动的显著特征,人才与人才本身之间具有强大吸引力与"自激励效应"。从这个视角出发,企业应设法留住科研带头人,构建"人才磁场",吸引世界范围内志同道合者。最近几年,我国出现了一类新型高科技企业,虽然其资金、技术基础、人力资本、市场等高度国际化,但企业主体在我国国内,且不是任何国外大跨国公司的子公司。例如,开发出我国第一块具有中国自主知识产权、世界领先的百万门级超大规模 CMOS 数码图像处理芯片"星光一号"的中星微电子有限公司,总裁和一批技术骨干均为海归人员,其中有 20 多位是来自英特尔、SUN、IBM、惠普、柯达等世界知名大公司的资深软硬件、多媒体及网络技术专家。建立了中国自己的无线通信标准 SCDMA 的信威公司的两位创始人,分别来自摩托罗拉公司半导体部和德州大学奥斯汀分校,研究团队也有多名海归人员。在上海浦东设立的中芯国际公司也是这种类型企业。目前,它已经成为我国芯片制造业的排头兵。吸引人才回流、遏制人才外流的根本在于本国软硬件环境的完善与提高。为建立海外人力资本回流的

① "芯片人才缺口 40 万,怎么补短板",《环球时报》,2018 年 4 月 24 日。

长效机制,必须进一步改善国内科技创新环境,切实建立优秀留学归国人员创业基地,多渠道招揽人才回流;完善相应法律法规,改革分配制度,实行按人力资本分配制度,真正实现按能力、贡献大小以及市场定价等方式进行分配;进一步落实回流人员工资津贴、科研经费、住房、保险、家属就业、子女入学等优惠政策,解决其后顾之忧;允许回国者保留双重国籍,力争人才往返自由流动。为卓有成效地吸纳海外精英回国服务,我国有实力的企业集团应积极实施"走出去"战略,对外投资以获得核心技术。从硅谷华裔与印度裔技术移民浪潮中可以看出,中国台湾新竹、北京中关村、印度班加罗尔与美国硅谷的渊源联系,正是这些移民工程师提供了关键性联系与技术,才使得大量高端人力资本回流。国内企业已有实力通过收购兼并国外企业或者在海外建立研发中心,获得先进技术。据我国商务部数据分析,跨国并购已成为我国企业对外投资的重要模式,目标往往是经营困难但有良好核心资产特别是技术、人力资本的国外企业或研发机构。不少国内企业通过上述途径形成了自身的核心技术能力和全球品牌影响力。生产缝制设备的上工集团收购了在世界工业缝机领域排名第三的德国 DA 公司,DA 技术几乎涵盖了缝机高端技术的所有领域,因而上工集团的技术水平一跃进入全球前列。浙江万向集团先后在美国、英国、德国、加拿大等国家并购多家拥有核心技术的企业,获得了这些公司的技术专利、客户资源及全球市场网络。其中,还出现了徒弟收购"师傅"的现象:上海明精公司收购了德国著名数控机床企业沃伦贝尔机床制造公司,获得多项专利、先进技术和品牌。此前明精公司曾为沃伦贝尔定牌生产 20 多年[1]。

---

[1]　许和连、王艳、邹武鹰:"人力资本与国际技术扩散:基于进口贸易的实证研究",《湖南大学学报》(社科版),2007 年第 2 期,第 62—66 页。

第八章

———国际社会的共同利益分析———

第一节　国际社会的共同利益与国家利益

　　全球化时代,世界各国面临着共同的全球性危机,国家利益和共同利益问题已经成为全球化时代的重要课题。我们需要认清国家利益和共同利益在全球化时代的内涵,领悟维护国家利益和全球共同利益的重要性。全球化时代,由于全球性危机需要全人类社会共同解决、国际机制和有关国际性组织的不断发展和壮大对国家构成威胁以及科学技术的进步及经济的迅猛发展为维护共同利益提供了物质基础这三个方面,所以共同利益具有存在的合理性和实践必然性。同理,由于国家利益仍然是国际社会交往的主要推动力之一,维护国家利益是实现地区和人民利益的基本手段,以及维护国家利益可以增强本国人民的凝聚力和向心力这三个方面,国家利益也具有存在合理性和实践必然性。国家利益和共同利益既具有一致性,也有不同之处,国家需要通过积极参与国际组织,推动全球治理机制的完善,寻找原则和利益的平衡点,并兼顾本国安全和世界安全等举措以妥善协调两者之间的关系。

一、国家利益仍然是国际社会最重要的主体力量

　　当前国际社会有三种重要的主体力量:国家、政府间国际组织和非政府间国际组织。国际组织的法律人格已经成为不争的事实,它在维护世界和平与安全、促进世界经济的协调与发展、保障基本人权以及和平解决国际争端方面发挥了重要的作用,其总数已逾三千多个。非政府组织作为国际社会的第三种力量,在发挥其社

会权利、促进国际社会民主化方面发挥着突出的作用,具体表现在国际立法和编纂、国际司法以及国际法的监督实施等方面发挥独特的作用。但国家的优势在于拥有四要素,即民族(居民)、领土、政府和主权,这是其他主体力量所无法比拟的。詹姆斯·N.罗西瑙认为,尽管威斯特伐利亚神殿的支柱正在朽化,但还没有达到严重威胁国家的世界政治中心单位的程度。原因是:(1)统治者有防止他们的权利受到侵犯的愿望;(2)在人民的政治忠诚方面不存在能与国家进行真正竞争的跨国意识形态;(3)历史经验(和/或可看出的可能性),即重叠的政治权威以及在政治上彼此竞争的忠诚会产生大规模的暴力和混乱;(4)一套普遍认同的价值观,可以产生尊重别国及其统治者的要素;(5)国家能为其国民提供重要益处,即保护生命和经济福利①。因此,国家维护本国的利益不许损捐是符合当前国际社会的现实逻辑的。国际组织也有它的利益,但不是主导的力量。即使是国家在参与一体化的过程中,也少不了国家利益的驱动。国家参加经济集团"以尽可能少的付出,获得尽可能大的报酬,或者以尽可能少的承担义务,享受尽可能大的权利"②。英国拒绝法、德等六国 1955 年 6 月邀请参加有关《罗马条约》的建议,这是由于英国不愿受到欧洲地区性联合的约束,更不同意建立任何形式的超国家机构。但是英国于1961 年开始申请加入欧洲经济共同体,这是因为,欧洲经济共同体的形成和发展所产生的经济利益极大地吸引了英国,而英国对经济一体化的认识也发生了重大转变,开始承认一体化过程中的有限主权让渡和超国家调节。英国认识到,"英美特殊关系"无助于英国确立在欧洲的领导地位,反而由于自我排除于更高层次的欧洲经济一体化进程之外,面临着失去自身领导地位的危险。这样,政治利益和与经济利益的综合考量,终于迫使英国作出了加入欧洲经济共同体的决定。从这个意义上说,国际组织只是国家的工具而已。

现实主义学者对国家主权问题做了很好的说明。摩根索认为:"只要世界在政治上还是由国家所构成的,那么国际政治中实际上最后的语言,就是国家利益。"当然,他把共同利益与国家利益根本对立起来,如"民族主义精神一旦在民族国家内得以实现,它就被证明是完全忠于一国利益的和排他的,而不是世界主义和人道主义的"。他也极力贬低国际法、国际组织的作用。新现实主义学者华尔兹把无政府

---

① 詹姆斯·罗西瑙:《没有政府的治理》,江西人民出版社 2001 年版。

② 叶宗奎、王杏芳:《国际组织概论》,中国人民大学出版社 2001 年版,第 243 页。

秩序和自助体系、权利分配、国家利己特征和生存需求等设定为国际关系的核心概念①。在《战争与世界政治中的变革》中,吉尔平运用现实主义的假定,对过去2 400年的西方历史进行了重新阐释。吉尔平假定,国家是世界政治中的主要行为体,国家在选择行动路线时进行成本/收益的核算②。例如,当国家改变国际体系的预期收益大于成本时,国家就试图这样做。我国学者也指出:"主权国家仍然是国际社会中的行为主体;只要民族国家存在,国家利益就不会自动消失;国家追逐财富,因为财富是实力的绝对基本要素;国家谋求实力,因为实力是获取财富的最可靠手段。"③

二、共同利益是国际社会的融合剂

国际合作、国际法是国际社会融合的重要形式,而共同利益则是国际合作、国际法形成的基础。国际法作为国际社会治理的最主要的方式,无非就是对国际社会诸成员或主体之间利益关系的一种平衡,即对国际社会诸主体之间共同利益的一种反映。"世界各国在一起构成了一个为了共同利益而结合的团体,这些共同利益使他们之间发生广泛交往,而文化、经济结构或政治制度的不同本身并不影响国际社会作为国际法的基本因素之一的存在。"④1949年联合国大会通过的《国家权利义务宣言草案》序言确认世界各国形成了一个受国际法支配的社会。有的法学家在有关跨国犯罪与国际合作的议题中论述到:国际法的鲜明特色就是最普遍性质的法;国际法依赖于国家间的共同利益;有共同的价值观,国家就有可能来认同相似的问题⑤。基欧汉在论述霸权衰落后,国际机制如何形成时指出,不管是否存在霸主,国际机制的形成取决于共同的或互相补充的利益的存在,这些利益要能被政治行为者所意识到,从而使共同生产联合收益的行动是理性的⑥。以基欧汉为代表的新自由制度主义非常强调国际组织、国际规制和国际惯例的作用。新自由制度主义在承认无政府状态逻辑和体系结构重要性的同时,强调国家可以以绝对

---

① 亚历山大·温特:《国际政治的社会理论》,上海人民出版社2000年版。
② 罗伯特·基欧汉:《新现实主义及其批判》,北京大学出版社2002年版,第95-163页。
③ 陈剑锋、倪世雄:"国家利益与国际一体化",《国际观察》,1998年第2期。
④ 詹宁斯:《奥本海国际法》,中国大百科全书出版社1995年版,第93-95页。
⑤ See Alex Y Seita: Conceptualizing Violence: Present and Future Developments in International Law, *Albany Law Review*, 1997.
⑥ 罗伯特·基欧汉:《霸权之后——世界政治经济中的合作》,上海人民出版社2001年版,第95页。

收益为基本考虑,国际制度可以通过降低交易成本和减少不确定性减弱无政府状态的负面影响,导致国家的实质性合作。我国学者也指出:"国际制度的融入不但有利于国家利益的共性增长和全球问题的共同解决,而且从总体上能够促进国际合作,通过强化对主权国家的契约性外部约束而减少国际冲突;对于具体国家来说,却可以采取'搭车战略'从国际制度中免费或低费获得该制度提供的种种公共物品(如北约中的安全保障,国际货币制度中的世界银行贷款等)。"①即使权力政治学家摩根索在谈到国际法的产生时,也认为,国际法的存在、施行源于两个因素:各国之间的强权分配(均势)和他们之间的一致或互补的利益;凡是没有均势和共同利益就没有国际法";均势"是国际法存在必不可少的条件;国际法只有在国际大家庭各成员中有均势的态势下才能存在,若各国不能相互制约,任何法律规则都不会有任何力量;而共同利益是一种客观需要,它们是国际法的生命线②。从国际法产生的一般机理来看,有了共同的利益才会有共同的统一,才会有成员国之间意志协调的协议,即条约的产生。国际实践表明,由平等主体组成的国际社会已经形成了某些需要由国际法加以保护的基本价值或共同利益,它们构成国际社会建立和存在的基础③。按照一般的理解,在国际社会,共同利益包括国家之间的共同利益和全人类的利益,前者指双边的或区域性的,相对于全人类利益来说,又是较为短期的和局部的利益,主要表现在经济、政治和文化方面。而全人类的利益则是全局的、可持续的长期的利益,如和平与安全、人权、环境以及国际公域的保护等。总之,它们对国际法的形成起基础性的作用,而国际法则可以促进国际社会的一体化或融合的程度。

三、共同利益是国家利益的外溢

国家利益趋同的部分,才成为国际社会的共同利益。共同利益的形成,往往是通过主权让渡来实现的,具体形式有国际协议、国际组织、国际安排等形式。比如在欧盟,就实现了共同的关税、贸易和商业政策;共同的劳动就业、人员流动和社会福利政策;共同的运输、农业和渔业;共同的竞争、科技发展和环境政策;共同的外交和安全政策以及司法协助和内务合作。共同利益的吸引使得欧盟不断发展壮

① 郭树永:"国际制度的融入与国家利益",《世界经济与政治》,1999 年第 4 期。
② 汉斯·摩根索:《国家间的政治》,中国人民公安大学出版社 1990 年版,第 347 页。
③ 马呈元:《国际犯罪与责任》,中国政法大学出版社 2001 年版,第 415 页。

大。在欧盟机构方面,起初是 1951 年由六国建立的欧洲煤钢共同体,在 1957 年六国签订了《罗马协议》《欧洲经济共同体条约》与《欧洲原子能共同体条约》,相应建立了欧洲经济共同体和欧洲原子能共同体。1965 年,欧洲经济共同体、欧洲煤钢共同体与欧洲原子能共同体三大组织合并为欧洲共同体。1993 年,欧洲共同体正式更名为欧洲联盟。有些学者更是预言,随着欧盟宪法的诞生,欧洲联邦也会呼之欲出。欧盟成员国也经历了几次扩大。起初的成员国只有 6 个,即比利时、法国、联邦德国、意大利、卢森堡和荷兰。1973 年,丹麦、爱尔兰和英国加入;1981 年,希腊加入;1986 年,葡萄牙和西班牙加入;1995 年,奥地利、芬兰和瑞典加入;2004 年,塞浦路斯、捷克、匈牙利、拉脱维亚、立陶宛、波兰、马耳他、爱沙尼亚、斯洛伐克、斯洛文尼亚加入;2007 年,保加利亚和罗马尼亚加入;2013 年,克罗地亚加入。截至 2018 年,欧盟成员国总数已达到 28 个。在 WTO,确立了成员国必须遵守的共同原则和标准。这些原则有最惠国待遇原则、国民待遇原则、互惠原则以及"特别和有区别的"原则。技术标准和措施有产品质量检验标准、原产地标准、卫生检疫标准和装运前检验标准等。就此成员国在主权和利益方面进行限制的领域涉及关税和非关税壁垒、农业政策和补贴政策、投资政策、知识产权、竞争政策和环境政策,甚至传统的国有产业金融、保险和电信。而这些标准和原则是各成员国基于共同利益所做出的妥协的结果。

共同利益的形成,国家利益的外溢,是在全球化的大背景下,在"主权是相对的而不是绝对的"的理论诸因素相作用的结果。网络一体化、经济政治文化的相互依赖以及全球问题的凸显,都是全球化的重要标志。网络一体化、导弹的远程发射使国界变得没有意义。经济的相互依赖不得不使国家在某些主权和利益方面作出让步,以融入自由的国际经济体制。全球公共问题如人权、环境、核扩散、恐怖主义等促使各国采取共同的行动。共同利益的形成,也是顺应绝对主权思潮向相对主权思潮转变的结果。霍布斯、卢梭和黑格尔等持绝对主权观。如卢梭在《社会契约论》中坚持主权是不可转让的,因为主权是共同利益的反映、普遍意志的表达,因而是一个整体不可分割,且意志不能被代表[1]。但是很多的国际法学家主张相对主权观,如格老秀斯、瓦特尔、宾刻舒克、奥本海等。在詹宁斯、瓦茨修订的《奥本海国际法》中,表达了主权是可分性的观点。它列有三个方面的例证:一是非完全主权

---

[1]　卢梭:《社会契约论》,陕西人民出版社 2004 年版,第 20 页。

国家的存在,二是欧盟成员国主权的移转并不影响他们继续作为国际法上的国家的存在,三是"国际法对各国都有拘束力"的观念已经深入人心。相对主权观应该是比较符合现实的观点。我国学者大都主张相对主权观。王铁崖认为,主权是相对而不是绝对的,因为国际社会的现实是国际法与国家主权并存。赵建文认为,国家主权的行使是必须不危害别国的,不危害各国的共同利益或全人类利益的;公认的国际法代表着国际秩序和人类的总体利益,国家主权不能不受国际法的限制①。

四、共同利益与国家利益存在着对立

一方面是借口国家利益而牺牲共同利益。最典型的是伊拉克战争。美国在受到"911"恐怖袭击的沉重打击后,片面夸大了恐怖主义对美国的威胁,并且认为这种威胁来自伊拉克。据美国"可靠情报",伊拉克拥有大规模杀伤性武器,其主要针对的是美国。因此,美国以此为主要理由,向伊拉克发动了战争。按照《联合国宪章》第 51 条的规定:"联合国会员国受到武力攻击时,不得认为禁止行使单独或集体自卫的权利。"即这种自卫是以受到武力攻击为前提的。但是,"迫近的武力攻击不是未来的武力攻击。仅仅由于好战言论、军事动员、制定进攻计划、发动或部署导弹等引起的威胁或潜在危险可以使一个国家对其安全的担心成为合理的,但不能成为自卫的合法基础。部署导弹或核能力本身不构成武力攻击。"②况且这种战争并没有得到联合国安理会的授权。《联合国宪章》序言指出:"接受原则,确立方法,以保证非为公共利益,不得使用武力。"按照《联合国宪章》第 41 条的规定:"安理会得决定所应采取武力以外的办法,以实施其决议,并得促请联合国会员国执行此项办法。"第 42 条规定:"安理会如认为第 41 条所规定之办法为不足或已经证明为不足时得采取必要之空海陆军行动,以维持或恢复国际和平及安全。"③即为维护国际和平与安全的"公共利益"的目的,联合国是可以通过决议的形式授权成员国采取制裁或武力攻击等强制手段。英美当时不遗余力地向国际社会宣传其动武的主张,劝说主要大国支持其动武的决心,但国际社会大都不为所动,眼看安理会通过决议无望,便迫不及待地向伊拉克发动了战争。伊拉克战争不但使参战国本身被拖入战争的泥塘中,而且打破了既有的国际法律秩序,是对国际和平与安全的

---

① 赵建文:"关于国家主权的性质和地位的理论演进",《郑州大学学报(社会科学版)》,2000 年第 6 期。
② 余民才:"'武力攻击'的法律定性",《法学评论》,2004 年第 1 期。
③ 周洪钧:《国际公约与惯例(国际公法卷)》,法律出版社 1998 年版。

严重挑战。另一方面是借口共同利益而牺牲国家利益,如以人权干涉主权。人权干涉主权是指不顾人权的特殊性而对别国的人权状况横加指责,甚至不惜以经济制裁、武力攻击等手段对别国的主权进行干涉。"新干涉主义"就是这方面的理论代表。这种理论指出,当前的国际社会面临的主要问题不是和平与稳定,不是促进共同经济发展,而是一些"胡作非为"的国家和其他"专制国家"严重侵犯人民权利的问题;人权是和平与发展的出发点和归宿;国际社会对"人道主义的危机"不应坐视不管,负责任的民主国家有责任带头进行"人道主义干预",并以此为依据,向科索沃发动了战争。当然我们也要认清这么一个事实,就是人权的国际化在当前是存在的。比如,联合国的目的和宗旨之一就是增进和激励全人类的人权及基本自由的尊重;人权方面的国际强制法如禁止种族灭绝、种族隔离、种族歧视等国家必须遵守;国家所认可和参加的人权条约必须遵守;基于战争、饥荒而引起的人道主义的救援不算干涉。但是人权干涉主权实际上是指一国没有任何国际强制法规范、国际条约或国际习惯法为依据,片面地根据自己的人权观念和有关制度对他国采取行动,要求他国作出实质性的改变,则构成对他国内政的干涉。这样的做法违反了人权的特殊性和阶段性发展的特征。

在当前国际社会,国家利益与共同利益总是相互胶着在一起,既对立又统一的。国家及其国家利益仍然是国际社会最重要的主导力量,国家利益仍然是国家行动的最基本的动机和出发点,国际组织只是国家实现其目的的工具而已。共同利益是国家利益的外溢,是当今世界比较活跃的因素,对促进国际融合具有重要的意义。但是,二者又无时无刻地不处于矛盾中。如何处理二者之间敏感的对立关系,需要有效发挥国际舆论和国际组织的监督作用。

五、妥善协调国家利益和共同利益的措施

国家应该在维护国家利益的同时,兼顾共同利益,妥善协调共同利益和国家利益之间的关系,具体可以采取以下举措。

通过积极参与国际组织,实现国家利益与共同利益的协调。全球化时代,国际环境的日趋复杂使得很多国际事务不能简单靠几个国家去完成,而是依靠国际组织和机构的国际机制。大环境驱使国家广泛参与国际组织和机构,积极参与全球治理。当然,目前的国际组织主要还是以发达国家为主要力量,但广大发展中国家不应该退缩,应该在坚定维护国际利益的同时,提高参与国际合作的积极性。相关

的国际组织,比如,国际货币基金组织、世界贸易组织、世界银行,它们在推动发达国家和发展中国家交流,实现世界共同发展上起到了重要作用,广大发展中国家不能闭关锁国,为了规避风险而关起通向世界的大门。虽然国际组织一定程度上根据国家的综合实力决定话语权,但这并不妨碍国际组织在协调国家利益和共同利益上所起的作用。

通过积极推动和完善国际机制,营造协调国家和共同利益的国际环境。国际机制面向的对象是所有参与到国际关系交往的国家,而不是为数不多的发达国家。要想协调各国利益和共同利益,公平的国际环境是至关重要的。当然,这种公平并不是绝对的公平,也无法实现绝对公平,这样的国际环境是当今世界努力的目标。所以国际社会应该要推动国际组织和机制的改革和完善,在坚持公平正义原则的基础上,互相尊重国家的主权,特别是发达国家对发展中国家主权的重视。和平与发展是当今时代的两大主题,积极参与国际组织和机制运作,有助于各国谋求共同发展,实现共同繁荣。

国家应该注重原则和利益,不可偏废,寻找两者的平衡点。所有国家的对外战略都以维护自己国家的国家利益为中心原则。但是,并不是所有有利于本国国家利益的事情都能实现人类社会的共同利益。比如,美国在攻打伊拉克时,其他国家大多持反对意见,但美国的做法是直接绕过联合国,绕过欧盟,直接攻打伊拉克,其目的显然,即追求所谓的称霸世界的利益。尽管这一利益看起来似乎满足了美国的国家利益,但其违背了国与国之间公认的交往基本准则,是与共同利益相悖的。所以美国虽然在美伊战争中取得了胜利,却不能为其他各国和人们信服。由此可见,寻找原则和利益的平衡点在协调国家利益和共同利益上的重要性。中国在投入世界怀抱的同时,也应该要积极思考平衡原则和利益之间的关系,比如,对国际热点问题的看法,对所谓的人道主义干预的态度,或者中国作为世界最大的发展中国家,在应对发展中国家和发达国家冲突时所持的意见等。另外,这里的原则除了需要保持基本的一致性和连贯性之外,还需要与时俱进,坚定维护国家利益和共同利益,以达到两者的平衡。

国家需要特别注意安全,兼顾本国安全和世界安全。这里的安全是国家利益和共同利益的首要汇合点。全球化时代国家之间交往密切,其安全依赖性越来越强,即一个国家的安全问题对其他国家乃至世界安全的影响程度加深。通常情况下,国家的综合实力是国家应对安全威胁时具备能力的重要影响因素。如今,非国家主体如欧盟、亚太经合组织等在国际关系交往中的作用正在增强,国际环境愈渐复杂,要想在国际交往中占据有利地位,国家应具有前瞻性眼光,认识到传统安全手段已经无法应对国家在安全问题上面临的威胁,应该综合运用传统和非传统手段,兼顾本国安全和世界安全,协调国家利益和共同利益的关系。在"冷战"结束尤其是"9·11事件"后,世界各国均意识到构建安全世界的重要性和必要性,各国之间求同存异,全面合作,致力于改善国际环境,营造安全的国际关系氛围。在这样的大环境下,合作安全、共同安全的理念也在被越来越多的国家和组织接受,兼顾本国安全和世界安全也逐渐成为协调国家利益和共同利益的重要举措。中国正处于改革开放的重要阶段,在安全问题上更应该动员国内力量,如企业、社会组织甚至个人,结合重要的国际力量,这样才能真正兼顾国家利益与全人类共同利益。

第二节 国际共同利益与国际合作

冷战后时期,由于国际国内环境的变化,国家追求利益的方式也必然需要做出相应的调整,国家的内外政策也必然发生变化,国家必须考虑如何对其利益重新作出价值判断以及采取什么样的方式来解决国际政治中新突出的问题,从而实现国家利益。现实主义学派奠基人汉斯·摩根索强调:"只要世界在政治上还是由国家构成的,那么国际政治中实际上最后的语言就只能是国家利益。"[①]国家利益是满足国家生存和发展的必要条件,是国家活动的全部出发点和归宿,也是国际政治学研究的一项重要内容。一般认为,新形势下人类面临的共同问题给国际合作提供了契机,也是普遍国家利益的基础;而普遍的国家利益给国际合作提供了可能性;各国冷战后都适时地调整了内外政策,国际合作才有可能。本书拟从普遍的国家利益的现实存在角度对国际合作的必然趋势做一些分析探讨。

国际政治领域最为深刻的变化是美苏两极格局的瓦解,在世界经济领域,新一轮科技革命加剧了经济全球化的进程。经济全球化使各国经济相互依赖不断加深,全球性问题在这一过程中也日益突出,人类社会生产和生活方式乃至国际关系由此也产生深刻而持久的影响。这种历史性的变化,不能不促使世界各国对传统

---

① 程毅、夏安凌:《跨世纪的世界格局和中国》,华中师范大学出版社1999年版,第19页。

的国家利益中的某些因素作出新的判断和选择。从冷战后世界各主要国家所进行的政策调整和外交实践中,我们已经看到国家利益重点发生变化的一些带有共性的特点。认清这些特点对于把握以国家利益为核心的国际关系的发展和演变,制定正确的对外政策是十分重要的。冷战后,谋求和平、追求发展是世界人民的主要愿望。世界总的趋势在走向缓和、有序和合作的同时,也面临着新的严峻的挑战。王逸舟指出:"相互依存时代与彼此隔绝时代的一个重大区别,即国内政治一定意义上也是国际政治,国内冲突往往直接或间接成为国际冲突的导火索,一国政府对内问题的处理不当,危害所及不仅是本国民众及其后代,同样危害他国民众甚至全球环境。"[①]世界大战的危险虽然减少,然而局部和全球性的危机仍然存在,比如,地区性冲突不断、核扩散和武器技术扩散日益令人担心、贫富差距加大、粮食短缺、人口爆炸、毒品泛滥、艾滋病、国际恐怖主义、环境污染、生态失衡、资源枯竭等。这些问题大多数跨越国家的边界而成为一个相互依存性的问题,也都与世界各个国家的利益息息相关,相互依存论者认为:"相互依存的趋势将对国家主权和民族利益起溶解作用,推动全人类利益的形成……"[②]国际社会的发展使人类已经形成了一个整体。可以说,正是全球问题对人类全方位的影响,使得在寻求国家共同利益基础上协作解决问题的紧迫性出现在各国政府的面前。

全球性问题是世界各国共同利益之所在,"全球问题把整个人类的生存和利益提高到更加尖锐、更加鲜明的地步……,不管哪个国家,哪个民族,都不能摆脱全球问题的影响与制约。"[③]从长远来看,意味着同生共死,一定程度上可以说是"一荣俱荣,一损俱损"。而且,这些问题的解决靠单个国家的努力已难以奏效,也不能以损害其他国家的利益去寻求解决办法,所以必须摒弃狭隘的国家利益观念,从全球角度即世界各国的共同利益来考虑问题,相互沟通、共同努力来相互协调各自的国家利益,就以上关键问题作出最大限度实现共同利益的决策,建立起地区以至全球层次上的协调、合作与控制机制,这样才能避免人类的悲剧性结局。一句话,全球问题的解决,必须顾及全世界和全人类的命运,这样才能使人类得以生存和发展。

全球化是当今人类生活的特点,全球性问题的日益严重,不仅关系单个国家和民族的前途,而且关系全人类的未来,这使得人类共同利益凸显。不少学者认为,

---

① 王逸舟:《当代国际政治析论》,上海人民出版社 1995 年版,第 31 页。
② 倪世雄:《当代西方国际关系理论》,复旦大学出版社 2001 年版,第 320、338 页。
③ 蔡拓:《全球问题与当代国际关系》,天津人民出版社 2002 年版,第 441 页。

"在民族国家的决策中,对狭隘的国家利益的忠诚越来越松弛,而正在被对全球利益的忠诚取而代之。"①在现实中,人类共同利益是由全世界人们的相互依存而形成的共同利益。正是经济一体化的发展使全球性的问题日益突出,人类共同利益或者说普遍的国家利益已经形成,相应地,人类的思维方式也应当从以国家利益为中心向人类整体利益为中心转变。随着科学技术的进步和国际经济政治的发展,国家间的交往日趋频繁和广泛,在安全、经济、环境和大规模杀伤性武器技术的扩散等领域相互影响、相互依赖也更加突出,国际社会已越来越成为一个不可分割的整体,任何国家都不能离开这个整体而单独地生存与发展。全人类的共同利益正变得日益重要,每一个国家在追求国家利益的同时,都不得不开始考虑世界的共同利益。我认为,普遍的国家利益主要表现在以下四个方面:安全方面,随着经济全球化进程的加快,国家的安全利益也发生了变化,人们不得不考虑跨国性和全球性的因素的影响。如地区性冲突、恐怖主义、跨国犯罪等问题,国家在考虑自身安全利益之外,还得考虑影响自身利益的地区利益和全球利益。经济方面,经济全球化已经成为强劲的时代潮流,跨国公司的发展、世界市场的形成,金融、货币和资本的国际化,使得任何一个国家的生产,都正在成为世界经济的一个组成部分,各种经济相互渗透、相互依存,形成了你中有我、我中有你的局面。例如,1997 年的泰国金融危机,受波及影响的国家不仅仅是泰国和整个东南亚地区,它同时也冲击了欧洲、拉美等地区的国家,发达国家也未能幸免;另外,"9·11 事件"不仅给美国造成直接经济损失约千亿美元,而且地区经济和世界经济也受其所累。2008 年,美国次贷危机直接冲击全球经济增长。2018 年,美国针对包括中国在内的国家发动贸易战,严重损害了全球经济的增长。摩根士丹利(Morgan Stanley)首席经济学家兼全球经济主管阿赫亚在 2019 年 6 月 2 日发布的一份报告中表示,如果美国总统特朗普对另外价值 3 000 亿美元的自中国进口的商品加征 25％的关税、中国予以反制的话,全球经济衰退最早可能在 9 个月内开始。高盛也在同日发出警告,预计美国将对其余价值 3 000 亿美元的中国进口商品和所有墨西哥商品征收 10％的关税。由此该行将美国下半年经济增长预期下调了约 0.5 个百分点至 2％,并大幅提高了美联储降息的主观可能性②。

---

① 蔡拓:"全球主义和国家主义",《中国社会科学》,2000 年第 3 期,第 18 页。
② 周智宇:"摩根士丹利:美国如果继续加征关税,全球经济将可能在 9 个月内步入衰退",《21 世纪经济报》,2019 年 6 月 3 日。

环境方面,现代生态环境的恶化与工业革命前的生态恶化有着质的差别。现代环境污染主要是工农业生产向生物圈排放了种种物质,这些废物往往都是一些有毒物质,污染了水体和大气,改变了生物圈构成成分,打破了生态平衡,从而严重地威胁全人类和一切生命的生存,例如臭氧层遭到严重破坏、大气污染及由此产生的酸雨危害、土地沙漠化、水污染和由此造成的饮水危机、森林锐减、温室效应、物种灭绝等。

大规模杀伤性武器的威胁方面,核武器产生后,其毁灭性也不断提高。核武器垄断早已被打破,除了美、俄两国外,中、法、英,还有印度和巴基斯坦等国也拥有核武器。现今,几千枚核导弹仍处于战备状态,核潜艇仍在深海中穿梭游弋。还有生化武器,其中通过基因工程制造的生物战剂可能诱发人类和大自然无法控制的有害的生物新种,它对人类和生态系统的毁灭性破坏,比核武器有过之而无不及。一旦爆发现代的核战争和使用生化武器的战争,毁灭的将是整个人类。总之,随着世界和国家关系相互依存的提高,某一国的国家利益和其他国家的国家利益及全球共同利益的交叉点日益增加。国家利益已不同于传统孤立的民族国家自身的利益,很多方面已演变成普遍的国家利益,即全球范围内的共同利益。普遍的国家利益的形成,改变了从前那种用以邻为壑手段相争来获取国家利益的方式,使以前需要用战争获取的利益可以由和平合作的手段实现。

冷战以后,由于国际形势发生了深刻的变化,国家利益的重点、实现国家利益的手段和追求国家利益的目标也相应地发生了变化,世界各主要国家在外交实践中都对自己的政策做了重要的调整。各国"实现国家利益的前提之一应是其他国家也有合法的国家利益,而且不能以损害他国的利益为代价来实现自己的利益。"①国家利益原则是当今主权国家处理国内外关系的最高原则。就国家利益涉足的领域来说,大致可以分为三个方面,即国家的政治利益、经济利益和安全利益。各国政府面对冷战以后的国际新形势,在追求国家利益手段、方法上都做了相应的调整,相对于传统获取国家利益的方式,更加强调向协商、对话与合作等来取得国家利益的方向转变。

首先,国家政治利益的实现由意识形态的较量向竞争综合国力的优势方面转变。冷战时期以意识形态为区分标准组建的区域性经济集团的做法已彻底被摒

---

① 阎学通:《中国国家利益分析》,天津人民出版社 1996 年版,第 266 页。

弃,各国都集中精力致力于发展本国经济。冷战后加剧的地区性冲突和动荡,发达国家之间激烈的经济摩擦所产生的矛盾,较之以前意识形态领域的纷争显得更为突出、更为重要,也更需要协调合作加以解决。一种政治制度的优劣归根到底是这种制度和意识形态能否为经济的发展和综合国力的提高不断地创造条件。

其次,国家追求利益的手段由主要依靠军事实力向主要依靠经济、科技实力转变。冷战后,各主要国家纷纷对自己的军事政策进行调整,军事力量的任务更加着重于为经济发展创造有利的外部环境,军事部署和军备建设注重于加强旨在防止地区冲突的快速反应能力。军事实力作为国家利益的实现手段更多地带有间接性的特点。各国在处理国际事务和追求国家利益时,越来越多地运用经济和科技手段。

再次,国家安全的重点从政治军事安全向经济安全的转变。冷战后,世界政治军事格局发生了深刻的变化,国际政治经济格局也呈现了多极化的发展趋势。那种依靠武力征服来谋求国家利益的企图受到极大抑制;经济全球化发展使各国的相互依存不断加深,经济安全的重要性日益突出,各国也在相互合作中获得更多的国家利益。世界各国不能不把经济安全放在国家安全最重要的位置加以考虑。各主要大国改变了谋求军事优势作为其确保本国政治军事安全利益的手段。

最后,国家主权作为国家的根本利益也由不可分割、转让向部分合理让渡和共享方向转变。冷战后,许多国家从长远的国家利益出发,为加快经济发展、实行对外开放的政策,对现有的国家主权作了部分让渡和共享,如出让部分国有土地和资源供外国资本开发使用就含有主权的让渡与共享;还有,全球性经济组织和区域性经济组织迅速发展,这些经济组织中,各成员国在经济组织内部享有许多权利,同时也承担许多义务,承担的义务对国家主权具有一定制约作用,可以说是主权的一种让渡形式,也可以说,主权理论和实践是为实现国家利益而进行国际合作最为深刻的变化之一。

在当今的世界上,所有的主权国家,不论其领土大小、人口多寡、社会制度如何、还是实力强弱都有自己的国家利益,各国政府总是把对国家利益的追求放在首要位置。"'全球村'的意识……正被强烈地激发出来,它推动着'村民们'(各主权国家)着手消除分歧或抑制冲突,商讨克服危机的途径,或加强国际组织的作用或增进地区性和多边的协调与合作,以避免出现由于人类自身的行为导致人类毁灭的后果。"①作为国家领导人和决策者,不管是否具有国家利益观念或具有怎样的国家利益观,客观上要求他们按着国家利益决定和实行国内外政策,不然将动摇其统治。

冷战结束后,国家之间的利益展现出越来越多的共同点,各国经济发展的依存度逐渐上升,"国家利益开始从所谓的'高级政治'让位于'低级政治'"。② 各大国都在谋求建立一种新型的合作伙伴关系,他们认识到:"要处理大规模杀伤性武器扩散、生态环境恶化、金融危机等等功能性问题,必须建立全球稳定前提下的全球合作。"③我认为,这种稳定的前提就是各国共同的国家利益。近年来,中、美、俄、日、欧盟相继调整战略,致力于建立双边或多边合作关系,在普遍的国家利益基础上,增进彼此在政治、经济、安全等方面的交往,尽管各国之间的矛盾时有发生,但最终都是通过对话、协商等合作途径,在寻求共同利益的基础上解决各种问题。在国际社会中,欧盟的安全合作政策、上海合作组织的首脑会议、东盟地区论坛的安全合作等,在相互信任、相互尊重、相互妥协等方面给国家安全合作观以重要的启示。

国际合作的基本目标是为了实现各自的国家利益,而相互依存是国际合作的必要条件,相互依存也能够带来合作利益。国家是国际社会的主要个体,在国家利益的前提下,国家从理性出发,评估各项利害得失,选择合适的国家行为,以满足自身的国家利益。国际社会的资源是有限的,而且国家间都在竞相追逐这些有限的资源,而国际社会又处于一种无政府的状态,所以在普遍的国家利益的指导下,通过国际合作以增进国家间的相互利益,才能达到一种双赢或者多赢。罗伯特·基欧汉认为:"利益问题是研究合作的重要出发点。在一定条件下合作能够在利益互补的基础上发展起来。而国家间的共同利益只有通过合作才能实现。"④所以随着国际形势的缓和与发展,以利益为基础的国际合作的趋势必然要逐步超过国际冲突的趋势。

总之,冷战后时期,由于国内外形势发生的巨大变化,顺应时代发展的潮流,许多国家主动地改变其实现国家利益的重点、手段和方法,重新确定国家战略,调整

---

① 王逸舟:《当代国际政治析论》,上海人民出版社 1995 年版,第 31 页。
② 俞正梁:"变动中的国家利益与国家利益观",《复旦学报(社会科学版)》,1994 年第 1 期,第 41 页。
③ 王缉思:《高处不胜寒》,世界知识出版社 1999 年版,第 341 页。
④ 倪世雄:《当代西方国际关系理论》,复旦大学出版社 2001 年版,第 320、338 页。

外交政策,国际关系体系因而发生了深刻的变化,向着互谅互让、合作和协商的方向发展。当然,现在的国际关系中仍然存在着不平等、不公正的现象,这需要各国在寻求普遍的国家利益的同时,争取在合理的制度规范中进行国际合作,使各国的权利与义务相等。如果国际制度过于不公正,那么国际合作只会对中小国家的利益造成损害。

第三节　人类共同利益与中国和平发展

一、全人类共同利益的主要表现

全人类共同利益是人类赖以维系生存与发展的主要前提和基本条件。失去这些前提和条件,人类就不能生存或生存受到严重威胁,更谈不上发展。因此,全人类共同利益集中表现为人类生存利益和人类发展利益。维系人类生存与发展的前提主要有生存与发展的空间,生存与发展的资源,生存与发展的环境。维系人类生存与发展的基本条件是主权国家生存与发展的空间不因外部侵略而消失或被压缩,全人类生存与发展资源的均衡分配与交换,全人类生存与发展环境不遭大范围破坏。全人类共同利益具有永恒性、普遍性、难以逆转性、超意识形态性等特点,各利益要素互为关联。

在和平与发展的时代主题下,科技进步日新月异,信息传播方便快捷,知识经济迅猛扩展,全球化浪潮势不可挡,世界面貌正在加速改变。绝大多数国家在追求自身国家利益的同时,越来越关注全人类共同利益,愈加深刻感悟到自身国家利益与全人类共同利益的关联,并开始将自身国家利益与全人类共同利益协调起来。这种协调,实际上是世界多样性与世界同一性之间的协调,构成了世界进步潮流的组成部分。它说明,维护全人类共同利益,是尊重和发展世界多样性的基础;尊重和发展世界多样性,将丰富和升华全人类共同利益。概括而言,全人类共同利益主要表现为:

(1)绝大多数国家致力于逐步实现人类生存资源的均衡分配与交换。因为只有这样,才能确保人类的永续生存,才能为共同发展创造前提。这是一种“多数共识”,旨在推动生存秩序与规范的确立,最终对所有国家的生存行为构成约束,从而形成各国都能生存的共赢局面。这一重大利益诉求针对的是全球生存资源有限的严酷现实。

（2）绝大多数国家吁求实现人类生存资源的科学利用，包括可再生资源的高效循环利用，也包括不可再生资源的节约利用。它们希望就此形成全球合作，同时认为应采取有效措施阻止全球人口爆炸，尽可能缓解人口增加与资源短缺之间的矛盾。

（3）绝大多数国家主张共享人类的发展资源，包括物质资源和智力资源。

（4）所有国家都要求保护全球生态平衡和环境，阻止沙漠化，增加林木和植被覆盖面积，消除大气、海洋、江河湖泊的污染，保障人类饮用水和生活用水的清洁。

（5）所有国家都要求通过全球合作来防止各种疾病的蔓延，战胜饥饿与贫困。

（6）绝大多数国家都反对国际恐怖主义、跨国刑事犯罪和毒品泛滥，要求标本兼治，最终消灭这些丑恶现象。

（7）全世界人民都渴望和平，反对战争，要求拥有平等的生存权和发展权，追求美好生活和社会进步，企盼国际合作新时代的到来。

应该指出的是，占世界人口90%的广大发展中国家的利益诉求，构成了彰显和追求全人类共同利益的巨大动力，联合国及相关国际组织也不断做出积极努力。从20世纪60年代开始，"七十七国集团"、不结盟运动、非统（现在的非盟）、阿盟等，一直在要求"建立公正合理的国际经济新秩序"，其实质是要求掌握自己的生存命运。广大发展中国家的这种正当努力，至今仍在继续。1974年，第6届特别联大通过了《建立新的国际经济秩序宣言》和《行动纲领》。同年12月，第29届联大通过了《各国经济权利与义务宪章》。《宣言》《纲领》和《宪章》的核心内容旨在争取人类共存，促进国与国间平等发展的逐步实现。进入21世纪以来，围绕实现全人类共同利益的南北对话与合作增多，国际社会对全人类共同利益的认识渐趋一致。WTO多哈回合，多数国家与个别国家围绕《京都议定书》所展开的较量，APEC和亚欧首脑会议所涉及的发展与合作问题，世界范围的反恐斗争，减免非洲国家债务和防治艾滋病的国际努力，8国集团与主要发展中国家的首脑对话等，都从不同角度反映了全人类共同利益已经超越社会制度和意识形态分野，成为不同国家与民族的共同关切。

二、全人类共同利益面临挑战

当今世界，全人类共同利益一方面突出显现，另一方面也面临严峻挑战，具体表现如下几方面。

（1）人类的生存与发展空间受到威胁。世界主要沙漠和戈壁带，均在继续扩展，年复一年地吞噬着有植被的土地。全球气候变暖所引发的"厄尔尼诺现象"，既造成南北两极冰原溶解，也导致亚欧大陆、南北美洲大陆和非洲大陆的第四纪冰川缩小或消失。冰原和冰川融化，使太平洋、印度洋和大西洋海平面普遍抬升，从宏观上造成全球陆地面积缩小。

（2）人类的生存与发展资源日益短缺。这主要表现为不可再生资源的绝对缩减，可再生资源遭到掠夺性破坏，以及这两类资源的不公正分配与交换。例如，美国的人口约占世界总人口的 1/30，但每年消耗世界产出资源的 1/3。美国公司和由美资掌控的跨国公司，控制了全球 60％的资源开采权。从另一个角度看，占世界人口 10％的发达国家，控制了全球 80％的资源开采权[①]。

（3）人类的生存与发展环境遭到破坏。由于众多国家的大量工厂向陆地和江河湖海排放有毒物质，造成只有 1％的地球水源可供人类使用。全球大气监测显示，环太平洋、环印度洋和亚欧大陆上空的臭氧层被严重破坏，地中海、中东欧、南亚、中东、东亚、中南美洲的低空空气质量堪忧，工业酸雨增多。横跨俄罗斯、中亚各国、中国、蒙古国的世界最大天然草原急速退化。卫星遥感图像显示，撒哈拉地区、中东、中亚、中国西部、蒙古国、南亚、非洲南部、大洋洲、北美西南部和拉美南部，风蚀地貌和风积地貌每年以接近 0.5％的速度在扩大，同时催生出更多的风沙源，每年卷起大约 7 亿吨沙尘。除南北两极、北欧、俄罗斯北部、加拿大、拉美中部、非洲中部和东南亚等地区外，世界 70％的陆地都不同程度地受到沙尘暴危害。

（4）现行国际经济秩序中的某些不公正或不合理规制，损害全人类共同利益的均衡与平等实现。例如，在国际生产体系中，产业分工依旧不合理，发展中国家仍处于依附地位。西方跨国公司一方面控制了多数发展中国家自然资源的勘探、开发、销售，同时造成后者经济结构畸形，生产和消费服从于发达国家的需要。以往的"工业欧美，原料亚非拉"的国际分工格局，逐渐演化为"欧美发展高新技术和环保产业，亚非拉引进污染产业和夕阳产业"。大工业繁盛时期出现在西方国家的环境灾难，现在基本上转嫁到发展中国家。在国际贸易体系中，发达国家凭借强大

---

① 参见联合国开发署、环境署、世界银行和世界资源研究所共同撰写的《世界资源报告 2000—2001》。

经济实力,操纵世界市场,以垄断价格收购发展中国家的初级产品和低技术含量产品,同时以垄断价格向后者倾销制成品,造成后者贸易条件不断恶化。在国际货币与金融体系中,盛行弱肉强食、胜者通吃的"丛林法则",发展中国家处于被宰割境地。例如,国际货币基金组织的大部分投票权由发达国家掌控,发展中国家几乎影响不了该组织的任何重大决策。与此同时,发达国家通过资本在全球的无限扩张,直接影响发展中国家的财政政策、货币政策和经济。

(5) 现行国际政治秩序中依然存在强权政治和霸权主义,发展中国家的生存权与发展权不时受到践踏。纵观近现代国际关系的演化进程,一些全球性大国和地区性强国都曾推行过强权政治和霸权主义,造成严重恶果。冷战结束以来,因全球力量对比严重失衡,使个别国家更加肆无忌惮地推行强权政治和霸权主义,依据所谓"天定使命",出于种族傲慢以及制度和价值观优越感,挥舞"民主""人权"大棒,公然干涉一些发展中国家的制度与发展道路选择,将发展中国家分为"民主国家"和"专制国家",给一批国家扣上"无赖国家""暴政前哨""不法政权""邪恶轴心"等帽子,动辄制裁,封杀打压,甚至踢开联合国,践踏国际法,不惜"先发制人",发动战争,推翻有关国家的合法政府,严重毒化了国际关系。强权政治和霸权主义已经成为激化世界基本矛盾的主要根源,损害了全人类共同利益。

(6) 传统和非传统安全领域内的不测因素,挑战全人类共同利益。因现行国际经济与政治秩序中的某些不公正或不合理规制难以祛除,加之国与国之间经济、政治、社会的发展不平衡,导致传统和非传统安全领域内的不测因素增多,对世界稳定和人类共存构成威胁。例如,恐怖主义此伏彼起,大规模杀伤性武器不断扩散,毒品泛滥和跨国犯罪成为国际公害,亚洲、俄罗斯、墨西哥、阿根廷等地区或国家先后爆发金融危机,艾滋病、非典、禽流感、疯牛病等传染性疾病曾经或继续影响着有关国家或地区的经济发展和民众健康,地震、海啸、泥石流、旱灾、洪灾、虫灾、山林大火等灾难给许多国家的人民带来损失。

三、实现全人类共同利益需要中国的和平发展

中国是世界的重要组成部分。中国人民的生存利益和发展利益,与全人类共同利益息息相关。中国人口有13亿多,占世界总人口约1/5,拥有960万平方公里的面积,假如出现生存危机或内乱,假如政府无力控制,那将对周边国家、对世界构

成灾难。对于这一点,邓小平看得十分准确,并有精警透辟的分析①。从这个意义上讲,世界上那些做梦都想让13亿多中国人民饿死的人,那些企图说服有关国家政府奉行阻挠中国发展之国策的人,那些鼓噪"中国威胁论"的人,实际上是唯恐世界不乱。同样从此意义而言,任何阻挠中国人民生存与发展的企图,实际上等同于阻挠全人类共同利益的实现。诚然,维持13亿多人的衣食住行需要消耗大量资源,但是,没有哪个国家的生存与发展不需要消耗资源。13亿多中国人民为全人类创造的物质财富和精神财富,从人类文化和世界文明发展角度而言,使世界变得丰富多彩,灿烂炫焕;从人类生存与发展角度而言,使整个世界受益。

世界需要中国,中国离不开世界,这就是中国与世界的关系。这是一种鱼水交融、荣辱与共的关系。毋庸讳言,中国人民需要生存,其方式是和平生存与合作生存;中国人民需要发展,所选择的道路是和平发展的道路。在全人类共同利益面临的挑战日益增多、愈难驾驭、迫切需要各国长久合作来加以应对的大背景下,为了维护全人类共同利益,合作迎接挑战,世界越来越需要中国的和平发展,这是因为以下四方面。

(1)中国是维护世界和平的坚定力量。中国人民酷爱和平,和平哲学源远流长,不但主张国内和平,而且希望"协和万邦",即"维护世界和平,构建和谐世界"。自春秋战国时代起,"和为贵""中庸""仁""义""礼""己所不欲,勿施于人""非攻和平""兼爱互利"等,就成为中国的主流价值观,不但规范中国民众的行为,而且指导历朝历代的外交行为。1949年诞生的中华人民共和国,继承了延续五千年的和平哲学与和平文化,奉行独立自主的和平外交政策。促进并维护和平、谋求合作、争取平等共存、实现共同发展,成为中国外交的本质。当和平面临严峻威胁时,中国均能挺身而出,保卫和平;当缔造和平出现机遇时,中国均能顺应历史潮流,促其实现。20世纪50—70年代,中国为了维护朝鲜半岛、印度支那和平,一方面不惜承担民族牺牲,与朝鲜和越南人民一道,抗击超级大国发动的侵略战争,另一方面,积极参与和平解决朝鲜半岛问题的日内瓦会议和解决越南问题的巴黎和会,做出最大和平努力,推动政治解决。中国反对世界任何地方发生的侵略战争,旗帜鲜明,立场坚定。中国作为联合国安理会常任理事国,在历次重大国际危机出现之际,都坚决主张通过政治和外交手段和平解决危机,反对动武。近年来,中国积极承办旨

---

① 《邓小平文选》第3卷,第360—361页。

在和平解决朝鲜半岛核问题的六方会谈,支持欧盟与伊朗就核问题开展对话,支持中东和平"路线图"计划,支持所有地区热点问题的和平解决。中国执行联合国决议,先后向柬埔寨、东帝汶、利比里亚、刚果、海地等国派出维和部队或警察,忠实地履行了和平使命,受到广泛赞扬。

(2)中国是拉动世界经济、促进共同发展的重要力量。自20世纪80年代以来,中国经济以年平均9%的增长速度发展,成为举世瞩目的新兴市场国家。2018年国内生产总值90.03万亿元,位居全球第二;货物进出口总额305 050亿元,贸易总额全球第一;外汇储备达到30 727亿美元,位居世界第一;吸引外商直接投资8 856亿元,成为全球FDI第二大吸收国①。在世界经济增速连续数年放缓的情况下,中国经济创出的如上业绩,就显得相对突出。中国每年以五千多亿美元的进口需求,强有力地拉动了周边国家和一批发展中国家的出口,对这些国家的经济运行产生积极影响。中国每年近60亿美元的出口,为许多国家的消费者提供了物美价廉的商品,节约了他们的消费支出,使他们可以拿出更多的钱用于旅游、娱乐等其他消费,同样刺激了一批国家的经济发展。中国面对亚洲金融危机,采取负责任态度,在施以援手的同时,坚持人民币不贬值,使亚洲有关国家相继渡过难关。中国面对人民币升值压力,同样采取负责任态度,实行人民币小幅浮动,从宏观经济层面给许多国家带来好处。20世纪60—90年代,中国在非洲、中东、南亚、印度支那等地区,无偿为一些国家兴建了许多基础设施项目,这些项目包括铁路、水坝、公路、港口、医院、体育馆、学校、会议中心等,促进了有关国家的经济和社会发展。近年来,中国公司在海外承包了一批住宅项目和基础设施工程,诚信履约,如期保质交付使用,造福了当地人民。针对人类究竟应在何种条件下生存与发展这一重大问题,中国主张推动国际金融体制改革,为世界经济增长营造公平、稳定、高效的金融环境。与此同时,中国支持多边贸易体制建设,以便为世界经济增长构建公平、公正、合理、开放的贸易环境,确保大多数国家特别是发展中国家从中受益。如上事实说明,中国的和平发展,对全人类的生存与发展而言,绝不是可有可无。

(3)中国是推进人类正义与进步事业的健康力量。中国尊重世界的多样性,认为多样性是世界文明的基本特征,各种文明间的互补和交流是人类发展的重要推动力。中国不以制度和意识形态划线,遵守国际法,愿在和平共处五项原则的基

---

① 数据引自国家统计局:《中华人民共和国2018年国民经济和社会发展统计公报》,2019年2月18日。

础上,同一切国家发展平等互利的友好合作关系。中国主张树立互信、互利、平等、协作的新安全观,认为武力不能缔造和平,强权不能确保安全。中国反对霸权主义,反对以大欺小、以强凌弱、以富压贫,主张国际关系民主化和发展模式多样化,呼吁以多边主义来推进全球治理。在反霸问题上,中国反对霸权主义行径,而不是反对某个国家,更不是反对某国人民。中国在世界上没有敌对国家。但在重大国际危机或事变面前,面对强权政治和霸权主义行为,中国将本国人民和世界人民的根本利益统一起来,依据事物的是非曲直,决定自己的立场,仗义执言,伸张正义,不怕鬼,不信邪,不屈服于高压,捍卫发展中国家生存权和发展权,同时尊重发达国家的某些合理权益。中国坚持与邻为善、以邻为伴方针,加强与周边国家的友好合作关系,深化区域合作。中国积极发展与发达国家的关系,努力扩大共同利益的汇合点,妥善处理分歧。中国积极参与国际多边外交活动,维护和加强联合国及其安理会的权威和主导作用。中国加入并批准了二百多个国际多边条约,涉及经济、政治、外交、文化、科技、军事、人权、环境等诸多领域,严肃履行条约义务,为推进人类进步事业做出了自己的贡献。

　　(4)中国是促进国际合作、应对全球挑战、捍卫全人类共同利益的积极力量。对于全人类面临的各类挑战,中国都不回避,而是主动参与国际合作,发挥积极作用。中国高度关注全人类的生存空间、生存资源和生存环境问题,呼吁发挥《联合国气候变化框架公约》、《联合国海洋法公约》以及《京都议定书》的指导作用,敦促发达国家率先自律,同时倡议发展中国家为保护全人类生存利益尽义务。为了维护全人类的生存与发展利益,中国几十年如一日,大规模地开展全民植树造林、水土保持、生态保护和防沙治沙活动,从法律和产业政策层面约束企业的温室气体排放,从宏观上调解了欧亚大陆东部和太平洋西部的气候变化和生态平衡。中国通过普及优生优育科技知识,使民众自愿采取节制生育措施,30多年来少出生了几亿人口,为全人类应对人口爆炸的严峻形势做出了突出贡献。中国认为,保持世界经济稳定增长,是促进世界各国人民福祉最有效的途径,也有利于维护世界的和平与稳定;既要解决生存问题,也要解决可持续发展问题,特别是发展中国家的生存与发展问题,否则,发达国家的日子也过不好。中国积极参与扫毒、反恐和打击跨国犯罪的国际合作,既同上海合作组织成员国开展打击"三股势力"的合作,也与美国、欧盟、东盟、国际刑警组织等方开展上述合作。中国积极投身国际防灾减灾事业和国际慈善事业,在伊朗、阿尔及利亚等国的地震灾区和印度洋海啸受灾国,都能看到中国救援队不顾自身安危,忘我救助灾民。中国医疗队在非洲恪尽职守,无私帮助非洲人民同各种疾病展开斗争,一些医务人员甚至为此献出生命。世界上所有不持偏见的人士都承认,中国在应对全球挑战、捍卫全人类共同利益方面,是一个负责任的国家。

四、中国将主要依靠自身的生存资源实现和平发展

近年来,中国经济的发展和综合国力的提升举世关注。积极和消极评价都有。积极评价认为,中国的和平发展对周边、对亚太地区以及对整个世界都是机遇。法国总统希拉克、德国总理施罗德、欧盟委员会主席巴罗佐、巴基斯坦总统穆沙拉夫、泰国总理他信、埃及总统穆巴拉克、南非总统姆贝基、巴西总统卢拉等有远见的政治家,都认为中国的和平发展符合世界的利益。他们的看法,影响到世界大多数国家对中国和平发展的态度,催生出客观公正的国际共识。另一方面,对中国发展的消极评价,集中表现为"中国威胁论"。近几年,"中国威胁论"下又派生出"中国经济威胁论"、"中国军事威胁论"、"新黄祸论"等。"中国经济威胁论"鼓吹,中国以低技术、高资源消耗、高污染的粗放式生产,堆积出迅速膨胀的经济总量和综合国力,成为庞然大物,造成与一大批弱小国家间的"实力鸿沟",同时以低于成本的劳动密集型产品向海外搞"井喷式倾销",不但冲击了发达国家的就业机会,而且挤垮了一大批发展中国家的民族工业,从而威胁了它们的经济生存。与此同时,中国大量进口能源和工业原料,导致全球资源供应紧张,原材料价格大幅上涨,损害了一大批原料进口国的利益。因此,中国对世界构成"经济威胁"。"中国军事威胁论"宣称,中国加速扩军备战,军演频繁,"核潜艇不时在周边国家领海出没",公布的军费开支疑点多,"国内民族主义思潮中的黩武倾向明显","虽然无人相信中国会对美国发动战争,但这不等于不会对周边动武",云云。散布"中国军事威胁论"的一小撮人中,既有美国政府高官,也有日本政府的御用文人。需特别指出的是,日本有极少数人违背大多数国民希望日中友好的意愿,逆历史潮流而动,不但散布"中国威胁论",而且为侵略历史翻案,为战争罪犯张目,为军国主义复活作理论铺垫,此动向值得日本人民、亚洲人民和世界人民警惕。"新黄祸论"宣扬,几千万华人扎根在全球一百多个国家,繁衍生息能力强,再经过几代,就可能数以亿计,会改变一些国家的种族和人口结构,目前华人资本掌控了某些国家的经济命脉,少数国家甚至有华人执政或参政,如任其发展,将潜伏祸端。如上各种版本的"中国威胁论",或源

于冷战思维,或出自狭隘民族私利,不但危言耸听,而且起到混淆视听的恶劣效应,迷惑和欺骗了不少人。

然而,事实胜于雄辩。新中国七十多年的发展历程证明,中国主要依靠自身资源和本国人民的非凡创造,生存下来,并开始走上和平发展道路。从 20 世纪 50 年代初到 70 年代初,先是以美国为首的西方世界,后来演化为两个超级大国及其众多仆从,不仅对中国实行全面禁运和封锁,而且实施战略包围,企图将新中国扼杀在摇篮中。那个时期,就算是中国想对外开放,也不具备条件,只能自力更生,依靠本国资源和人民的艰苦奋斗,确保国家和人民生存,为以后的和平发展打基础。从 20 世纪 70 年代中期开始,对中国的封锁和包围开始土崩瓦解,越来越多的国家认识到:世界上没有任何力量可以把中华民族困死饿死,也无任何力量可以阻挡中国的发展与进步,而与中国发展互利合作关系符合它们的利益。自 20 世纪 80 年代以来,中国对整个世界开放,与越来越多的国家携手,共同应对全人类共同利益面临的挑战。中国发展的道路,是一条和平发展的道路。这是一条永远也走不完的道路,因为中华民族要永续生存和发展下去。这同世界上所有国家都需要生存与发展一样,没有什么不正常。中国的和平发展,是当今世界和平与发展时代潮流的组成部分,带有如下鲜明特征。

(1) 和平生存是今后一个相当长的历史时期内中国和平发展的基本内容。解决中国 13 亿多人民的衣食住行问题,是一项艰巨任务,实际上是解决生存的问题。在此基础上不断提高和改善人民物质和文化生活,本质上属于发展范畴,是中国所追求的更高目标。但从中华民族要永续生存和发展的角度而言,和平发展是永远不变的战略选择,因为无论维持基本生存还是提高生存质量,最终都取决于中国能否实现和平发展。

(2) 中国的和平发展,与众多国家的和平发展相伴随,是世界进步潮流中的共生现象。从这个角度看,和平发展已成为全人类的追求,构成实现全人类共同利益的基础。

(3) 中国的和平发展,是发展中国家的和平发展。发展中国家的生存与发展如果处处受阻,世界就很难看到光明前途,人类的进步就没有希望。

(4) 中国的和平发展,与当代世界体系和国际秩序的主流不构成对抗,更不对全人类共同利益形成威胁。中国是发展中国家一员,当然要求改变国际经济与政治秩序中的不合理成分,这没有什么过分之处,因为这种要求既是发展中国家的呼声,也是多数发达国家理解并赞成的。

(5)中国的和平发展,是以和平方式来实现发展,并通过发展来维护和平,包括周边和平、地区和平乃至世界和平。要发展,就须有和平的发展环境,这是中国积极推动和平解决各类冲突与对峙的原因。中国不但考虑自身的和平发展,同时认为各国的共同发展有利于中国的和平发展。中国在实现和平发展的过程中,需要同各国合作。这种合作应该是平等互利的合作,否则合作将失去基础。这种合作必将导致利益依存,否则合作将难以持久。中国同各国的合作关系,实际上是一种互通有无的关系,彼此都有好处。全球化推动各国走向开放,中国也不例外。但是,中国始终把握一个原则,即中国将永远依靠本国人民的创造并主要依靠本国资源实现和平发展。因为这样做有利于中国对全人类共同利益采取更加负责任的态度,有利于中国奉行独立自主的和平外交政策,有利于中国站在民主、进步、正义的力量一边,有利于中国加强与发展中国家的团结合作,也有利于中国与发达国家发展平等互利的全方位关系。一句话,这样做,腰杆硬,底气足,民族凝聚力强。中国具备实现和平发展的自然资源、人力资源和科技资源。仅就自然资源来说,中国与俄罗斯、美国、加拿大、澳大利亚、巴西、南非等国家并列为世界资源大国。伴随日新月异的科技进步,特别是资源勘探领域内的科技进步,中国的石油、天然气、铁矿石、铝、铜等资源的远景储量还将增加。目前,中国尚需进口包括石油在内的一些原料,但与美国等发达国家相比,比重并不大。世界上许多持客观公正态度的政治家和企业家都认为,世界不会因为中国进口一些原料而爆发生存危机和资源危机。与此同时,中国也在向世界提供大量的生存与发展资源。总之,中国的和平发展与全人类共同利益并不冲突。正如胡锦涛 2005 年所指出的:"中国的发展不仅造福中国人民,也给世界各国带来了发展机遇。随着中国经济不断发展,中国对世界经济增长的贡献将不断加大。"①在 21 世纪,中国将顺应时代潮流,遵从人民意愿,同整个世界合作,与各国共荣共赢,以自身的和平发展为依托,与国际社会一道维护全人类的共同利益。

---

① 参见胡锦涛主席在 GS 与五国领导人对话会上的书面讲话,2005 年 7 月 7 日。

第九章

————实现共同利益的对策建议————

第一节 国际贸易政策的共同利益原则

从 1947 年的日内瓦回合到至今仍在进行的多哈回合谈判,国际上制定了一系列国际贸易政策,这对规范国际贸易活动发挥了重要作用,但国际贸易政策在维持正常的国际贸易秩序的同时也对不同利益相关者的利益产生不同的影响,即国际贸易政策表现出非中性。从经济学角度来看,国际贸易政策是一种公共产品,其应当以共同利益为其价值取向,只有从共同利益原则出发制定的国际贸易政策才有利于全球或国家利益的提高。

一、国际贸易政策所维护的共同利益

从共同利益内涵的分析中我们可以看出,学者们大多强调了在个人利益和共同利益的对立统一中理解共同利益。那么作为公共产品的国际贸易政策所维护的共同利益是什么呢? 总体来说,国际贸易政策的制定和完善有利于国际贸易活动有效、顺畅地进行,但国际贸易政策的实施可能对本地利益和全球利益、共同利益和私人利益、不同群体的利益以及经济利益和非经济利益等不同方面的利益产生不同的影响。我们采用"一种只要求他们就手段而非目的达成共识的合作方法",按照公平补偿原则,以关税(补贴)为例来分析国际贸易政策所维护的共同利益。

国际贸易政策对一国共同利益的影响。尽管某些国际贸易政策在增进公共福利水平的同时也提高了私人的福利水平,但在大部分情况下两者可能产生冲突,某些国际贸易政策因保护某些产业的利益而损害了一般公众的福利水平。国际贸易

政策不但影响社会经济福利水平,也可能对社会稳定和发展产生影响,例如,对发展中国家的幼稚产业和发达国家停滞产业的保护。对幼稚产业的保护有利于民族工业的成长,停滞产业虽然属于应淘汰的产业,但如果任其倒闭,则可能引起一系列社会问题,如工人失业、企业倒闭、资本流失以及社会动荡等。所以对上述产业一味的加以保护或放手不管都不利于社会的发展,政府可以向受保护的产业征收共同利益补偿基金(或对保护权的拍卖),从而达到兼顾社会经济福利和社会稳定与发展的目的。

二、共同利益原则实现的机制

为了建立公平合理的国际经济秩序,实现共同利益最大化,国际社会可以通过如下机制来实现上述目标。

1. 监督机制

社会总福利被分为补偿基金和在当前贸易政策下公众的福利。在这种情况下共同利益的实现取决于二者之间的替代率以及补偿基金的使用效率。如果政府把补偿基金用于基础设施、基础研究以及社会救济等方面,这相当于把受保护产业给社会带来的损失以另一种形式返还社会,而且幼稚产业的发展和发达国家停滞产业的保护又促进了民族工业的发展,增加了就业以及社会的稳定;反之,如果政府把这部分补偿基金不是用在共同福利的开支上,就有可能对社会共同利益造成更大的损害。一般说来,补偿基金的使用效率与政府的决策以及民主监督机制有关,这就需要设计出合理的机制对补偿基金的征收(或者说对保护权的拍卖)以及使用加以监督。

2. 竞争机制

一国制定的国际贸易政策能否得到国际社会的认可,关键取决于这些政策是否符合共同利益原则。如果某些国际贸易政策明显的有失公平,该项政策将会在各个国家的相互竞争中被修改或废弃,在通常情况下,各个国家不仅要考虑直接从国际贸易政策中得益,还要考虑自己的信誉和在国际体系中的地位等各种因素,从而达成国际合作,共同签订体现共同利益原则的国际贸易政策。即使一个霸权国家在一定时期内制定了有利于自己的国际贸易政策,但国际贸易政策这种公共产品的成本是由霸权国家所承担而收益由不同国家分享的,因而其他国家就可能在"搭便车"中获得比霸权国家更大的收益而逐渐超过霸权国家。在各个国家相互竞争的过程中,国际贸易政策最终会向共同利益方向趋近,而且在长期的多次博弈中,国家间就可能通过合作制定出反映共同利益的国际贸易政策,共同承担起国际贸易政策制定的成本并从政策中分享收益。

3. 博弈机制和激励机制

从某种程度上说,国际经济组织制定贸易政策的过程是一个相互博弈的过程,在国际贸易活动中也常常会出现"囚徒困境",各利益相关者在追求自己利益的同时却导致了共同利益的损失,从而产生了对大家都不利的结果。解决"囚徒困境"比较有效的办法是通过听证会制度和建立相应的激励机制以保证各方采取合作策略,而且在听证会上如果各方利益得以充分表达就有利于政府设定一个合理的替代率以及提高共同利益补偿基金的使用效率。世界贸易组织对国际经济活动中的某个问题首先公布一个建议性的方案,然后举行一个公开的听证会,由技术专家、消费者、产业代表和政府官员等各利益相关方陈述观点。各方观点的陈述不但反映了各方利益,而且为制定国际贸易政策提供了必要的信息,这就为制定出反映共同利益的国际贸易政策提供了平台。例如,一国在是否反倾销以及在决定征收反倾销税税率之前应当就申诉方、进口商和他们有代表性的集团、有代表性的用户和有代表性的消费者集团之间举行对抗性听证会,有关当局在综合考虑各方利益后做出决定。

4. 区域经济合作机制

由前面的分析可知,本国和外国政府给予各国同一产业相同的关税保护时,这种保护效应相互抵消,此时的公益利益等同于自由贸易时的共同利益,这种情况下对本国和贸易伙伴国的公益利益损失最小。因此,如果双方在保护产业的选择以及保护的程度上加以合作就可以减少无谓的损失。此外,这种方法也可以用在非关税壁垒的消减上。在关税日益降低的情况下,各个国家通过制定不同的标准,创造出贸易的技术壁垒,以达到保护本国产业和本国市场的目的。标准的差异已经阻碍了国际贸易的发展和共同利益的实现。解决由不同标准引起的纠纷就要求贸易伙伴国之间经常性的沟通和高度的信任。在这方面,地区贸易协定促进了对话和沟通,并且在区域内容易就某些标准达成一致意见。因此,各国可以首先在地区贸易协定中就某些标准和一致性评估达成一致意见,然后在不同区域之间进行协调,进而实现标准和一致性评估在全球范围内的统一,这样就有利于维护区域或全球的共同利益。

第二节 经济全球化的共同利益与对策

一、经济全球化及其国际利益关系态势

从生产力发展的内在要求来看,经济全球化的实质反映了生产力高度集中的生产社会化、国际化的需要;从生产关系的内在要求来看,经济全球化的实质是世界各国为了追逐更大的自身利益向外进行利益扩张而形成的一种国际利益关系的态势。马克思主义经济学认为,"人们奋斗所争取的一切,都同他们的利益有关"[①],而"每一个社会的经济关系首先是作为利益关系表现出来"。[②] 西方经济学也将利益最大化看作是"经济人"的本质,是人类经济行为的基本逻辑。因此,各个国家无论是发达国家还是发展中国家,无论是社会主义国家还是资本主义国家,在经济发展过程中都不会违背这一经济学的公理。然而,利益主体对于利益追逐的本性决定他们不会囿于国家边界的限制,当他们在国内无法实现利益最大化目标时,他们自然会消除国家之间的壁垒,在世界范围内追逐一种更大的全球经济利益。这也就使得世界各国之间必然形成了一种日趋密切的经济利益关系格局。

毋庸置疑,当今的经济全球化除了国际生产力作用力之外,西方发达国家为了获取最大限度的全球经济利益,在客观上和主观上都推动了经济全球化的进程,并且,倚仗自身经济实力和政治势力获得了较大的全球经济利益。关于这一世界经济的规则,列宁指出,他们瓜分世界,是"按资本""按实力"来瓜分的,在商品生产和资本主义制度下也不可能有其他瓜分方法。例如,发达国家掌握着经济全球化发展的信息技术基础和全球经济网络,世界金融中心、金融网络集中在发达国家。全球经济活动使用的是发达国家的货币。经济全球化"游戏规则"主要由发达国家来制定。为此,发达国家自然是经济全球化最大利益获得者。据 1999 年 7 月 12 日联合国发布年度《人类发展报告》的统计,在当前全球一体化进程发展的情况下……西方七国独揽经济发展大权,最富国家的 1/5 人口控制了全球国内生产总值额的 86%,美国是在经济全球化中获利最多的国家。据统计,美国自 1991 年以

---

① 《马克思恩格斯全集》第 1 卷,第 82 页。
② 《马克思恩格斯全集》第 2 卷,第 537 页。

来 10 年间保持低通货膨胀与低失业并存条件下良好经济增长势头；10 年间资本流出量为 4 780 亿美元；资本输入量为 7 330 亿美元；国外资本净流量为 2 550 亿美元；国内两大企业——通用汽车和可口可乐公司在 10 年内实现了直线上升到全球跨国公司 1 000 名最佳业绩的第 1、2 名。1997 年，在亚洲金融危机引发波及全球经济危机使世界各国遭受不同程度利益损失，但唯美国获利颇丰，在东南亚金融危机爆发不到一年里，亚洲地区就有 7 000 亿美元流入美国，美国趁机廉价收购危机国家资产，其潜在价值更大。同样，欧盟和日本在不同程度上通过经济全球化获得了自身经济利益。在经济全球化过程中，发展中国家通过"经济全球化"也可以获得一定的利益。在经济全球化背景下，许多亚洲地区的发展中国家自 20 世纪 80年代以来，都不同程度地大力推进外向型经济发展模式，积极引进直接投资和其他形式的外国资本，并且采取一系列鼓励措施促进进口，通过对外贸易和引进外国资本，这些国家提高了资本积累水平，获得了工业化所需要的各种先进技术，在技术方面大大缩小了同发达国家的差距。因此，它们能发挥"后发优势"在较短时间成功实现了由初级产品出口国向制成品出口国的转变，成为新兴工业国。并在 10 年左右的时间里，保持了经济的高速增长，特别像中国通过改革开放参与经济全球化，获取了巨大利益。

但是，发展中国家在经济全球化的过程中获得的经济利益与发达国家相比太少也是显而易见的，据联合国开发署发表的 1999 年度《人类发展报告》显示，从经济全球化获益的发展中国家不到 20 个，80 个发展中国家的个人收入低于 10 年前的水平。

无论发达国家还是发展中国家都不同程度地通过经济全球化获得相应的利益，在经济全球化过程中，这种利益分配是不均衡的，发达国家处于优势地位，获益较多，而发展中国家常处于劣势地位，获益相对较少。

二、利益分配的制度主义解释

1. 非完全竞争市场结构

所谓的完全市场竞争只是"不完全竞争"市场的一种特例。当今国际社会的市场结构基本上是垄断竞争或寡头垄断的市场结构。由于规模经济规律的作用，极大地降低了生产成本，提高了经济效益，再加上政府保护主义政策的影响，现实中市场上大部分市场份额被少数几家企业所垄断。如世界汽车市场由丰田、通用、奔驰等几家跨国公司所控制。在对外投资活动中,跨国公司是投资的主体,占对世界对外投资额的80%左右;在世界贸易中,100家超大型跨国公司的贸易额占世界总额的1/3左右;在国际技术支付中,70%的额度是在跨国公司内部进行的,由于跨国公司控制了世界的经济命脉,在制定商品劳务的价格中,往往价格高于边际成本,从而获得超额利润。在发达国家拥有绝大部分大型跨国公司的现实条件下,这样的生产、贸易、投资、技术转让格局,自然使发达国家比发展中国家获得更多的经济利益。

2. 在国际经济政治体系中,政治经济权力分配失衡

由于各国政治经济实力不同,决定了他们在国际经济政治体系中地位的差异。像美国、日本、欧盟具有文化与科学的统治地位,技术优势、军事霸权、经济福利,还有改造世界经济和社会的能力,在国际经济政治体系中占有支配地位,享有更大的权力,控制着WTO、世界货币基金组织、世界银行、联合国等世界性组织。正如英国的苏珊·斯勒兰教授分析的那样,在国际经济的基本权力结构和层级权力结构中,无论属于前者安全结构、生产结构、金融结构、知识结构还是属于后者的运输体系、贸易体系、能源与福利,发达国家处于控制地位。他们决定着规则的制定和监督规则执行,作为规则载体的组织目标也由他们确定。第二次世界大战结束后,美国成为超一流大国,根据其利益,主导并成立了国际货币基金组织和世界银行,由于它出资最多,因而处于支配地位,现在这两个组织已经把美国新自由主义输送到世界各地,他们把向发展中国家提供"援助"与新自由主义政策联系起来,降低关税、国企私有化、严格财政预算、稳定汇率,于是国际金融组织便成为它解决世界经济问题的一种工具。

3. 国家干预国际经济活动

自亚当·斯密以来,西方资本主义国家实行经济自由政策,国家不干预经济活动。第二次世界大战结束以后,凯恩斯主义盛行,国家干预经济,实施新形式贸易保护主义,实施战略贸易政策,制造关税壁垒和非关税壁垒,限制技术和知识流动等,这种干预原因有两个:一是国家利益最大化的内在动力;二是国内利益集团压力。事实上国家利益与跨国公司利益相一致。国家利益与跨国公司利益相互交织,产生了与市场机制相对抗趋势,公司与国家之间已经形成新的联盟,其核心是公司为了自身的全球化,要求自己的国家对经济全球化及时做出反应,国家政府为

了自身的合法性、执政权威性,为公司的全球化提供各种条件。曾经有学者认为,经济全球化导致政府权力的弱化,这种论点是欠科学的。当今政府一方面为经济运行制定规则,创造环境;另一方面为公共服务。如发达国家公共开支规模变动,说明政府作用变强。据统计,发达国家政府开支占 GDP 比率由 1913 年的 10% 上升到 1996 年的 45%,这说明经济全球化加强了政府权力,其结果导致发达国家对外经济活动干预更加明显有力。在中国加入 WTO 过程中,美国、欧盟的表现就是一个突出的例子,他们耗时 14 年千方百计提高中国加入 WTO 的门槛,其目的就是在未来的经济全球化过程中,为他们的企业创造有利的竞争条件,从而获得更多的国家利益。世界范围内两极分化继续加剧,法国学者雅克·阿达计算了世界范围内人均收入的国际差异,1996 年各国或地区人均国内生产总值是:美国为 100;日本为 86;欧洲为 71;亚洲"四小龙"为 67;中国为 13;南非为 4。那么究竟如何解释? 显然是当代国际政治经济的现实反映,它不仅仅是经济问题,还涉及制度因素,使一些国家获益大,另一些国家获益小。

三、警惕逆全球化损害共同利益

当前,逆全球化浪潮正在侵蚀共存意识。逆全球化就是与全球化背道而驰,阻碍生产要素趋势的全球性流动,不仅会导致国际文化的隔阂,更成为国际间冲突的一大黑手。相继发生的英国脱离欧盟等事件就是逆全球化的突出表现。美总统特朗普坚持"美国优先"原则,连续退出多个国际多边组织:跨太平洋战略经济伙伴协定、巴黎气候协定、联合国教科文组织、移民问题全球契约、将逆全球化推向高潮。逆全球化现象极大阻碍了全球治理的开展,也损害了实现共同利益的基础。

美国虽然满口"规则""秩序",行动上却大行单边主义、保护主义和霸权主义。上任仅两年,特朗普却已经先后退出了多个联合国组织,包括跨太平洋伙伴关系协定、巴黎气候公约、联合国教科文组织、移民问题全球契约;2018 年又相继退出伊核协议、联合国人权理事会、中导条约等 10 项组织或条约。气候变化巴黎协定签署国家有 190 多个,而美国退出了。伊核问题全面协议经过联合国安理会核可,美国退出了。还有联合国教科文组织、联合国人权理事会等国际组织,美国也都退出了。美国是 WTO 重要成员,但却公然违背多边贸易规则,频频使用和挥舞"关税大棒"。联合国安理会前主席马凯硕在 2019 年 5 月 9 日于多伦多举行的芒克辩论会上就公开批评:"世界上最大的威胁来自美国"①(见表9-1)。

表 9-1　特朗普政府退出或威胁退出情况

名称	成员	退出时间	退出理由
联合国工业发展组织(UNIDO)		1995 年 12 月 4 日	国内预算困难
联合国反种族主义大会		2001 年 9 月 3 日	会上出现反对以色列的情绪
国际刑事法院规约		2002 年 8 月 10 日	试图与英国及其他数十个国家达成豁免权交易,以保护其公民免受起诉
跨太平洋伙伴关系协定(TPP)	包括美国在内的12 国	2017 年 1 月 23 日	打击美国制造业
巴黎气候变化协定	全球 170 多个缔约方签署,20 多个缔约方完成批准程序	2017 年 6 月 1 日	其他国家受益,不利于美国
联合国教科文组织	全球 190 多个成员	2017 年 10 月 12 日	欠费、组织对以色列有"偏见"
全球移民协议	193 个联合国会员	2017 年 12 月 2 日	该协议与美国国内政策相背
伊朗核协议	伊朗、美国、俄罗斯、中国、英国、法国、德国	2018 年 5 月 8 日	无法阻止伊朗继续发展弹道导弹项目,支持恐怖主义
联合国人权理事会	47 个成员	2018 年 6 月 19 日	对以色列"存在偏见","无法有效保护人权"
维也纳外交关系公约	190 个缔约方	2018 年 10 月 3 日	对巴勒斯坦将美国告上国际法院的回应
友好、经济关系和领事权利条约(又称"美伊友好条约")		2018 年 10 月	伊朗"无端"向国际法院提出申诉,挑战美国的制裁

① 马凯硕:"世界上最大的威胁来自美国而非中国",《参考消息》,2019 年 5 月 21 日。

（续表）

名称	成员	退出时间	退出理由
万国邮政联盟	192个成员	2018年10月17日	该组织的国际邮政资费规定伤害了美国企业
中导条约	美国、俄罗斯	2019年2月2日	俄方违反条约,破坏了改善华盛顿和莫斯科关系的可能
武器贸易条约	130个国家	2019年4月26日	给了外国机构限制美国公民拥有步枪的权力
美韩自由贸易协定	美国和韩国		该协议造成美韩间贸易逆差
北美自由贸易协定（NAFTA）	美国、加拿大、墨西哥		造成美国的贸易逆差
世界贸易组织（WTO）	164个成员		对美国不公

资料来源:根据新闻报道整理。

四、中国参与经济全球化的策略

经济全球化是世界各国共同利益载体,发达国家、发展中国家都参与经济全球化,发挥比较优势,从中获得相应利益。由于制度因素的介入,制度使收益内部化,成本外部化,使经济全球化的收益往往与国际政治经济制度有关。由此,我们可以得出在经济全球化过程中的策略。

第一,构建适应经济全球化的制度框架,保证国内利益主体参与经济全球化过程,争取获得利益。我们应注重在全社会的范围内鼓励企业和其他利益主体积极参与经济全球化的进程,并通过一系列具体制度安排,去维系人们参与经济全球化;我国不仅要注重引进国外资金,还应积极鼓励企业向境外投资,以期在全球经济空间中获得投资利益;我国要继续加大开发力度,为进一步参与经济全球化创造条件。

第二,努力形成本国的出口产品优势,参与经济全球化进程。增大劳动密集型产品出口,像中国的纺织品、服装工业就具有出口优势,我们要充分发挥这些部门优势,大力促进它们的产品出口,政府要充分利用行业协会的促进与协调作用,联合本国企业同时也要加强与跨国公司的联合与兼并,促进寡头企业的形成,增强其竞争能力。尽快扶植高科技企业,使其拥有知识产权的原创性成果,并逐步产业化,占领国际市场,如果我国过分注重发展劳动密集型产业,就不利于本国重要工业部门发展,我国在经济全球化中就会永远处于二流工业国地位,在高科技领域,就不能占有一席之地,赶超发达国家目标就是一句空话,国家应尽快扶植那些在高科技领域有优势的企业建立科技风险投资制度,使他们拥有独创的知识产权,使他们迅速成为向海外出口投资的生力军等。

第三,积极参加多边合作组织和国际组织,扩大我国在经济全球化过程中的发言权和影响力。当前,发达国家操纵和控制了国际制度和规则的制定权,发展中国家被排斥在外,而使其制度和规则的制定过程缺少平等、民主、公正和透明度,进而使国际经济制度规则制定结果不利于发展中国家。一个国家越是脱离世界经济发展潮流,它就越是对制定国际经济制度和规则缺少发言权,所以说,对于已有国际组织我们要想方设法进入,对于即将成立或将来要成立的国际组织,我们要争取成为发起国。我们不能受制于"不结盟"承诺,在经济上要结盟。

五、中国应对全球人才跨国流动的政策选择

一般来说,包括中国在内的发展中国家是人才流出国,以美国为首的发达国家是人才流入国。对于人才流出国来说,一方面,人才流出使流出国承受巨大的人力资本损失以及其他相关的经济损失;另一方面,人才流出有利于国家间的经济交流,人才回流更是有利于流出国经济的发展。因此,包括中国在内的发展中国家应该认识到人才的重要性,通过实施有针对性的措施减少人才外流、引进经济发展急需的各种人才并积极争取人才回流,趋利避害,加快国家经济的发展、本国技术水平的提高,从而缩小与发达国家的经济技术差距。

从中国经济发展的现实来看,目前,我国已成为世界第二大经济体,但是我国的经济和贸易都是"大而不强",即我国经济和贸易量都很大,质量却都急需提高。关键问题是我国的生产技术水平、产品品牌、企业竞争力、产业竞争力、教育水平等都与发达国家具有明显的差距。解决这些问题的关键就是人才。伴随着经济全球化程度的不断加深、国际生产要素流动的日益便易以及我国对外开放程度的提高,我国面临的国际经济竞争日益激烈,人才是我国经济的转型与发展的核心要素之一。因此,如何减少人才外流、吸引外国人才流入并积极争取人才回流是中国政府面临的严峻挑战。

（1）国家和各地方政府必须高度重视人才问题，各级政府要尽快制定适应当地经济发展需要和世界人才市场发展趋势的人才战略。国际竞争日趋激烈的一个重要方面是科技的竞争，科技是由高素质的人才决定的，科技的竞争最终是高素质人才的竞争。人才因素以及由此决定的科技因素越来越成为经济发展中的决定因素。正因如此，世界各国都在竭尽全力地吸引人才，目前，全球性人才争夺战已经从企业层面上升到国家层面间的竞争了。一国拥有人才的数量与质量是该国经济发展的重要影响因素，直接影响其国际地位。中国处于经济转轨和发展的关键期，人才和技术因素是中国经济转型发展成功的关键因素[①]。因此，中央政府和各地方政府必须高度重视人才问题，各级政府要尽快制定适应当地经济发展需要和世界人才市场发展趋势的人才战略，留住本国人才，减少人才流出，并尽可能吸引外国人才流入，争取本国人才回流。

（2）要想减少人才外流，就必须提高我国本国人才特别是高端人才的工资待遇和工作环境，加大教育投资力度，提高我国高等教育的水平。从我国人才外流的原因来看，一方面是因为工资待遇较低、工作环境较差，另一方面是由于本国的教育水平较低。在所有人才中，流动性最强的是具有一定学历和专业技能的技术骨干。例如，科学家、工程师、技术研发人员等，这部分人才因为掌握专业知识、掌握行业内较为先进的技术而有更大的选择范围和发展空间，其就业选择空间更为广泛，国外对此类人才的需求也是最大的，世界各国对此类人才的移民、签证政策都很优惠，有利于这些人才的外流。这类人才的外流，主要原因是工资待遇较低、工作环境较差。因此，我国可以积极探索按技术、管理等生产要素进行分配的办法，逐步形成重实绩、重贡献，向优秀人才和关键岗位倾斜，不同行业各具特色的分配激励机制，提高这类人才的工资待遇和工作环境。值得注意的是，这类人才外流只是我国人才外流的一小部分，出国留学生是我国人才外流的主要组成部分，这主要是与我国高等教育水平较低有关，因此，我国政府应该加大教育投资力度，提高我国高等教育的水平，以减少人才外流。

（3）要想吸引外国人才流入和加快人才回流，就必须完善吸引国外人才的政策，构建以企业为主体的吸引人才体系。企业是国家经济建设最直接的力量，同样

---

① 沈坤荣、孙文杰："经济增长的因素分析——基于中国的经验研究"，《江苏行政学院学报》，2009 年第 2 期。

也是人才最大的容纳场所。因此,我国政府必须要建设以人才为关键、企业为主体、市场为导向、产学研相结合的吸引人才体系,使企业真正成为研究开发投入的主体、技术创新活动的主体和创新成果应用的主体,全面提升企业和人才的自主创新能力。过去,我国海外留学人员回国绝大部分都进入了高等院校和科研院所工作,然而,高等院校和科研院所对海外人才的容量是有限的。知识经济时代的到来以及我国产业结构的调整,都必须要求企业成为研究与开发的主体,所以,积极引导国内企业开发和利用海外人才并使其成为新的主体,是我国开发和利用海外人才的发展趋势。我国企业的研究与开发能力还相当薄弱,需要大量的科技人才。在这样的情况下,我国国家有关部门应该积极帮助海外人才在国内搭建创业平台,加大对留学人员回国的资助力度,制定一些政策引导和帮助企业积极吸收海外人才。例如,企业吸收海外人才可以享受税收优惠,可以获得科研经费的支持等。这样不仅有利于国外人才的流入和我国海外留学人才的回流,也有利于我国企业做大做强、生产技术水平的提高,与我国经济转轨和发展的方向相一致。

六、中国参与国际技术转移问题的策略

1. 拓宽国际技术转移渠道

在技术转移分析中,许多经济学家对技术转移方法,对于发展中国家及其国内企业的技术创新和经济发展是否有重要意义存在着争议。

一些观点认为技术转移渠道有重要意义。在 20 世纪六七十年代,人们一般认为某种技术转移渠道在实施追赶时优于其他渠道。依据的主要原理是,国外企业掌握的所有权越多,它带来的社会成本就会大于社会收益,技术转移渠道的选择是根据成本和所有权之间成反比例关系确定的根据给技术接受者带来利益的多少依次可分为直接购买、许可证、交钥匙工厂、资本品进口、风险联合和国际直接投资。在这种排序方式下转移技术的配套性是逐渐递增的,但忽略了一些非正式的转移渠道和联盟。当成本被看作是技术转移的一个最重要目标时,同时还要考虑技术转移渠道的学习潜力,因为被转移技术所使用的转移机制对于技术被吸收的程度有着重要影响。派克和卡穆建议从发展中国家的角度,发展一套分析规则,能够对各种技术转移渠道进行评价,这种评价中应当包含引进技术的能力和吸收最近技术知识的能力之间的平衡。不管怎样,经验分析的目的就是证明技术转移渠道确实很重要。

还有一些观点认为技术转移渠道的选择是处于次重要的位置。他们从两个方面列举事实来支持这个主张:从微观水平上来说,研究表明技术转移过程的执行能力是更重要的,因为从国外技术中获得技术利益更多地依赖所选择的渠道被执行的情况,而不是哪种渠道被选择;从宏观角度来讲,仅仅从转移渠道本身很难对东道国家技术转移的成功与失败进行评判,技术转移渠道的次重要性从宏观角度来看表现得特别明显,尤其在高速增长的经济中,随着这些经济吸收能力的增强,许多在静态框架下很重要的因素就变得不重要了。在这些经济中企业和政策制定者主要关心的是某种技术的动态发展潜力而不是短期成本问题。

一个中庸的观点是技术转移渠道在很大程度上是企业所独有的。很难归纳出对技术转移适用的一般性规则,对某种技术转移适用的政策连续性空间也是有限的。技术转移渠道的选择要根据技术的特性(成熟或复杂)和获得的难易程度来确定。公司、行业和国家特有因素的混合对技术转移渠道的选择起着重要作用,这一结论已经被许多经验研究所证实。一些学者认为下列因素对怎样选择技术转移有重要影响,即供给厂商所面对的竞争力、被转移技术的年龄、被转移技术的性质、技术对供给厂商的重要性。

虽然关于技术转移渠道的研究表明,有关技术跨国扩散的环境和模式至今仍处于探索阶段,但从实践中看,发展中国家在进行国际技术转移过程中实施多渠道相结合的策略对于分散风险是有现实意义的。随着时间的推移,各种转移渠道的作用在不同的国家和不同的行业内在不断变化。再者,非主导的技术转移渠道,如出口、资本品的进口、分包和联盟,在发展中国家的技术转移中也是不能忽视的。因此,作为最大的发展中国家,中国应高度重视并努力拓宽国际技术转移的渠道。

2. 重视组织变迁在国际技术转移中的地位

随着新技术知识含量的增加和技术变迁复杂性的增加,执行新技术的主要困难不是技术方面的而是组织方面的。遵循这种观点,开普林斯基认为技术变迁主要发生在组织领域,新技术的引进必须和组织变迁相协调,否则将丧失重要的学习机会。

技术变迁背后蕴涵着巨大的潜力,它不需要太多的资本。通常对变迁的限制不在于技术获得的能力问题,而在于如何有效使用的问题。不管组织变迁具有怎样的性质,对于它的获得与对物质技术的获得相比要少多了。

国际技术转移各环节效率的提高都涉及组织变迁的问题。例如,如果被引进的技术在应用过程中缺少与之相匹配的组织结构,那么技术的闲置在生产中的低效率使用就很难避免。从技术转移政策的角度来看,组织变迁显示了聚焦于物质技术政策的局限性,以及通过组织变迁促进技术转移机制的重要性。因此,发展中国家为了缩小与发达国家之间的差距,不仅需要参与国际技术转移,而且还需要推动与之相关的组织迁移。

3. 降低参与国际技术转移的交易成本

自从科斯提出交易成本以来,相继出现许多文献扩展交易成本的内容并用来解释现实生活中的许多问题。交易成本的概念一般包括协调成本、信息成本和策略成本。协调成本是经济活动过程中在投资协商、监督和实施协议方面的时间资本和人员的成本总和。信息成本指搜集和整理信息的成本与有关空间变量和一般科学原则的知识缺乏或无效混合所造成的错误成本。策略成本是指当个人利用信息、权力及其他资源的不对称分配,以牺牲别人利益为代价的情况下获得的收益,从而造成的成本增加,如搭便车、寻租和腐败等。

交易成本概念的建立对国际技术转移成本与行为之间关系的认识有着特别重要的意义。不同国际技术转移制度结构下的交易成本是不同的,如果不能通过行为选择和制度选择来降低交易成本,帕累托改进将无法实现,经济人的行为也无法得到有效规范。因此,发展中国家政府对技术转移的政策和政策执行进行干预,政策执行的效果高度依赖于政府执行政策中的交易成本。相同内容的政策对最终结果而言应该没有什么不同,但是同样标准的政策由于执行的交易成本不同,对最终结果会产生十分不同的影响。相同标准的政策由于国家政策执行的交易成本不同和国家背景的不同而产生不同的结果。

当前,发展中国家多数是技术稀缺的国家,经济发展需要大量的技术要素投入。因此,在较长时期中,从国外引进先进技术是必然的。中国也是一样。国家引进外资的政策要考虑对国家的发展具有战略意义的领域也是必然的。在资本账户没有完全开放之前,对涉外项目的审批也是必要的。但是,在这方面,发展中国家也不乏沉痛的教训。在过去的 20 年中,亚洲与南美一些国家的资金外逃都对当地经济造成了极大的损害。然而,如审批过严、过于烦琐,会造成交易成本上升,使中小型跨国公司失去许多商机,阻碍发展中国家的技术引进。因此,应该简化审批制度,增加审批的透明度,而且对技术引进的审批,在程序和条件上应该有别于对一般项目的审批。同时,在外汇管制、对投资者的征税等方面都应该制度化、透明化。这些措施会降低中国参与国际技术转移的交易成本,并最终提高参与国际技术转移的利益。

第三节　国际经济秩序与实现共同利益

随着经济全球化进程的加快和内涵的延伸,它的积极作用和负面影响越来越清晰,特别是贫富差距不断拉大,引起国际社会和广大发展中国家的严重关注。联合国前秘书长安南曾经指出,经济全球化和新技术给一些国家和人民带来了想像不到的益处,但大多数人却享受不到这种好处,依然在经受贫困和疾病的煎熬,这是"可耻的和不可接受的"[1]。越来越多的国家强烈要求改革现行国际机构和规则,逐步建立公正合理的国际政治经济新秩序,使经济全球化有利于各国的经济社会发展,实现共同繁荣。

一、共识与分歧

1914 年,第一次世界大战爆发前的经济全球化,还没有"国际规则",西方列强任意掠夺亚洲、非洲、拉丁美洲国家和地区的人力和自然资源。1945 年,第二次世界大战结束后,相继建立了世界银行、国际货币基金组织、关税及贸易总协定、世界贸易组织和有关国际规则,但这些国际机构和规则是由于西方发达国家主导建立和制定的,主要有利于这些西方发达国家,国际政治经济秩序仍是不公正合理的。

在发展中国家的推动下,1974 年 5 月 1 日,联大第六届特别会议通过了《建立新的国际经济秩序宣言》,提出,国际社会要"为建立一种新的国际经济秩序而努力,这种秩序将建立在所有国家的公正、主权平等、互相依靠、共同利益和合作的基础上,而不管它们的经济和社会制度如何。这种秩序将纠正不平等和现存的非正义,并且使发达国家与发展中国家之间日益扩大的鸿沟有可能消除,保证目前一代和将来世世代代在和平与正义中稳定地加速经济和社会发展"。同年 12 月 12 日,

---

[1]　1999 年 4 月 18 日在联合国经社理事会年会上讲话。

联大通过的《经济权利和义务宪章》强调，"需要加强国际合作以谋发展"。

1988年9月21日，中国领导人邓小平在会见斯里兰卡总统普雷马达萨时提出，要建立国际经济新秩序，也要建立国际政治新秩序。12月2日，邓小平在会见日本国际贸易促进会访华团时说，国际政治出现了新的情况，由对抗转向对话，由紧张转向缓和，应该提出建立政治新秩序了。新秩序以和平共处五项原则为准则，也可以再将它补充、发展。12月下旬，邓小平会见印度总理拉吉夫·甘地时进一步阐述说："世界总的形势在变，各国都在考虑相应的新政策，建立新的国际秩序。霸权主义、集团政治或条约组织是行不通了。"①

东欧剧变、苏联解体过程中，美国总统布什提出建立一个由美国领导的"世界新秩序"。1990年9月12日，在美国国会联席会议上，布什宣布："海湾危机提供了一个朝着具有历史意义的合作时期前进的少有的机会。这种动荡时期过后，可以实现我们的第五个目标—世界新秩序：一个新的纪元，一个世界各国，不管东方还是西方，北方还是南方，都能繁荣富强，和谐生活的新纪元。"1991年8月，布什在为《国家安全战略报告》写的题为《世界新秩序》的序言中宣称，世界所展示的机遇，使美国可以"按照我们自己的价值观和理想建立一种新的国际体系"。"在实现这一目标中，美国的领导是必不可少的"，"美国的基本价值观要得到保存，而且要发扬光大"②。

建立一种什么样的世界新秩序，不仅在发展中国家与发达国家之间，而且在发达国家之间，都存在很大分歧。在20世纪90年代，国际社会主要讨论了经济社会发展问题。1992年6月，在巴西里约热内卢召开联合国环境与发展大会，183个国家的代表团和70个国际组织的代表出席会议，102位国家元首或政府首脑在大会发表了讲话。会议通过和签署了《里约热内卢环境与发展宣言》《21世纪议程》等文件。会议达成的共识，标志国际社会和各国对环境与发展问题的再认识，是人类转变传统发展模式和生产方式、走可持续发展道路的一个里程碑。

1995年3月6日至12日，在丹麦首都哥本哈根举行联合国社会发展世界首脑会议，180多个国家的代表，其中包括118位国家元首或政府首脑以及万余名国际组织、政府机构和非政府组织的代表与会。会议的三大主要议题是：协调发展，减

① 陈雪英、魏里亚："邓小平首倡'建立国际政治新秩序'"，《世界知识》，2000第9期。
② 宫少朋等：《冷战后国际关系》，世界知识出版社1999年版，第70页。

少失业；国际合作，消除贫困；加强社会和睦，协调社会发展。会议通过了《哥本哈根宣言》和《行动纲领》。与会的 118 个国家和另外 65 个国家在《哥本哈根宣言》中做出 10 项承诺：①创造一个能够使人类实现社会发展的经济、政治、社会、文化和法律环境；②以果断的国家行动和国际合作，达到消灭世界贫困的目标；③将促进全面就业作为各国经济和社会政策的一个基本优先事项；④建立稳定、安全和公正的社会，以促进社会融合；⑤促进对人类尊严的充分尊重和实现男女平等和公平；⑥促进和实现人人平等地享有良好教育，在身心健康方面有可能达到的最高标准和人人享有基本保健服务的目标；⑦促进非洲和最不发达国家的经济和社会发展及人力资源的开发；⑧确保在议定结构调整方案时应包括消灭贫穷、促进充分的生产性就业和扩大社会融合等社会发展目标；⑨大量增加和更有效地分配给社会发展的资源；⑩通过联合国和其他多边机构，改善和加强社会发展的国际、区域合作。这次会议反映出谋求发展和社会稳定已成为国际社会和各国的共同愿望。

2000 年 6 月 26—30 日，联合国社会发展问题特别会议在日内瓦举行，联合国 188 个会员国代表、观察员和非政府组织的约 2 000 人出席会议。这次会议是 1995 年哥本哈根联合国社会发展世界首脑会议的继续，旨在进一步落实哥本哈根会议的目标，进一步推动社会发展。会议通过的《关于进一步推动社会发展的建议》强调了减免债务、开放市场和提供更多援助的重要性，呼吁联合国在全球发起一场消灭贫困的运动，确定了到 2015 年将全球目前处于贫穷状态的人数减少一半的目标。

二、承诺与兑现

半个多世纪以来，联合国和其他国际机构，在消除和结束殖民统治、维护世界和平与促进经济社会发展等方面都做出重要贡献。但是从总体上看，在推动改善南北关系、帮助发展中国家和消除贫穷等重要领域，仍是承诺多、兑现少，全球贫富差距越来越大。

1960 年，联合国通过两个重要决议：联合国大会第 1515 号决议宣布促进发展中国家的经济社会进步为联合国的主要任务之一；联合国大会第 1522 号决议规定对发展中国家的援助应达到发达国家国民收入的 1%。为此，联合国开始实施国际发展战略。到 1990 年，联合国已提出 4 个发展 10 年的国际发展战略。1994 年 5 月 25 日，联合国秘书长加利提出的《发展纲领》，从背景和目标、政策框架包括实施手段、机构问题和后续行动三个方面阐述了发展问题。《发展纲领》的主要目标是加强国际合作促进发展、增进联合国系统在发展方面的作用、能力、功效和效率，并促进一种综合的发展步骤。1997 年 6 月 21 日，在第 51 届联合国大会上通过了《发展纲领》。但是，由于发达国家减少援助以及其他原因，联合国提出的国际发展战略、发展纲领，迄今实施的成效有限。

发达国家曾经承诺将其国民生产总值的 0.7％用于对发展中国家的官方发展援助。统计数字显示，发达国家提供官方发展援助占其 GNP 的比重，已从 1982 年的 0.35％、1992 年的 0.33％降至 1996 年的 0.25％和 1997 年的 0.22％。2000 年 6 月 29 日，法国总统总统希拉克在日内瓦联大特别会议上要求富国增加它们的发展援助。现在，援助超过 0.7％的只有丹麦、挪威、荷兰和瑞典，法国为 0.4％，美国仅为 0.1％。希拉克提出："我们应当恢复 15 年或 20 年前的那种雄心壮志，把对外发展援助定在至少占 GNP 的 0.7％左右"。

世界银行和国际货币基金组织几乎历届年会都有减少发展中国家债务、消除贫穷的议题。1997 年 9 月底，在中国香港地区举行的第 52 届年会闭幕式上，世界银行行长沃尔劳森在讲话中把贫富差距拉大称为"定时炸弹"，敦促国际社会"现在就行动起来"，向全球的贫穷问题展开一场新的攻势。他说："没有经济的发展，我们也就没有和平。没有平等，我们也就没有全球的稳定。没有社会正义感，我们的城市就不会安全。"他表示，世界银行将援助贫穷国家作为重点工作之一，帮助受援国制定经济、社会、环境全方位的发展战略。但每次会议都是雷声大、雨点小，发展中国家积欠的外债急剧增加。在 20 世纪 60—70 年代，发展中国家为加快经济发展，曾大举借债。发达国家提高利率和贸易条件恶化，大大加重了发展中国家的债务负担。据世界银行统计，到 1980 年，世界 109 个发展中国家的外债总额为 4.3 亿美元，到 1986 年，这些国家还本付息 6.52 亿美元，其中付息 3.2 亿美元，而外债总额仍达 8.82 亿美元。目前，发展中国家的外债总额已高达 2.5 万亿美元，截至 1999 年，非洲国家外债总额已相当于这些国家 GNP 的 80％，很多国家靠借新债还旧债或陷入无力偿还债务的困境。

从关贸总协定到世界贸易组织，通过主持全球贸易谈判、降低关税和解决争端，大大推动了世界贸易的发展。但是，制成品和初级产品价格的"剪刀差"、发达国家出口补贴和形形色色的非关税壁垒，严重损害了发展中国家特别是最不发达国家的经济利益。据联合国贸发会议统计，48 个最不发达国家的人口占世界人口的 13%,而这些国家的出口仅占世界出口总额的 0.4%,外国在这些国家的直接投资仅占跨国直接投资总额的 0.4%,在经济全球化加快过程中,这些国家面临被"边缘化"的危险。1998 年 5 月 6 日,孟加拉国总理哈西娜代表 48 个最不发达国家要求发达国家免税进口它们的商品和增加对这些国家的投资。她指出,经济全球化进程加快可能使贫富差距进一步拉大。

世界经济发展史表明,很多发展中国家与发达国家的经济差距不断拉大,既有长期遭受殖民侵略和掠夺的历史原因,又深受不公正合理的现行国际规则和政治经济秩序的影响,国际机构特别是发达国家对发展中国家的援助承诺多、兑现少也是重要原因之一。据荷兰著名经济史专家麦迪逊教授按 1990 年美元汇率计算和统计,1000 年,世界人均国内生产总值为 420 美元,其中西方国家人均 GDP 为 406 美元,亚非拉等地区人均 GDP 为 424 美元,略高于西方国家;1500 年,世界人均 GDP 为 545 美元,其中西方国家为 624 美元,略高于亚非拉等地区的 532 美元;1820 年,世界人均 GDP 为 675 美元,其中西方国家为 1 149 美元,已明显高于亚非拉等地区人均 594 美元[①]。第二次世界大战结束后,随着经济全球化进程加快和科学技术迅猛发展,社会财富急剧增加,但贫富差距却越来越大。据世界银行按汇率计算和统计,世界 GNP 从 1950 年的 5 万亿美元增加到 1997 年的 299 257 亿美元,其中高收入国家人口仅占世界人口总数的 15.9%,这些国家的 GNP 却占世界GNP 的 79.5%;低收入国家的人口占世界人口总数的 35%,而这些国家的 GNP 仅占世界 GNP 的 2.4%。富国人均收入与穷国人均收入之比已从 1960 年的 30∶1、1990 年的 60∶1 扩大到 1997 年的 74∶1。"包括 60 名美国人在内的世界最富的 225 人共拥有资产 1 万亿美元,相当于世界 25 亿穷人的总收入。"[②]

很多国家日益贫穷已经严重制约其经济发展,一是有限资金主要用于解决衣食住行,无力增加研究与开发投资和进行经济结构调整。联合国开发计划署 1998 年 9 月 9 日发表的一项报告指出,占世界人口 20% 的富人消费全球货物和服务的 86%、能源的 58%、纸张的 84%、汽车的 87%,而占世界人口 20% 的穷人仅消费世界货物和服务的 1.3%、肉和鱼的 5%。富国的人均 GDP 已达到 2 万美元、3 万美元甚至 4 万美元,但迄今仍有 15 亿人依靠每天不足 1 美元艰难地维持生计。"欧

① 《华尔街日报》,1999 年 1 月 11 日。
② 《基督教科学箴言报》,1999 年 11 月 6 日。

美国家居民每年花 170 亿美元给宠物购买食物,而发展中国家约有 11 亿居民缺少住房。"①现在已有 33 个国家存在粮食极度匮乏问题,全球约 7.9 亿人食不果腹②。有 12 亿人得不到净水供应,30 亿人缺乏适当的卫生条件。有 100 多个非政府组织的代表参加的"千年论坛"于 2000 年 5 月 26 日在纽约联合国总部闭幕后发表的《宣言与行动纲领》指出,这是世界上范围最广泛的违反人权现象。

贫穷造成的另一个巨大影响是教育滞后和人才外流。据教科文组织统计,1995 年,发达国家平均每 10 万人中在高等学校就读学生数为 4 110 人,欠发达国家为 824 人,为发达国家平均数的 1/5,最不发达国家为 296 人,仅为发达国家平均数的 1/14。同龄青年(指年龄在高中毕业后)进入高等学校就读的毛入学率,世界各国同龄青年的平均毛入学率为 16.2%,发达国家的这个比率高达 59.6%,欠发达国家为 8.8%,最不发达国家仅为 3.2%。现在仍有 2.6 亿儿童不能入学。但是,发展中国家的人才外流情况却日益严重。据美国国际教育学会统计,在 1998—1999 学年,在美国大学求学的留学生人数达 49.1 万人,约占全球留学生人数的 1/3,其中亚洲学生占一半以上。多数留学生毕业后留在美国从事研究开发和创新。比尔·盖茨 1999 年在达沃斯世界经济论坛年会期间指出,"人才大战"刚刚拉开帷幕。《财富》杂志的斯图尔特对出席 2000 年达沃斯世界经济论坛的代表说,寻找、培养和留住人才是当今公司面临的最大挑战。英特尔公司副总裁奥泰利尼说:"我们现在有一个关于招聘、留住人才、报酬、工作和生活兼顾以及企业文化的五点方案。"③发展中国家特别是最不发达国家将面临更加严峻的人才外流问题。

由于缺乏研究与开发投资、教育滞后和人才外流,贫穷国家与富国在技术革新和技术传播方面存在巨大差距。美国哈佛大学国际发展中心主任萨克斯教授在《一幅新的世界地图》一文中指出,占世界人口 15% 的小部分人拥有世界上几乎全部的技术革新,约占世界半数人口的这部分人能够在生产和消费中采用这些技术,而约占世界人口 1/3 即 20 亿人与技术革新没有关系,他们既不能在国内进行技术革新,又不能采用国外技术④。如果这种状况不改变,全球贫富差距将继续拉大。

---

① 《基督教科学箴言报》,1999 年 11 月 6 日。
② 联合国粮农组织 2000 年 2 月 16 日发表的一项报告。
③ 《金融时报》,2000 年 2 月 1 日。
④ 《经济学家》周刊,2000 年 6 月 24—30 日。

三、从改革起步

经济全球化和政治多极化已是大势所趋、不可阻挡,需要建立公正合理的国际政治经济新秩序,维护和平,加强合作,趋利避害,实现共同发展和繁荣。但是,历史经验表明,要从改革现行国际机构和规则起步,逐步实现人类的共同目标。

1. 国际金融机构和规则需要改革

20世纪90年代初以来,接二连三地爆发金融危机表明,国际金融机构和规则急需改革。法国总理若斯潘建议对世界贸易组织和国际货币基金组织进行一系列改革。

世界银行、国际货币基金组织和世界贸易组织被称为世界经济的三大支柱、"经济联合国"。1997年和1998年亚洲和俄罗斯相继发生金融危机后,世界银行和国际货币基金组织等国际金融机构采取了一些措施,但不及时、不灵活和成效不大。1998年9月21日,英国首相布莱尔在纽约证券交易所发表演讲中指出,1944年布雷顿森林会议倡议成立的世界银行和国际货币基金组织,在目前这场金融危机中已暴露出薄弱之处,现在是对它们进行改革的时候了。他提出,布雷顿森林体系已不适合现代国际资本运行规律,国际社会应为新世纪建立一个新的布雷顿森林体系。

国际金融机构和规则的改革,首先要由"单边主义"转为真正的"多边主义"原则。"国际货币基金组织本身的条例规定,其主要出资国掌握着决定权。例如美国,它在国际货币基金组织中提供的资金占18%,这样它就拥有大约1/5的否决权,在该组织采取每一个重要措施时,它拥有几乎完全的否决权。此外,在其他西方大国的支持下,它还可以得到一个名副其实的自然而然产生的多数的支持。正像韩国三星物产公司的一名干部所说,在国际货币基金组织内,谁出了钱谁就有权决定游戏规则。"①法国总理若斯潘最近谴责美国的"单边主义"。"对国际金融机构的任何改革,都必须本着真正多边主义的原则,而不能严重偏向美国。"②

世界银行和国际货币基金组织对各国的问题,要从实际出发、"对症下药",提供援助不应附加政治条件和干涉内政。在今后相当长时期内应重点加强三个方面

---

① 《青年非洲》周刊。
② 《国际先驱论坛报》,2000年4月18日。

的工作:第一,建立和健全预警、监管机制,防止爆发全球性金融危机;第二,协调增加对发展中国家的科技发展提供贷款和援助。"世界银行每年为科技发展提供的贷款和赠款不到美国一个制药公司研究与开发预算的 1/10①。世界银行应增加对发展中国家的援助,增强这些国家的科技能力;第三,采取切实措施减轻发展中国家的债务负担。

包括西方七国集团、欧盟、阿根廷、澳大利亚、巴西、中国、印度、印度尼西亚、墨西哥、俄罗斯、沙特阿拉伯、南非、韩国和土耳其的 20 国集团的财政部长和中央银行行长于 1999 年 12 月 16 日在德国柏林举行会议。会议强调,20 国集团是布雷顿森林体系框架内非正式对话的一种新机制,旨在推动国际金融体制改革,为有关实质问题的讨论和协商奠定广泛基础,以寻求合作并促进世界经济的稳定和持续增长。本届会议主席、加拿大财长马丁在会后举行的记者招待会上指出:"经济全球化要求制定全球性的经济游戏规则。"他认为:"20 国集团首次会议标志着国际金融体系进行改革的第一步"。这些国家的 GNP 占世界 GNP 的 85％,人口占世界人口总数的 2/3,各国希望这些国家为推动现行国际金融机构和规则的改革做出贡献。

2. 改革和加强世界贸易组织

世界贸易组织是世界上唯一的制定并实施国际贸易行为规范和准则的国际组织。世界贸易组织不仅制定和规范国际多边贸易规则、组织全球贸易谈判促进削减关税和非关税壁垒,而且主持解决成员之间的争端。但是,世界贸易组织仍存在一些局限性,如不公正和不合理等问题,也需要改革。

世界贸易组织成员已从关贸总协定生效时的 23 个增加到 135 个,其中发展中成员占 3/4 以上。按重大决策 3/4 成员通过的原则,发展中成员应发挥重要作用。但在美欧等发达国家坚持"协商一致"的主张下,世界贸易组织的重大决策仍由少数西方大国主导。在 1999 年年底举行的西雅图会议上,发达国家仍主要关注其自身的经贸利益和有关议题,忽视发展中国家的正当要求,甚至抛开发展中成员单独磋商,引起广大发展中成员的不满。拉美国家发表联合声明,表示将拒绝签署背着它们达成的任何协议。1999 年 4 月,任期已满的世界贸易组织总干事鲁杰罗根据他的经历和遇到的问题提出,在最高层次的世界经济决策过程中,有必要从单方面

---

① 英国《经济学家》周刊,2000 年 6 月 24—30 日一期。

主导向集体领导机制转变,使发展中国家和经济转轨国家参与到一个更加开放的决策机制中来,而不是仅限于以少数发达国家为主。

世界贸易组织在推动贸易、投资和金融服务自由化进程中,要充分考虑发展中国家的承受能力和经济安全,要促使发达国家取消贸易壁垒,扩大从发展中国家的进口和进行公正贸易。2000年2月,在泰国首都曼谷举行联合国贸易和发展会议期间,世界贸易组织总干事穆尔说,他正在起草一系列协议以便使贫穷国家更容易进入有利可图的市场。广大发展中国家特别是最不发达国家希望他的承诺能够逐步兑现。

回首百年,20世纪既是世界文明进程中充满艰辛苦难的世纪,又是创造无与伦比的物质和精神财富并与贫富差距拉大并存的世纪。人们希望战争、饥饿、贫困成为历史,和平、进步、共同发展和繁荣成为21世纪的主旋律。只要各国深化改革和扩大开放;只要各国相互尊重、平等相待;只要在改革现行国际机构和规则过程中,求大同存小异,逐步建立起公正合理的国际政治经济新秩序,就一定能够把人类美好的憧憬变为现实。

第四节　积极参与全球治理实现共同利益

随着全球治理的兴起与发展,在1992年由28名国际知名人士构成的全球治理委员会成立,经过两年多时间的反复斟酌,委员会将全球治理定义为"各种各样的个人、团体——公共的或者私人的——处理其公共事务的综合,通过这一过程,各种互相冲突和不同的利益渴望得到调和,并采取合作行动。"[1]委员会还指出了全球治理的四大特征:治理不是一整套规则,也不是一种活动,而是一种过程;治理过程的基础不是控制,而是协调;治理既涉及公共部门,也涉及私人部门;治理并不是一份正式的制度,而是持续性互动。可见这一概念包含的内容更加广泛,不仅把治理界定为一种持续性的互动的过程,而且在主体和方式上有了更进一步的更全

---

① 庞中英:"全球治理的转型——从世界治理中国到中国治理世界",《国外理论动态》,2012年第10期,第13-16页。

面的界定①。

全球治理是通过国家行为主体和非国家行为主体，在没有强力中央权威干预的情况下，利用广泛得到认可的法则、规范和制度进行全球合作，从而解决像如生态、毒品、人权、移民、传染病等全球性问题，以促进世界政治经济的共同发展，维护共同的利益。"全球价值观必须是全球治理的基石"②。

一、中国参与全球治理的原因

反法西斯战争胜利后，中国积极参与建设和维护战后世界新秩序。虽然在新中国成立之后的一段时间遭遇西方世界的封锁，但是中国一直积极探索，并渴望与外界沟通。随着改革开放的发展，中国经济和整体综合实力显著增强。中国始终作为现有国际秩序的维护者和建设者，在全球治理领域发挥着越来越重要的积极贡献，在全球治理中的大国担当和引领作用日益突出。在亚太等特定的地区层面以及其他一些地区机制中，中国还积极提供公共产品，发挥更具建设性的作用。

作为一个新兴大国，中国并不谋求挑战美国在全球治理中的主导地位，也不谋求在现有全球治理体系之外建立对抗性或替代性的国际机制，而是遵守现有全球规则，愿意按照自身能力，在现有体系中承担相应的大国责任。一方面，中国积极更新全球治理理念，倡导构建人类命运共同体，旗帜鲜明地引领塑造以合作共赢为核心的新型国际关系。这些理念和倡导得到政策界、学术界、舆论界的热烈反响和广泛认同，产生了较高的国际感召力和影响力。另一方面，中国积极引领世界经济和全球治理向正确的方向不断迈进。中国成功主办20国集团杭州峰会，为世界经济面临的根本性问题提出了"中国方案"，为全球经济治理指明了方向。在亚太经合组织利马会议上，习近平主席直面"逆全球化"、保护主义、区域合作碎片化等重大问题，发出强有力的中国声音，引领经济全球化进程向更加包容普惠的方向发展。这些主张为提振世界信心、凝聚全球共识发挥了积极作用。未来5～10年是中国参与全球治理机制改革的战略机遇期。积极参与全球治理，对中国来说意义重大，并且十分必要。

---

① 英瓦尔·卡尔松、什里达特·兰法尔：《天涯成比邻——全球治理委员会报告》，中国对外翻译出版公司1995年版，第2页。
② 同上书，第45页。

1. 中国仍然需要通过参与全球治理来维持和平与发展的国际大环境

总的来说,包括中国在内的新兴大国都是当前国际治理机制和和平国际环境的受益者。第二次世界大战结束以后,日本、新加坡、韩国等东亚国家以及海湾国家、巴西、俄罗斯、墨西哥、土耳其等国家的经济获得了长足的发展,这些新兴经济体的经济实力不断上升。目前来看,现有国际规则虽然正面临诸多挑战,但基本的框架和结构并未发生根本性的颠覆,改变的只是主要规制者的阵容或排序而已。因此,中国有机会在现有国际治理体系中扮演更重要的角色,从而继续与世界分享"和平红利"。

2. 国际公共产品供给不足会影响到中国的自身利益

一直以来,中国始终支持现有的国际规制体系发挥作用,并为此投入了大量的资源。在政治安全领域,中国始终遵守《联合国宪章》的宗旨和原则,坚决维护国际法和国际关系准则。在国际贸易规制领域,在加入世界贸易组织的十多年时间里,中国实现了与世界各国的共同发展与繁荣,积极参与多边贸易规则的制定和完善。在国际货币金融领域,中国是国际货币基金组织的重要成员,中国经济的发展状况正日益受到 IMF 的重视。在资金方面,中国从债务国转为债权国,不断向 IMF 提供贷款和援助。如果此时因中国自身没有积极参与国际秩序的维护而影响了国际机制运行及国际公共产品供给的效率,不仅将直接降低中国获益于国际公共产品的水平,同时就中国已经投入的难以撤回的资源来说,也造成了极大的浪费。

3. 积极参与全球治理也给了中国提高软实力的机会

国际社会需要一种新的增长观,一种以公平正义为约束条件的竞争观,其核心价值就是包容性发展。包容性发展强调各国承担与自身能力及历史境遇相匹配的国际责任,从而避免新兴经济体被发达国家以自由平等的名义加诸过度的责任和负担。与此同时,包容性发展还要求发达国家承担责任、切实履行承诺,优先关注欠发达国家生存、发展的合理诉求。

近年来,新兴市场的崛起赋予了超越传统南南合作的新内容,以金砖机制为代表的新兴合作让发展中国家的话语权得到了前所未有的伸张。在此背景之下,中国关于包容性发展的主张有机会产生世界性的影响,甚至转化为区域及全球层面的政策框架、制度安排。这不仅将明显提升中国的软实力,同时也符合新兴国家的共同利益。

二、中国参与全球治理面临的问题

虽然,面临前所未有的机遇,但也面临重重困难和挑战。当前国际形势风云变幻,旧题未解,新题涌现,新旧难题交织缠结形成了更为复杂的多重困境。

1. 易受国际政治博弈的制约

当前,全球治理的责任意识欠缺,国际政治博弈中,有些大国不仅坚持强权政治,还坚持"单边主义",导致"霸权"现象的存在。最典型的代表就是以美国为首的西方发达国家,以"世界警察"身份、"人道主义"旗号为幌子强行干预别国内政,甚至为自身利益不惜发动战争,全然不顾当今世界来之不易的和平。在没有世界政府的情况下,全球治理存在责任赤字的严重问题,也就是说,当大国意识到全球治理会损害自身利益时,就会主动打破规则,抛弃本应肩负的国际责任,导致一系列的混乱。中国虽然是一个新兴大国,但依旧是一个发展中国家,在参与全球治理过程中发挥的作用必然受到国际政治博弈的制约,从而发挥的作用有限。

2. 新兴力量合作意识淡薄

全球治理已经超过了某个地区或某个国家的治理能力,就需要在全球范围内进行合作。假如现有全球治理制度出现不适应性,就会导致危机,而危机将会引起世界权力结构的变动,促进全球权力的转移速度。权力结构变革实际上是国家之间的博弈,当中国等新兴国家实力强大之后,之前掌权的国家不愿意舍弃原有利益,因此对权力结构转移一事并不积极配合,致使全球治理问题的解决也受到影响。此外,新兴力量与守成力量并未完全统一认知,导致各国难以实现真正的合作,各自为战,因此全球治理进度缓慢,且呈无序性。

3. 遭遇逆全球化的阻碍严重

当前,逆全球化浪潮正在侵蚀共存意识。逆全球化就是与全球化背道而驰,阻碍生产要素趋势的全球性流动,不仅会导致国际文化的隔阂,更成为国际间冲突的一大黑手。相继发生的英国脱离欧盟等事件就是逆全球化的突出表现。美国总统特朗普坚持"美国优先"原则,连续退出多个国际多边组织。逆全球化现象极大阻碍了全球治理的开展。

4. 各国际组织全局意识不强

全球治理的有效开展有赖于全球主义的建立,这就要求各国际组织加强沟通与交流,互相配合,进而对全球问题进行解决。然而,关于利益认知问题,各国均有自身思量,有些国家片面强调唯国家主义,孤立主义,这与全球主义之间存在不可忽视的矛盾。全球主义强调国际法,强调世界联盟,但要求各国出让一定的主权。为了维护自己国家的利益安全,各国之间展开博弈,而某些国家单纯追求国家主义,忽视其他国家的利益,导致全球联盟事实上成为空谈。在这样的情况下,各国陷入猎鹿困境,自然难以通力合作,全球治理也由此备受阻碍,难以开展。

三、中国参与全球治理的对策

破解当今全球治理的困局,中国既肩负重任,又大有可为。中国智慧贡献的一套中国方案正在有力推动全球治理体系走出困境,朝着公正、有序、均衡、包容的方向发展。新对策中蕴含着的新理念、新路径和新主张正在引领全球治理进入新时代。

"两个坚持"破解了全球治理中责任意识欠缺的困境,展现了中国担当。中国坚持以经济发展为中心,集中力量办好自己的事情,不断增强在国际上说话办事的实力。中国积极参与全球治理,主动承担国际责任,但"尽力而为、量力而行";坚持"共商共建共享"原则,因为推动全球治理是国际社会共同的事业,要使全球治理发展的主张转化为各方共识,形成一致行动。要坚持为发展中国家发声,加强同发展中国家的团结合作。

"合作共赢"破解了全球治理中合作意识淡薄的困境,展现了中国的气度。中国是新兴崛起力量的代表,美国是当今世界第一大经济体,二者的合作对全球治理的展开至关重要,合则两利、斗则俱伤。中美两国历史文化不同,发展阶段不同,对未来国际秩序的看法不同,但在开展全球治理方面上有共同利益和广阔的合作空间。中美应超越分歧,发挥各自优势,探索共同推进全球治理的新途径。"人类命运共同体"破解了全球治理中共存意识匮乏的困境,展现了中国的抱负。国际社会日益成为一个你中有我、我中有你的"命运共同体",面对全球性问题,任何国家都不可能独善其身。所谓"命运共同体",就是要冲破国家主义的藩篱,将中国置身在一个大的世界范围内,推进包容、开放、共享的全球化进程,与各国进行经济、观念、文化上的交流,走发展互利道路。2017年2月10日,"构建人类命运共同体"首次被写入联合国决议,这一理念得到国际社会的普遍认同,这是中国对世界和平与发展事业的贡献。

中国对"多边主义"的支持破解了全球治理中全局意识不强的困境,展现了中国胸怀。中国秉持互利共赢的开放战略,积极倡导和践行国际合作和多边主义。在联合国、亚太经合组织、二十国集团、七十七国集团等国际组织和多边机制框架内开展全球治理,维护国际公平正义,促进国际合作,努力为人类和平与发展事业做出更大贡献。

总体而言,新时代中国通过积极参与全球治理贡献中国智慧和中国方案,这套方案既是实践积累的成果,也是有力应对当下全球治理困境的解决方案,为全球治理的进一步展开铺设了一条新的路径。这条路径足够宽,容得下不同国际行为主体携手并进;这条路径足够长,将伴随人类共同迈入命运共同体的新纪元;这条路径足够光明,"中国梦"与"世界梦"交相辉映,点亮理想,更照进现实。

第五节　积极推动"一带一路"建设实现共同利益

一、"一带一路"倡议:共同利益的最佳实现方案

"一带一路"的建设有利于沿线各国加强合作促进区域繁荣,维护世界和平与稳定,是一项惠及全人类的伟大事业,对世界、"一带一路"沿线国家和我国都具有非凡意义。

1. 对世界:经济增长新动力,促进全球化均衡发展

2008 年,国际金融危机爆发以来,全球经济持续低迷、复苏缓慢,区域经济发展分化严重,各国经济发展形势依然严峻。中国已经连续 30 多年保持平均 8% 以上的经济增长率,据 IMF 统计,2014 年中国对世界经济增长的贡献率更是前所未有,达到了 27.8%,早已成为名副其实的世界经济增长引擎。中国作为一个负责任的世界大国,在国际金融危机深层次影响持续显现时,提出了建设"一带一路"的倡议,致力于探寻世界经济增长的新动力,夯实全球经济健康、稳定、可持续发展的基础。传统的全球化发展依托海洋产生和兴起,沿海国家成为全球化的领导者和最大受益者,通过制定全球化规制、维护全球化秩序,以实现自身利益的最大化。与此同时,也造就了当前沿海和内陆国家经济发展的巨大差距、东方和西方世界的巨大隔阂,以及一系列不平等的国际规则。而"一带一路"倡议的提出,是全球治理

模式和国际合作的积极探索,为广大内陆国家的经济交流与合作提供了一个广阔的平台,并且是由发展中国家建立并主导的区域合作新秩序,充分体现了处于发展"洼地"的发展中国家的国际利益诉求,有助于建立更加平等的全球发展伙伴关系,促进全球化均衡发展。

2. 对沿线:创新区域合作模式,促区域一体化发展

在当前世界范围内,经济全球化与区域经济一体化并行不悖、相互交织,共同发展。而且从区域各国经济协同发展、互利共赢的角度出发,创新地提出了"一带一路"倡议。这一战略是新时期区域合作与对外开放的伟大创新,集经济走廊理论、经济带理论、产业转移理论、区域合作理论、国际分工理论、全球化理论于一体。具体来看,中国将改革开放 40 年来的红利、经验和教训与"一带一路"沿线国家共享,将自己的产能优势弥补沿线国家产业发展的短板、以资金优势填补沿线国家基础设施建设的缺口、以技术优势全面助推沿线国家的产业升级、以市场优势牵引沿线国家的生产发展,为区域发展注入活力,促进区域一体化发展。

3. 对中国:由世界大国走向世界强国的必然要求

(1) 应对美国发动贸易战和构建 TTIP 带来的外部压力。

中国作为最大的发展中国家、世界第二大经济体和开放经济大国,一方面,具有与广大发展中国家相类似的贸易条件;另一方面,新一轮改革开放所释放出的巨大溢出效应将对贸易伙伴带来新的发展机遇。因此,中国具备通过新的区域合作模式应对美国发动贸易战和 TTIP 战略所引发的外部挑战的条件。"一带一路"既涉及西欧、日韩等发达国家,也涉及中亚、东欧等原苏东国家,同时还涉及南亚、西亚、非洲等第三世界国家。中国提出"一带一路"倡议,构建全方位对外开放的新格局和国际合作新架构,通过实施更为主动的开放性政策,以应对美国发动贸易战和 TTIP 所带来的挑战。

"一带一路"倡议的提出,有利于拓展中欧合作的空间。2014 年 3 月,习近平主席在欧洲出访中提出,中国和德国位于丝绸之路经济带两端,是亚欧两大经济体的增长极,两国应该加强合作,推进丝绸之路经济带建设。随后,中欧发布的《关于深化互利共赢的中欧全面战略伙伴关系的联合声明》指出,商谈并完成这一涵盖投资保护和市场准入的全面中欧投资协定,并在条件成熟时签订全面深入的自贸协定。中欧经济合作的巩固有利于提升中国在欧洲市场的地位,应对 TTIP 对中国

与欧洲经贸合作带来的挑战,有利于深化与中亚、东南亚、南亚等周边国家的合作。发挥中国资金、技术、人才、产业等方面的优势,推进与周边国家在基础设施建设、能源、实体经济发展等方面的合作,增强中国经济对周边的影响力。有利于深化中国与阿拉伯国家之间的经贸合作。2014 年 6 月,习近平主席在中阿合作论坛上指出,弘扬丝路精神,深化中阿合作,通过经贸和投资基础措施,深化双方在能源开采和运输等领域的合作。

依托"一带一路"建设,通过实施更为主动的开放性政策,构建亚欧经济一体化发展的新机制,积极发挥中国在区域经贸合作中的作用,能够有效提升中国与欧洲、亚洲和非洲等地的国家和地区在人流、物流、资金流、文化流和商品流上的互动层次,促进丝绸之路沿线地区和国家间的利益共同体的形成。

(2)发挥中国在国际区域合作中的积极作用。

首先,"一带一路"上的投资机遇与项目众多、潜力巨大,为我国的对外投资提供了广阔的空间,同时还有利于合理使用我国巨额的外汇储备,推进人民币国际化进程;其次,为我国在经济新常态下实现产业结构优化升级提供了新路径,中国与沿线国家经济发展阶段相异、优势互补,加强产业链合作有利于化解我国制造业产能过剩问题,合理布局产业分工;最后,为我国促进区域平衡发展提供了新契机。

(3)提升中国开放经济的质量。

改革开放以来,中国形成了外资主导型的加工贸易模式。跨国公司投资于中国,主要实行的是资本和劳动力要素的结合,通过产业的隔代或梯度转移,将其母国的夕阳产业和淘汰技术转移至中国。近年来,虽然跨国公司在中国众多地区也建立了地区总部和研发中心,但也只是配合母国公司总部或进行配套研发,中国并没有真正成为跨国公司的运营和战略中心。在贸易出口结构上,中国出口集中于劳动密集型和资源密集型产品,"两高一资"产品比重较高,技术含量较低,处于价值链低端环节,产品的附加值不高。同时,从中国区域的开放格局来看,受制于对外开放次序、政策及地理等因素的影响,中国的外贸、外资和对外投资主要集中于东部沿海地区。2012 年,西部 12 省、市、区在全国进出口总额中仅占 5.96%,外商投资企业注册数和投资总额占全国的比重分别为 8.33%和 8.17%,西部 12 省、市、区非金融类对外投资存量占全国的比重为 12.76%,而东部沿海地区非金融类对外投资存量占全国的比重为 75%,进出口总额为 86.41%,外资企业注册数和投资总额分别为 66.17%和 80.8%。

　　"一带一路"建设,一是优化区域开放格局。利用新一轮国际产业转移的新机遇,为中国内陆、沿边地区提升利用外资规模和质量、扩大对外开放创造新的外部条件。二是通过与沿线及周边国家在政策、基础设施、法律规章和文化等领域的对接,可以为中国企业及个人扩大对外投资,推动过剩产业和劳动密集型产业向外转移,在全球范围内配置和利用资源提供良好的基础条件。三是通过与沿线国家和地区签署双边或区域性贸易投资协定,一方面有利于中国规避与其他国家的贸易摩擦,另一方面通过双边或区域协定建立起安全保障合作机制,确保中国在海陆两方面对外经贸交往的安全性和稳定性,提升政治经济影响力。

二、"一带一路"目前存在的问题

1. 在地区经济合作中大国竞争态势突出

　　在"一带一路"沿线涉及利益较多的大国主要是域外的美国、日本,以及域内的印度。奥巴马政府上台之后,美国推出"亚太再平衡"战略和"印太"地缘战略设想,美国加强了对东南亚的介入,加入了东南亚友好合作条约,举办"美国＋东盟"峰会、"美国—湄公河下游部长会议",并发起湄公河下游计划。美国拉拢菲律宾、越南、缅甸、印度等国,制造南海紧张形势和中印竞争态势,挑拨东南亚国家、印度与中国的关系,高调显示其捍卫在该地区领导权的决心。特朗普政府上台后,更是频频发起攻势打响中美贸易战。安倍政府则积极配合美国"亚太再平衡"战略,鼓动菲、越与中国争夺南海主权,拉拢印度参与"民主安全菱形"计划。而印度将南亚和印度洋看作本国势力范围,对"一带一路"倡议抱有疑虑。印方认为孟中印缅经济走廊及"一带一路"都是我国为解决自身问题所提出的单边倡议,怀疑背后隐藏着更深战略意图。使得孟中印缅经济走廊即使作为地区经济合作倡议,在六大经济走廊中发展一般。

2. 沿线国家存在不同程度的贸易壁垒

　　"一带一路"沿线 64 国多为发展中国家,面对全球经济普遍低迷的大环境,部分国家为保护本国产业发展,采取了一些保护措施,如中亚国家存在通关环节、技术性等贸易壁垒,使得中国与沿线国家贸易摩擦时有发生。个别国家特别是东南亚、南亚国家与中国贸易结构相似和出口产品相似,对中国发起了多次反倾销、反补贴和保障措施等调查,如马来西亚、印度等针对中国钢铁产品发起多次反倾销调查,印度针对中国化工品发起反倾销调查。

3. 沿线国家发展程度不一,社会不稳,国内矛盾复杂

一些国家经济社会发展程度较低,基础设施落后,制度不健全,标准不一,资金匮乏,严重影响了互联互通的进程。如越南、老挝、柬埔寨、缅甸等国发展程度较低,经济结构单一,软硬件设施落后,国内相关制度不健全,特别是这些国家北部地区更加贫困,交通更闭塞,这些都影响基础设施互联互通建设的进程。一些国家正处于政治、社会转型之中,容易受西方政治思潮及非政府组织的影响,加剧了中国投资面临的困难。如现缅甸政府治理能力薄弱,极易受民意操控,而其民意受西方主导的非政府组织和媒体影响极大。缅甸民众对我国及我国企业看法不佳,缅甸政府决策时受民众意见影响极大。在缅甸,许多的中国投资像密松电站的大型项目突然遭遇叫停。一些国家政局动荡,恐怖主义猖獗,分离主义严重,安全问题突出。这个问题在巴基斯坦、阿富汗尤其严重,安全问题已经成为巴基斯坦、阿富汗发展经济的首要障碍。巴基斯坦政府已经深刻认识到这一问题,多次郑重表示要切实保护在巴基斯坦中方人员的安全,并专门为保护中国工程人员成立了一支安全部队。因为恐怖主义等安全问题与发展有很大的相关性,如果中巴经济走廊建成,可能会有助于改善当地安全形势。

4. 中国自身在推进"一带一路"过程中也存在一些问题

(1)中国企业的参与能力堪忧。

"一带一路"的构想,所推进的主体应该始终是企业。政府在"一带一路"中起的应该是搭台的作用,而企业才是主角。目前,我国企业在海外发展存在着许多困难,一时间难以克服。举例来说,很多企业习惯了国内相对宽松的监管环境,对于国际上的贸易自由化规则缺乏足够深入以及准确的了解,在经营管理中就容易触犯规则,引发纠纷,出现许多问题。另外,在环境保护以及社会责任方面,我国企业的治理方式与理念,不同于"一带一路"沿线的一些国家。这也是我国企业在"走出去"的过程中被抵制甚至驱赶的一个重要原因。企业管理制度与国际接轨是我国企业发展的一大短板,但是很多国内企业没有了解清楚国际规则就选择踏上了"一带一路",导致的结果是,那些企业签约获得订单容易,但经营获益则较难,而且维权途径不清晰,遇到诉讼等问题也难以保证自身权益,在发生重大风险时也难以快速撤资。因此,从这些方面去弥补,完善我国企业的经营管理,加强企业文化建设,

促进企业更好地"走出去",充分利用"一带一路"这个机遇。

(2) 资金不足与合作不畅。

在"一带一路"倡议中,政府承担着基础设施的建设与运行的责任,尽管如此,在这一问题上,还存在着许多潜在的问题。不可否认的是,大量以及大规模基础设施的建设投入,是"一带一路"这个设想付诸实践的第一步。如果基础设施规划合理,建设到位,后期所需的投资资金压力就会小,各项贸易开展也会顺畅很多,沿线地区的资源或者劳动力优势也能够很快凸显出来。但是,如果基础设施设计不到位或者资金投放不足,项目中断,这些都会直接导致之前的大量资金资源以及劳动力投入的浪费,严重的甚至会直接拖累当地的经济发展。基础设施的投入不同于企业买几套机器设备,它一般具有投资规模大、投资周期长以及回报率低等特点。因此,一般的企业往往缺少承受这些压力的能力,缺少投资基础设施的动力,所以,即便是要引入民间资金,也需要政府给出足够的补贴。

另外,相关国家和合作伙伴的政府对"一带一路"所持的理念可能不太一样,政府的政策不给力、各方面配合不够到位,对项目的融资也不予担保。举例来说,俄罗斯、哈萨克斯坦与中国的战略合作水平都很高,但它们都不对融资进行担保,配合也不给力,政策上对"一带一路"也不是特别支持。

(3) 存在经济风险和安全问题。

除了以上几个问题外,"一带一路"沿线的许多国家还存在一定的经济风险和安全问题。举例来说,北非一些国家恐怖袭击事件频发,社会治安也很混乱。委内瑞拉、菲律宾、越南、阿富汗、阿尔及利亚等国也都存在这种问题。恐怖主义、国家动乱以及战乱不时地威胁着这些沿线国家,也会影响"一带一路"沿线各国家的交易安全与相互合作,对各参与企业还有公民造成严重影响。稳定的社会以及经济社会的秩序,对于"一带一路"建设起着重要的基础作用。如果这些问题无法得到很好的解决,"一带一路"将可能面临一些规划无法落实,有些项目无法推进等问题。

三、"一带一路"战略未来建设重点

1. 加快落实同周边国家和区域的"五通"建设

按照丝绸之路经济带建设的"政策沟通""道路联通""贸易畅通""货币流通""民心相通"五个方面的要求,积极推进中国与"一带一路"沿线国家和地区在通道方面的建设。

一是积极与"一带一路"沿线的中亚、南亚、欧盟等国家或地区签订相关双边或区域性贸易协定。通过贸易协定的谈判,实现双方在国际经贸文化与政治方面的政策沟通,为"一带一路"的建设创造良好的政策环境。

二是提升基础设施的互联互通水平。紧紧抓住新一代信息技术、高铁、新能源等第三次工业革命兴起的机遇,在利用和完善现有本地交通基础设施的基础上,提升或扩大"一带一路"通道的运载能力、运行速度、运行效率和运载内容,提升基础设施的互联、互通水平。

三是依托大通道建设,进一步放宽"一带一路"沿线国家和地区外资对华的投资准入。扩大国内企业及个人对"一带一路"沿线国家的对外投资,打造双方间的跨境投资、生产和贸易网络及跨境产业链条,提升与丝绸之路沿线国家境内外、产供销、上下游、内外贸、产业内与产业间经济贸易一体化的效率。

四是进一步发挥人民币国际化对贸易和投资便利化的促进作用。扩大"一带一路"沿线国内重点城市的跨境人民币业务,扩展现有试点省份人民币资金结算、清算渠道及其便捷、顺畅的能力等,进一步满足企业对跨境贸易人民币结算的实际需求。同时,积极推进与"一带一路"沿线国家的金融合作,拓展中国金融机构在资产托管、资产管理、海外银团贷款、出口卖方信贷、贸易融资、国际结算、海外人民币理财等产品的服务范围与领域,搭建起服务中资企业与丝绸之路沿线地区经济发展的金融供应链。

2. 与"一带一路"沿线及周边国家和地区构建高标准的自由贸易区网络

顺应世界贸易投资自由化、区域性协定迅速增长和国际贸易标准逐渐向高端化发展的新趋势,着眼于发挥中国在解决下一代贸易和投资问题中的引领作用,党的十八届三中全会提出,改革市场准入、海关监管、检验检疫等管理体制,加快环境保护、投资保护、政府采购、电子商务等新议题谈判,形成面向全球的高标准自由贸易区网络。近年来,中国已经先后与东盟、巴基斯坦等9个国家和地区签署了自贸区协定,与海湾阿拉伯国家合作委员会、澳大利亚、挪威、韩国、日本的自贸区协定及东盟的《区域全面经济伙伴关系协定》正在谈判之中。与欧盟、日韩等国家和地区相比,中国签署的自贸区协定的数量相对较少,涵盖的国家、贸易领域和标准层次相对较低。

　　"一带一路"倡议的提出,为中国与沿线国家彼此更好地利用新的外部环境、参与国际贸易投资新规则制定、促进区域合作带来了新机遇。为此,新的自由贸易协定应包含以下两个方面:一是实施高标准的开放性政策。推进中国与丝绸之路沿线及周边国家在金融、教育、文化、医疗等服务业领域的相互开放和制造业领域的全面开放,大幅度放宽相互间在绿地投资、并购投资、证券投资、联合投资等方面的外资准入限制。二是建设全面性的制度安排。在包括货物贸易、投资保护、原产地规则、海关手续、贸易救济、卫生和植物检疫措施、贸易技术壁垒、竞争政策、知识产权、政府采购、劳工与环境、临时入境、透明度、争端解决、伙伴关系、行政制度与条款、一般与例外条款等领域,建设既顺应世界贸易标准高端化发展,又符合沿线及周边国家具体国情及发展需要的制度安排。通过高标准自由贸易区的签订,加快与国际高标准规则接轨。

3. 立足重点领域,扩大国际区域合作

　　过去五年,"一带一路"处在推广阶段,广建朋友圈,这在"一带一路"初创阶段符合实际需要。进入新的五年,"一带一路"的合作伙伴国家需要突出重点、打造样板,优先选择双边政治关系可靠,局势安全稳定,诚信有保障的优质合作伙伴,确定优先合作领域和重点合作伙伴国家,同时对"一带一路"项目要进行甄别和精选,从项目的粗放式数量增长路线向高质量的精品旗舰项目增长路线转变。

　　依托海上丝绸之路建设,一是在东南亚区域合作方面,日本与韩国是中国重要的对外贸易伙伴,中日韩三国都主要以进出口为导向,中间产品贸易流量较大,贸易结构具有一定的趋同性和互补性,推进中日韩自贸区建设,能够进一步提升三国之间的竞争水平和效率,提升三国间贸易的垂直分工和水平分工水平,加速促进三国产业结构的调整。

　　二是在东盟方面,积极发挥中国经济对东南亚国家的贸易溢出效应,加快推进RCEP 谈判,提升现有中国-东盟自由贸易区在相互投资管理和服务业市场准入方面的水平,深化与东盟的经济合作关系。通过推动 RCEP 谈判,争取在亚太区域合作格局中的战略主动地位。

　　三是在大洋洲方面,拓展中国-新西兰自贸区在货物贸易、服务贸易、投资、市场开放等多个领域的合作空间,加快与澳大利亚自贸区谈判的进程,提升中国对大洋洲的经济影响力。总之,未来依托"一带一路"建设,发挥中国在中日韩自贸区、

中国-东盟自贸区、中国-新西兰自贸区和中国-澳大利亚自贸区中的纽带和引领作用,巩固现有亚太经济合作基础,推进亚太地区的一体化进程。

4. 提升国内"一带一路"沿线地区贸易投资的数量和质量,在投资领域布局上,建议从"重资产"经济合作向"轻资产"经济合作升级,降低合作风险

长期以来,基础设施建设是"一带一路"建设的优先方向,基础设施互联互通取得了较大成绩,但基础设施投资建设周期长,资金投入大,收益和回报慢。新的五年,要加快扩展信息技术、数字经济等创新领域的合作步伐,将电子商务、大数据、云计算、人工智能等新科技加入到"一带一路"建设中,使高科技和创新型企业成为"走出去"的主力军和先锋,打造数字走廊和信息走廊,共同分享科技创新的红利。

参 考 文 献

［1］马克思恩格斯全集［M］.北京：人民出版社，1972.

［2］列宁全集［M］.北京：人民出版社，1985.

［3］斯大林全集［M］.北京：人民出版社，1953.

［4］毛泽东选集［M］.北京：人民出版社，1991.

［5］邓小平文选［M］.北京：人民出版社，1994.

［6］洪远朋.经济利益关系通论［M］.上海：复旦大学出版社，2004.

［7］洪远朋.共享利益论［M］.上海：上海人民出版社，2001.

［8］洪远朋.经济理论的轨迹［M］.沈阳：辽宁人民出版社，1992.

［9］谭培文.马克思主义的利益理论［M］.北京：人民出版社，2002.

［10］挥希良.经济利益概论［M］.成都：四川人民出版社，1991.

［11］薛永应.社会主义经济利益概论［M］.北京：人民出版社，1985.

［12］阎学通.中国国家利益分析［M］.天津：天津人民出版社，1997.

［13］王伟光，郭保平.社会利益论［M］.北京：人民出版社，1998.

［14］陈飞翔.开放利益论［M］.上海：复旦大学出版社，2004.

［15］许玫.创业利益论［M］.上海：复旦大学出版社，2004.

［16］王耀中，张亚斌. 国际贸易理论与实务［M］.长沙：中南大学出版社，2003.

［17］迈克尔·波特.国家竞争优势论［M］.北京：华夏出版社，2002.

［18］杨小凯，张永生.新兴古典经济学与超边际分析［M］.北京：社会科学文献出版社，2003.

［19］刘红忠.中国对外直接投资的实证研究及国际比较［M］.上海：复旦大学出版社，2001.

［20］李东阳.国际直接投资与经济发展［M］.北京：经济科学出版社，2002.

［21］苏珊·斯特兰奇.国家与市场：国际政治经济学导论［M］.北京：经济科学出版社，1990.

［22］罗伯特·吉尔平.国际关系的政治经济学［M］.北京：经济科学出版社，1989.

［23］宋新宁，陈岳.国际政治经济学概论［M］.北京：中国人民大学出版社，1999.

［24］亨利·基辛格.大外交［M］.海口：海南出版社，1997.

[25] 塞缪尔·亨廷顿.文明的冲突与世界秩序的重建[M].北京:新华出版社,1999.

[26] 汪小涓,杨圣明,冯雷.中国对外经贸理论前沿[M].北京:社会科学文献出版社,2005.

[27] 李平.技术扩散理论及实证研究[M].太原:山西财经出版社,2004.

[28] 亚当·斯密.国民财富的性质和原因的研究[M].北京:商务印书馆,2002.

[29] 范家骧.国际贸易理论[M].北京:北京人民出版社,1985.

[30] 樊勇明.西方国际政治经济学[M].上海:上海人民出版社,2001.

[31] 俞可平.全球化:全球治理[M].北京:社会科学文献出版社,2003.

[32] 罗伯特·吉尔平.全球资本主义的挑战:21世纪的世界经济[M].上海:上海世纪出版集团,2001.

[33] 罗伯特·基欧汉.新现实主义及其批判[M].北京:北京大学出版社,2002.

[34] 马歇尔.经济学原理[M].北京:商务印书馆,1964.

[35] 舒尔茨.人力资本投资:教育和研究的作用[M].北京:商务印书馆,1990.

[36] 李玲.人力资本运动与中国经济增长[M].北京:中国计划出版社,2003.

[37] 刘易斯·威尔斯.第三世界跨国企业[M].上海:上海翻译出版公司,1986.

[38] 保罗·克鲁格曼.国际贸易新理论[M].北京:中国社会科学出版社,2001.

[39] 小岛清.对外贸易论[M].天津:南开大学出版社,1987.

[40] 贾康,阎坤.中国财政[M].上海:上海远东出版社,2000.

[41] 魏后凯.从重复建设走向有序竞争——中国工业重复建设与跨地区资产重组研究[M].北京:人民出版社,2001.

[42] 阿维纳什·迪克西特,罗伯特·平迪克.不确定条件下的投资[M].北京:中国人民大学出版社,2002.

[43] 陈岱孙,厉以宁.国际金融学说史[M].北京:中国金融出版社,1991.

[44] 慕刘伟,曾志耕,谢恒.国际投融资理论与实务[M].成都:西南财经大学出版社,2004.

[45] 弗朗索瓦·沙奈.资本全球化[M].北京:中央编译出版社,2001.

[46] 彼得·马丁.全球化陷阱:对民主和福利的进攻[M].北京:中央编译出版社,2001.

[47] 汪小涓,杨圣明,冯雷.中国对外经贸理论前沿[M].北京:社会科学文献出版社,2005.

[48] 李平.技术扩散理论及实证研究[M].太原:山西财经出版社,2004.

[49] 弗里德里希·李斯特.政治经济学的国民体系[M].北京:商务印书馆,1997.

[50] 大卫·李嘉图.政治经济学及赋税原理[M].北京:华夏出版社,2005.

[51] 青木昌彦.政府在东亚经济发展中的作用[M].北京:中国经济出版社,1998.

[52] 姚贤镐,漆长华.国际贸易学说[M].北京:中国对外经济贸易出版社,1990.

[53] 张二震.国际贸易政策的研究与比较[M].南京:南京大学出版社,1998.

[54] 申加华.论中国对外直接投资的产业选择与区位战略[D].浙江大学硕士论文,2001.

[55] 王敏琴.我国企业对外直接投资的区位选择[D].兰州大学硕士论文,2003.

[56] 阮翔.中国企业对外直接投资的区位选择研究[D].浙江工业大学硕士论文,2004.

[57] 肖新华.我国企业对外直接投资区位选择研究[D].广西师范大学硕士论文,2005.

[58] 王勇.IPE 的新进展[J].世界经济与政治,2003,(5).

[59] 袁宜.从国际贸易成因探索历程看竞争优势论[J].国际经贸探索,2002,(5).

[60] 符正平.比较优势与竞争优势的比较分析[J].国际贸易问题,1999,(8).

[61] 盛晓白.简评竞争优势理论[J].国际贸易问题,1998,(9).

[62] 洪银兴.从比较优势到竞争优势[J].经济研究,1997,(6).

[63] 樊增强.浅析跨国公司技术扩散及溢出效应[J].科学学与科学技术管理,2003,(4).

[64] 刘纯阳.西方人力资本理论的发展脉络[J].山东农业大学学报社会科学版,2004,(6).

[65] 余传贵.西方人力资本理论评析[J].财经理论与实践,2001,(5).

[66] 李振铎,井春尧.人力资本理论的形成与发展[J].税收与经济,2004,(6).

[67] 王珍.区位优势在跨国公司对外直接投资中的运用[J].南昌高等专科学校学报,2005,(3).

[68] 古粉华.西方国际直接投资理论简评——从产业和区位选择角度[J].社会研究,2003,(9).

[69] 何健,禹久泓.跨国公司对外直接投资理论研究[J].生产力研究,2004,(12).

[70] 张为付.中国企业对外直接投资的区位选择和路径安排[J].国际贸易问题,2006,(7).

[71] 舒鹏.浅析当代发展中国家的对外直接投资[J].国际贸易问题,2004,(8).

[72] 马先仙.我国企业对外直接投资的区位选择[J].对外经济贸易大学学报,2006,(1).

[73] 郭建中.论我对外直接投资的区位选择[J].北京工商大学学报,2002,(4).

[74] 赵春明,何艳.从国际经验看中国对外直接投资[J].北京工商大学学报,2002.

[75] 赵宝华,綦建红.关于跨国公司进入中国市场的产业组织分析[J].当代经济科学,2001,(5).

[76] 陈建军.中国现阶段产业区域转移的实证研究——结合浙江 105 家企业的问卷调查报告的
分析[J].管理世界,2002,(6).

[77] 王小鲁,樊纲.中国地区差距的变动趋势和影响因素[J].经济研究,2004,(1).

[78] 陈映.中共三代领导人的共同富裕思想及共富空间布局战略[J].毛泽东思想研究,2002,
(5).

[79] 何小民.扩展共同利益与构建和谐社会[J].浙江社会科学,2007,(9).

[80] 高健.和谐社会的经济基础——利益共同体[J].生产力研究,2006,(6).

[81] 张二震.国际贸易分工理论演变与发展述评[J].南京大学学报,2003,(1).

[82] 项卫星,杨红.国际资本流动利益及分配研究进展综述[J].经济研究参考,2007,(46).

[83] 陈志昂.经济全球化与"新特里芬悖论"[J].经济理论与经济管理,2005,(1).

[84] 李翀.论金融全球化过程中的利益分配[J].世界经济与政治,2001,(2).

[85] 卢新德.经济全球化的新特征及中国的对策[J].当代亚太,2003,(5).

[86] 谢皓.经济全球化利益分配不均及其制度经济学研究[J].亚太经济,2004,(5).

[87] 张幼文.全球化经济的要素分布与收入分配[J].世界经济与政治,2002,(10).

[88] 樊增强.浅析跨国公司技术扩散及溢出效应[J].科学学与科学技术管理,2003,(4).

[89] 胡杨玲.西方人力资本理论——个文献述评[J].广东财经职业学院学报,2005,(6).

[90] 陈婷婷,王珊.人力资本国际流动的影响和对策[J].大众科技,2006,(8).

[91] 保罗·克鲁格曼.新贸易理论呼唤新贸易政策吗?[J].经济展望季刊,1992,夏季号.

[92] 袁葵荪.国家行为与国际贸易[J].经济学家,1991,(4).

[93] 王东.金融危机下国家利益与世界各国共同利益的博弈[J].当代经济,2009,(9).

[94] 汤阅弦.论中美经贸关系中的矛盾和共同利益[J].科技信息,2008,(36).

[95] 李长久.中美经济前景与两国经贸关系[J].太平洋学报,2004,(9).

[96] 陈凤英.中美经贸关系发展中的焦点[J].中国发展观察,2007,(1).

[97] 吴心伯.中美经贸关系的新格局及其对双边关系的影响[J].复旦学报(社会科学版),2007,(1).

[98] 周世俭.相互依存的中美经贸关系[J].国际问题研究,2007,(2).

[99] 张璐,刘增涛.中美贸易摩擦分析及对策研究[J].经济研究导刊,2007,(7).

[100] 贾庆文.2007年的中美关系:挑战增加[J].国际问题研究,2007,(2).

[101] 王丽娜.中美贸易摩擦的深层原因与缓解途径[J].对外经贸实务,2008,(2).

[102] 王东.战略经济对话与中美经贸关系的思考[J].红旗文稿,2008,(8).

[103] 李国学.论国际贸易政策制定中的公共利益原则[J].财政问题研究,2006,(6).

[104] 张幼文.共同利益是中美战略经济对话的基础[J].国际经济评论,2007,(11).

[105] 彭涓.现行国际投资秩序与人类共同利益原则[J].当代经理人,2006,(21).

[106] 王学鸿.有关跨国公司与国际技术转移的理论分析[J].宁德师专学报哲学社会科学版,2000,(3).

[107] 贾根良.网络组织:超越市场与企业两分法[J].经济社会体制比较,1998,(4).

[108] 贾根良,徐尚.韩台企业间技术网络的比较[J].经济社会体制比较,2002,(1).

[109] 贾根良,刘辉锋.自组织创新网络与科技管理的变革[J].天津社会科学,2003,(1).

[110] 王大洲.企业创新网络的进化与治理:一个文献综述[J].科研管理,2001,(5).

[111] 霍云福,陈新跃,杨德礼,董一哲.企业创新网络研究[J].科学学与科学技术管理,2002,(10).

[112] 王威.发展中国家参与国际技术转移问题的思考[J].山西高等学校社会科学学报,2004,(3).

[113] 陈婷婷,王珊.人力资本国际流动的影响和对策[J].大众科技,2006,(8).

[114] 黄毅,许为.人力资本在国际服务贸易理论中的运用[J].合肥师范学院学报,2008,(4).

［115］胡城军.国际社会:在共同体利益与国家利益之间［J］.赤峰学院学报汉文哲学社会科学版，2009，(7).

［116］王光辉，王祎.我国技术转移的现状、问题及建议［J］.太原科技，2009，(11).

［117］Bhagwat，i Jagdish N，Lobbying and Welfare［J］. Journal of Public Economics 1980，(4).

［118］Bhagwat，i. J. and Ramaswam，i. V. K. Domesticdistortions，Tariffs and the Theory of the Optimum Subsidy［J］. Journal of Political Economy. 1963，(71).

［119］Bhagwat，i J. and Srinivasan，T. N. Revenue Seeking:Ageneralization of the Theory of Tariffs［J］. Journal of Political Economy. 1980，(88).

［120］Binmore，K. A. Rubinstein and A. Wolinsky. The Nash Bargaining Solution in Economic Modelling［J］. Rand Journal of Economics，1986，(17).

［121］Feenstra，R. and Bhagwat，J. Tariff Seeking and the Efficient Tariff［M］. Chicago and London，University of Chicago Press，1982.

［122］Findlay，R. and Wellisz，S. Endogenous Tariffs，the Political Economy of Trade Restrictions and Welfare［M］. Chicago and London，University of Chicago Press，1982.

［123］Samir Amin，The Challenge of Globalization［M］. Cambridge Press，1996.

［124］Balasubramanyam，V. N.，M. Salisu，and David Sapsford，Foreign Direct Investment and Growth in EP and IS Countries［J］. Economic Journal，1996，(1).

［125］Borensztein Eduardo，J. D. Gregorio，Jong Wha Lee. How Does Foreign Direct Investment Affect Economic Growth［J］. Journal of International Economics，1998，(1).

［126］Branko Milanovic. True World Income Distribution，1998 and 1993:First Calculations，Based on Household Surveys Alone［A］. World bank Working Papers，1999.

［127］Branko Milanovic，Shlomo Yitzhaki. Decomposing World Income Distribution:Does the World Have a Middle Class［A］. World bank Working Papers，2001.

［128］Francois Bourguignon，Christian Morrisson. Inequality among World Citizens:1820—1992［J］. The American Economic Review，2002，(9).

［129］Jay Mazur. Labors New Internationalism［J］. Foreign Affairs，2000，(1).

［130］Klein M，G. Olivei. Capital Account Liberalization，Financial Depth and Economic Growth［D］. Tufts University，2000.

［131］Margaret E. Grosh，E. Wayne Nafziger. The Computation of World Income Distribution［J］. Economic Development and Cultural Change，1986，(1).

［132］Obstfeld M. Risk-taking，Global Diversification and Growth［J］. American Economic Review，1994，(84).

［133］Joseph Stiglitz. Dealing With Debt，How to Reform the Global Financial System［J］.

Harvard International Review, 2003, (25).

[134] Robert Barro, Jong Wha Lee. Technology Diffusion, Convergence and Growth[J]. Journal of Economic Growth, 1997, (2).

[135] Enric Detragiache. Technology Diffusion and International Income Convergence[J]. Journal of Development Ecnomoics1998, (56).

[136] David T. Coe, Elhanan Helpman. International R & D spillover[J]. European Economic Reviw, 1995, (39).

[137] E. Borensztein, J. De Gregorio. How does Foreign Direct Investment Affect Economic Growth[J]. Journal of International Economics, 1998, (45) .

[138] Bin Xu, Multinational Enterprises, Technology Diffusion, and Host Country Productivity Growth[J]. Journal of Development Economics. 2000, (62) .

[139] Magnus Blomstrom, Fredrik Sjoholm. Technology Transfer and Spillovers: Does Local Participation with Multinationals Matter[J]. European Economic Review, 1999, (43).

[140] Jeffry A. Frieden, David A. Lake. International Political Economy, Perspectives on Global Power and Wealth [M]. St. Martins Press, 1991.

[141] Joan Sperol. The Politics of International Economic Relations [M]. London halman press, 1990.

[142] Robin Lynton. Introducing Political Science: Themes and Concepts in studying Politics[M]. Longman, 1985.

[143] Joseph Nye. Understanding International Conflicts: An Introduction to Theory and History [M]. Harper Collins College Press, 1993.

[144] Mundell. International Trade and Factor Mobility[J]. American Economic Review, 1957, (47).

[145] Norman, Venables. International Trade, Factor Mobility and Trade Costs [J]. The Economic Journal, 1995, (105).

[146] S. H. Hymer. The International Operations of National Firms: A Study of Direct Foreign Investment[D]. Cambridge University Press, 1976.

[147] Buckley Peter J, Casson Mark. The future of the Multinational Enterprise[M]. New York: Holmes and Meiers, 1976.

[148] Vernon. International Investment and International Trade in the Product Cycle [J]. Quarterly Journal of Economics, 1966, (80).

[149] Robert Cox. Civil Society the Turn of the Millennium Prospects for an After Native World Order[J]. Review of International Studies, 1999, (1).

［150］P. Krugman. A Model of Innovation, Technology Transfer and the World Distribution of Income［J］. The Journal of Political Economy, 1979, (87).

［151］George Crane, Abla Amawieds. The Theoretical Evolution of International Political Economy［M］. Oxford University Press, 1991.

图书在版编目（CIP）数据

共同利益论——基于国际经济视角/池勇海著.—上海：复旦大学出版社,2019.10(2025.5重印)
(共享经济丛书)
ISBN 978-7-309-14628-8

Ⅰ.①共…　Ⅱ.①池…　Ⅲ.①国际经济-研究　Ⅳ.①F113

中国版本图书馆 CIP 数据核字(2019)第 208298 号

共同利益论——基于国际经济视角
池勇海　著
责任编辑/谢同君

复旦大学出版社有限公司出版发行
上海市国权路 579 号　邮编：200433
网址：fupnet@ fudanpress. com　http：//www.fudanpress. com
门市零售：86-21-65102580　团体订购：86-21-65104505
出版部电话：86-21-65642845
上海四维数字图文有限公司

开本 787 毫米×960 毫米　1/16　印张 16　字数 255 千字
2019 年 10 月第 1 版
2025 年 5 月第 1 版第 4 次印刷

ISBN 978-7-309-14628-8/F·2622
定价：56.00 元